Institut für die Wissenschaften vom Menschen

Der Mensch in den modernen Wissenschaften

Castelgandolfo-Gespräche
1983

Herausgegeben
von
Krzysztof Michalski

Klett-Cotta

Redaktion: Klaus Nellen

CIP-Kurztitelaufnahme der Deutschen Bibliothek

Der **Mensch in den modernen Wissenschaften** /
Castelgandolfo-Gespräche 1983.
Inst. für d. Wiss. vom Menschen.
Hrsg. von Krzysztof Michalski. –
Stuttgart: Klett-Cotta, 1985.
ISBN 3-608-91388-2
NE: Michalski, Krzysztof [Hrsg.];
Castelgandolfo-Gespräche ⟨1983⟩;
Institut für die Wissenschaften vom Menschen ⟨Wien⟩

Printed in Germany
Umschlag: M. Muraro
Satz: Alwin Maisch, Gerlingen
Druck: Verlagsdruck, Gerlingen

Inhalt

Vorwort des Herausgebers

Im August 1983 fand in Castelgandolfo, der Sommerresidenz der Päpste, in Anwesenheit des Gastgebers, Johannes Pauls II., ein Kolloquium zum Thema „Das Bild des Menschen in der Perspektive der modernen Wissenschaft" statt. Es war die erste Zusammenkunft des Wissenschaftlichen Beirats des kurz zuvor in Wien gegründeten Instituts für die Wissenschaften vom Menschen. Bei dieser Gelegenheit wurden die ersten Schritte getan, um das Feld der zukünftigen Arbeit dieses Instituts abzustecken.

Eine Fülle von Perspektiven verschiedenster Wissenschaften, Geisteshaltungen, Bekenntnisse, nationaler Erfahrungen ist dabei zum Vorschein gekommen. Wir haben diese Vielfalt nicht als einen Mangel empfunden, der hätte überwunden werden müssen — im Gegenteil, wir haben sie begrüßt. Nicht nur, weil sie unsere Diskussion interessant machte und erfolgversprechend erschien, und nicht nur, weil ohne sie richtige Antworten auf die Frage unseres Kolloquiums kaum möglich gewesen wären: es war die Grundidee des Instituts, die uns zu solcher Vielfalt verpflichtete.

Im Jahre 1982 ergriff eine Gruppe von polnischen und deutschen Philosophen, Kunsthistorikern und Soziologen, die schon längere Zeit zusammengearbeitet hatten (insbesondere im Interuniversity Centre in Dubrovnik, wo Hans-Georg Gadamer, Gottfried Boehm und ich gemeinsam internationale Kurse zum Themenkreis „Hermeneutik und die Künste" leiteten), die Initiative zur Gründung des Instituts. Die Idee war, eine Forschungsstätte zu errichten, wo sich Wissenschaftler, Künstler, Intellektuelle aus allen Gegenden Europas (wobei Europa als eine geistige, nicht bloß geographische Einheit gedacht ist) zu gemeinsamer Arbeit auf höchstmöglichem Niveau treffen könnten, um sich gegenseitig verstehen zu lernen, ohne die verschiedenen Perspektiven, aus denen sie jeweils die Welt sehen, zu ignorieren oder zu verleugnen.

Dieser Absicht lag die Überzeugung zugrunde, daß das Gelingen einer solchen Verständigung heute keine Selbstverständlichkeit ist—die europäische Kultur bietet dafür keinen einheitlichen Rahmen mehr. Insbesondere entwickeln sich der westliche und der östliche Teil Europas auf getrennten Wegen — so daß sich die Menschen aus den beiden Teilen immer schwerer miteinander verständigen können. Besonders tritt das bei der jüngeren Generation in Erscheinung.

Eine Verständigung unter Forschern hat aber nicht nur für diese als Person großen Wert; sie ist auch für die Gestaltung ihres Gegenstandes von hoher Bedeutung: für die Wissenschaft. Wissenschaft — wie auch andere Arten geistiger Arbeit — ist immer nur in einem bestimmten kulturellen Zusammenhang sinnvoll, in dem eine Verständigungsgemeinschaft besteht. Ist diese gestört, dann überträgt sich die Störung auch auf die Resultate der geistigen Arbeit. Nirgendwo ist dies folgenreicher als bei denjenigen Wissenschaften, die den Menschen selbst zum Thema haben.

In diese Verständigungsgemeinschaft Gelehrte einzubeziehen, die sich an ihr bisher nur wenig oder gar nicht beteiligen konnten (aus welchen Gründen auch immer) — das ist das Ziel, das uns als Gründern des Instituts für die Wissenschaften vom Menschen vorschwebte. Wir verfolgen dabei die Absicht, die institutionalisierten Ausschlußmechanismen, die den Zugang zur heutigen europäischen „République des lettres" erschweren, theoretisch zu erforschen, um so die Grundlage zu schaffen, die Hindernisse soweit möglich und nötig zu überwinden. Es geht darum, Sehweisen und Argumente in die Diskussion zu integrieren, die sich auf spezifische, bisher vernachlässigte historische Erfahrungen stützen.

Ein solches Unternehmen bedeutet — einerseits—einen Versuch, in spezifischen Problemen verschiedener Art (Problemen einer Nation, einer Gesellschaft usw.) ihre universale Bedeutung zu entdecken. Auf diese Weise möchten sie für alle verständlich werden, statt nur die unmittelbar Betroffenen zu bedrängen. Die Beteiligung an einer Diskussion, die die Schranken der Nationen, Disziplinen, der sozialen und historischen Erfahrungen überschreitet, könnte so den bisher Benachteiligten helfen, ihre eigene Perspektive erst als Argument zu formulieren. Andererseits könnte dadurch auch der bestehende Diskussionszusammenhang wesentliche Veränderungen erfahren und so zugewinnen. Es gilt das Bild von den „zu kurz Gekommenen“, denen „die europäische Kultur“ erst beizubringen wäre, zu korrigieren: Sie stellen selbst einen unverzichtbaren — zugleich vom Vergessen bedrohten — Teil dieser Kultur dar.

Wir hoffen, auf diese Weise wenigstens in bescheidenem Maße zur Überwindung der verschiedenartigen Trennungen in Europa, von denen oben die Rede war, beizutragen und einen kleinen Schritt in Richtung auf eine Neubestimmung Europas zu tun. Daß die Institutionen, in denen das geistige Leben organisiert ist, das heute noch Europa heißt, sich gerade wegen der bestehenden Trennungen überall in einer kritischen Lage befinden und durch die zunehmende Verengung des geistigen Austauschs zu erstarren drohen — das wird, glaube ich, immer weiteren Kreisen bewußt. Es ist dieses Bewußtsein, das zur Gründung unseres Institutes geführt hat.

Natürlich kann ein solches Unternehmen nicht gelingen, ohne sich mit der Tradition auseinanderzusetzen; es kann nichts neugestalten, ohne die Überlieferung wiederaufzunehmen. Glücklicherweise ist es uns gelungen, eine Reihe von Gelehrten hohen internationalen Ranges für den wissenschaftlichen Beirat zu gewinnen, die uns bei dieser Arbeit unterstützen. Die regelmäßigen Kolloquien des Beirates, von deren erstem der vorliegende Band berichtet, sollen die Arbeiten des Instituts in den Zusammenhang der geistigen Traditionen Europas stellen und ihnen dadurch neue Impulse geben. Insbesondere ist uns die freundliche Hilfe und der einsichtige Rat des Vorsitzenden des Beirates, Prof. Hans-Georg Gadamer, von unschätzbarem Wert: Er hat uns seine Erfahrung und seine Einsicht von Anfang an zur Verfügung gestellt — ohne sie wären schon die ersten, unsicheren Schritte des jungen Instituts nicht möglich gewesen.

Das Institut für die Wissenschaften vom Menschen hat seine Arbeit Ende 1982 aufgenommen. Realisierbar wurde die Initiative durch die moralische und geistige Unterstützung von Johannes Paul II. und durch die Gastfreundschaft der Stadt Wien, welche das Institut freundlich aufgenommen hat. Allen voran gebührt dem Heiligen Vater und den Stadtvätern von Wien unser Dank. Das Institut wird von einem Direktorium geleitet, dem Gottfried Boehm, Jozef Tischner und ich angehören; es verfügt weiter über ein Team ständiger Mitarbeiter, die in Wien ansässig sind und denen die Koordination und die Organisation der wissenschaftlichen Arbeit obliegt. Die Arbeit des Instituts wird in Form von langfristigen Forschungsprojekten organisiert. In ihrem Rahmen werden Kolloquien, Konferenzen und Vorträge veranstaltet. Zur Durchführung dieser Projekte bilden sich internationale und interdisziplinäre Arbeitsgruppen.

Unabhängigkeit – sei es von Ideologien, Bekenntnissen, von politischen Organisationen oder Behörden – und Offenheit wurden von Anfang an als unabdingbare Voraussetzung unserer Arbeit betrachtet. Wir hatten das Glück, von Beginn an Männern und Frauen zu begegnen, die Verständnis und Sympathie für die Idee des Instituts hatten. Sie haben uns geholfen, sie zu verwirklichen. Ihnen allen sei auch an dieser Stelle gedankt.

Krzysztof Michalski

Hans-Georg Gadamer
Zum Geleit

Es gibt nur die eine Welt. Es gibt auf Erden nur eine Menschheit. Der Völker sind viele, der Sprachen sind viele. Und die „Wissenschaft“? Ist die Wissenschaft nicht *eine*? Sie ist es so sehr, daß sie inzwischen als Naturwissenschaft mehr und mehr nur noch eine einzige Sprache, das Englische, benutzt. Aber gilt das ebenso für die Wissenschaft vom Menschen?

Da sind gewaltige Hindernisse: Die Kulturkreise, in die sich die Menschheit gliedert, mögen bei aller ihrer Verschiedenheit die Mittel und die Methoden der modernen Naturforschung fraglos akzeptieren und insofern alle Sprachbarrieren überspielen – wenn es sich um den Menschen und das Wissen von ihm handelt, stoßen wir überall an Ecken und Kanten der Andersheit. Wir mögen uns noch so bewußt sein, daß die heutige Menschheit immer mehr zu einer einheitlichen Weltzivilisation zusammenwächst, so daß es keine Sonderschicksale und keine Sondergeschichten mehr geben kann, die nicht in das eine und einzige Schicksal der Menschheit auf dieser Erde verflochten sind – wir leben gleichwohl, um mit Heraklit zu sprechen, als hätten wir alle – die Völker dieser Erde – ihre je eigene Vernunft, wie die Träumenden.

Sollten wir nicht versuchen, Heraklit zu folgen und die allen gemeinsame Vernunft sprechen lassen? – Und sollten wir nicht das Gespräch versuchen, das uns alle verbindet? Freilich, wo finden wir die Sprache für solch ein Gespräch? Das ist kein äußerliches Hindernis allein. In der Vielsprachigkeit der Menschheit ist ihr nicht nur der Besitz einer gemeinsamen Sprache verwehrt, in der wir miteinander Verständigung suchen könnten. Wir *sind* – nicht nur der Sprache nach, sondern durch Herkunft, Erziehung, Bildung verschieden, auch wenn wir für das Andere und den Anderen, sogar für das Andere in uns selbst, Verständnis aufbringen.

So waren selbst die Gespräche, die zwischen einander bekannten Gelehrten stattfanden und hier dem Leser in deutscher Sprache vorgelegt werden, ein Wagnis. Es war ein Versuch, erste Schritte ins Offene und Gemeinsame zu unternehmen. Keiner von uns wird sich einbilden, wirklich den Fuß auf festen, gemeinsamen Boden gesetzt zu haben, der uns alle trägt. Wenn wir mit Männern aus ganz anderen Kulturkreisen zusammengekommen wären — was wir uns wahrlich wünschen würden —, wäre ein solcher erster Gesprächsversuch nicht nur an der fehlenden Sprache gescheitert. Ja, wenn uns die gemeinsame Sprache so vorgegeben wäre, wie dem Naturforscher seine Erfahrungswelt, würden wir in der Gemeinschaft der Forscher und in der Aneignung einer allen zugänglichen Sprache schon zueinander finden, und zwar um so besser, je enger unsere je gemeinsame Kompetenz spezialisiert wäre. Dagegen sind wir alle, so sehr wir der Wissenschaft und ihrer Strenge zu dienen als unseren Beruf ansehen, als gesellschaft-geschichtliche Wesen zutiefst voreingenommen. Mögen wir uns auch einer alle verbindenden Gemeinsamkeit bewußt sein und insofern alle die gleiche Kompetenz besitzen — der Weg zu dem uns Gemeinsamen ist durch keine Methode gebahnt und jedem auf seinem Wege schwebt das gemeinsame Ziel sehr verschieden vor. So galt es, anzufangen, wie es eben unter so verschieden Geprägten, die die gleiche Gesinnung eint, zu gehen pflegt, — wir haben unter günstigen Sternen unsere Gespräche geführt — in der Hoffnung, einen kleinen Schritt in die Richtung auf das Ziel zu tun, dem wir alle folgen, als Angehörige der einen Menschheit in der einen Welt.

Carl Friedrich von Weizsäcker
Zeit, Physik, Metaphysik

Erlauben Sie mir, mit zwei Anekdoten zu beginnen.
Ich kenne einen Astronomen, der heute schon alt ist. Er erzählte mir, daß er vor 1933 mit einem Freund, einem Soziologen, der, wie damals üblich, auch Philosoph war, lange Gespräche über die Wissenschaften hatte. Und sie stritten sich immer. Der Soziologe sagte: „Ihr Naturwissenschaftler habt ein Herrschaftswissen, ihr habt ein manipulatorisches Wissen, ihr wollt die Welt so sehen, wie man sie machen und verändern kann. Wir hingegen, in den Humanwissenschaften, wollen den Menschen nur verstehen." Darauf sagte der Astronom: „Aber lieber Freund! Ich kenne Sie doch gut genug. Sie reden über die Gesellschaft mit viel Affekt, Sie wollen die Gesellschaft immerfort ändern. Haben Sie schon einmal gemerkt, daß ich die Sterne ändern will? Sie *können* die Gesellschaft ändern durch Ihre Einflüsse. Glauben Sie, daß ein Astronom sich einbildet, er könne die Sterne ändern?"

Das ist die erste Anekdote. Die zweite Anekdote ist eine Erinnerung aus meinem eigenen Leben. Ich wollte als Kind auch Astronom werden. Mein Motiv war dasselbe wie bei jenem Astronomen. Deshalb erzähle ich die Geschichte von ihm so gerne. Ich wollte genau das studieren, was man nicht ändern, sondern nur verstehen kann. Ich wurde dann Physiker aus demselben Motiv. 1932, als ich zwanzig Jahre alt war, schrieb Heisenberg, mein Lehrer, eine interessante Arbeit über die Theorie der Atomkerne, und ich beschloß, zu meiner Spezialität in der Physik zunächst einmal die Physik der Atomkerne zu machen. Ich dachte dabei: „Wenn die menschliche Gesellschaft freundlich genug ist, mir für ein total nutzloses Steckenpferd ein Leben lang ein Gehalt zu zahlen, so will ich das gerne annehmen und Kernphysik machen." Sie wissen, wie es weitergegangen ist: Sieben Jahre später rief mich Otto Hahn an, bei dem ich einmal gearbeitet hatte, und sagte: „Herr von Weizsäcker, können Sie sich vorstellen, daß eine Substanz, die ich ihrer Entstehung nach als Radium ansprechen muß, bei jeder chemischen Trennung nicht mit dem Radium, sondern mit dem Barium geht?" Darauf sagte ich: „Das ist schwer zu wissen. Aber ich halte es für schwierig, mir das vorzustellen." Darauf er: „Ich auch, aber dann ist der Atomkern zerplatzt." Das heißt, er hatte ohne jede technische Absicht die Entdeckung gemacht, von der seitdem die Weltgeschichte bestimmt ist, jedenfalls ein großer Teil davon. Das ist die zweite Anekdote.

Als Referat für unsere Tagung gestatte ich mir, einen Vortrag mit dem Titel „Zeit, Physik, Metaphysik" vorzulegen, den ich im Juni 1983 in Bern und Genf gehalten habe, in Genf in einer Reihe, deren Obertitel war „Qui a peur de la métaphysique?". Das erklärt seinen Aufbau. Ich füge nachher einige Passagen aus der Diskussion an, die sich in Castelgandolfo an ihn anschloß.

Vortrag

Ich bin in Versuchung geführt worden und ich bin der Versuchung erlegen, in etwas mehr als einer Stunde den vollen Entwurf einer Philosophie zu skizzieren.

Meine Ausführungen werden vier Teile haben. Sie folgen den im Titel genannten Begriffen – Zeit, Physik, Metaphysik – in umgekehrter Reihenfolge und schließen sich im Kreis. Ich beginne mit einem Blick auf die Geschichte der europäischen *Metaphysik,* in deren Tradition mein Entwurf steht. Ich fahre fort mit der philosophischen Interpretation der heutigen *Physik* in der Gestalt der Quantentheorie. Beide Wege führen ins Zentralproblem der *Zeit.* Ich folge diesem Problem zunächst im Rahmen der Naturwissenschaft unter dem Titel der *Evolution.* Evolution mündet in die Geschichte der menschlichen *Kultur,* und im Rahmen der europäischen Kultur zeigt sich uns die Rolle der Metaphysik.

I. Metaphysik

Metaphysik heißt in der Tradition der abendländischen Philosophie das, was nach der Physik kommt, anknüpfend an den Titel, den man einer Aufsatzsammlung des Aristoteles gegeben hat. Physik bezeichnet hier das Wissen von dem, was ein Werden und

Vergehen, eine Bewegung hat, bei Aristoteles abgesetzt von Ethik und Poietik, die das menschliche Handeln und Machen betreffen. Nach der Physik kommt die Frage, was der Fall sein muß, wenn Physik überhaupt möglich sein soll. Metaphysik ist insofern Reflexion auf Physik. In ähnlichem Sinne sprechen dann Autoren unseres Jahrhunderts von Metalogik, Metamathematik. Eben diese Trennung des Wissens und des Meta-Wissens ist freilich problematisch.

In der geschichtlichen Vorbetrachtung durcheile ich in raschem Flug fünf Stationen der westlichen Philosophie, bezeichnet durch die Namen Platon, Aristoteles, Kant, Hegel, Heidegger, mit einem Blick auf die Inder.

Platon exponiert das Problem im Parmenides-Dialog. Die Dinge, die ein Werden und Vergehen haben, haben ihr Sein durch die Teilhabe an der Idee. Was aber ist die Idee? Von den vier Transzendentalien ist hier das erste thematisiert: Die Idee ist *eine.* Das Sein des Einen und des Vielen ist das Thema des Dialogs. Die Darstellung ist aporetisch: Dieses Sein ist nicht gemäß der Logik denkbar. Ich paraphrasiere: Nur im Bereich des Vielen gibt es Verneinung und, als deren Verneinung, Bejahung, also Logik. Die Aporie ist, daß das Viele nicht ohne Teilhabe am Einen sein kann, das Eine aber nicht gemäß der Logik gedacht werden kann, welche Sein und Nichtsein scheidet. Deshalb ist die Gesprächsführung dem Parmenides gegeben; die Schlüsselstellung des Dialogs zeigt sich darin, daß Platon nur in ihm einem Größeren als Sokrates das Wort gegeben hat. Die Spannung zwischen dem Einen und dem Vielen spielt nun nicht mehr zwischen Idee und Erscheinung, sondern schon innerhalb der Idee. Platon nennt die Erkenntnis der Idee selbst Dialektik. Deshalb ist dieser Dialog Dialektik. Hegels Gebrauch des Worts Dialektik knüpft hier an. Hegel hebt dabei den Fortschritt des Gedankens durch das, was gemäß der Logik Widerspruch ist, als das Wesentliche heraus. Er liest den Dialog, wie die Neuplatoniker, als das verschlüsselte Programm einer systematischen Philosophie, die ich die Philosophie des Abstiegs in die Höhle nennen möchte. Der Gedanke denkt das Seiende, also denkt der Fortschritt des Gedankens, das heißt die Bewegung des Gedankens, die seiende Bewegung. Bewegung ist so der Schlüsselbegriff der Vermittlung des Einen mit dem Vielen. Platons Philosophie des Abstiegs, das heißt seine eigentliche Philosophie, ist Philosophie der Bewegung.

Die entscheidende Abweichung des Aristoteles von Platon liegt darin, daß er die Unanwendbarkeit der Logik auf das Eine und das Sein bestreitet. Insofern die Logik die adäquate Regulierung des Denkens über das Seiende ist, schafft Aristoteles damit die Form der Philosophie, die Heidegger terminologisch als Metaphysik bezeichnet, in der das Sein wie ein Seiendes behandelt, die ontologische Differenz nicht adäquat gedacht wird. Heideggers Wiederaufnahme der Seinsfrage ist insofern die Wiederherstellung der Frage Platons gegen Aristoteles. Heidegger selbst konnte dies nicht so ansehen, da ihm Platons Philosophie des Abstiegs als ein, zudem notwendig unausgereifter, Vorgriff auf die mathematische Physik, also auf eine im Sinne Heideggers dem Ursprung noch fernere Gestalt der Metaphysik erscheinen mußte. Hier zeigt sich eine Grenze der Heideggerschen Wiedererschließung der griechischen Philosophie, seine Fremdheit gegenüber dem zentralen Motiv, das für diese Philosophie in der Entdekkung der Mathematik lag. Dieses Motiv ist andererseits auch solange nicht zu würdigen, als die Mathematik selbst nicht philosophisch verstanden ist. Aristoteles jedenfalls kommt in die Schwierigkeit, das Sein zu denken, in der Gestalt, daß er seiner Aufzählung der mannigfachen Weisen, vom Seienden zu reden, nur durch den undurchsichtigen Gedanken der Analogie eine Art Einheit geben kann; Analogie gleich Proportionalität ist ein mathematischer Terminus, der in der Philosophie metaphorisch gebraucht wird.

Den Indern kann ein westlich geschulter Philosoph am ehesten auf dem Weg des Neuplatonismus begegnen. Im Gespräch mit Sanskrit-Gelehrten der Tradition des Kashmir-Shaivismus in Srinagar wirkte es verblüffend, daß ich die mir unbekannten streitenden Schulen des Vedanta ein Stück weit a priori klassifizieren konnte; mein Leitfaden waren dabei die Positionen des platonischen Parmenides-Dialogs. In der differenzierenden Beobachtung der körperlich-psychischen, mentalen und supramentalen Erfahrungen ist die indische Tradition der europäischen weit überlegen. Was dem indischen Denken fehlt, um in dem Sinne, wie wir das Wort gebrauchen, Philosophie zu sein, ist die konstitutive Rolle der Mathematik. Ich benutze den Blick auf die Inder, um den Begriff des Sat-Chit-Ananda, Sein-Bewußtsein-Seligkeit, einzuführen. Das Eine ist die Identität dieser Drei. Die Unterscheidung der Drei gibt es nur in der Welt der Vielheit. Ein einzelner Begriff ist nur sinnvoll, wo auch seine Negation erfahren werden kann: Sein, wo es Nichtsein gibt, also bei Begriffen, denen ein Ding gemäß oder ungemäß sein kann; Bewußtsein, wo Seiendes unbekannt oder seiner selber unbewußt bleibt; Seligkeit, wo Leiden, Unseligkeit erfahren wird. Dies entspricht genau den platonischen Transzendentalien. Das Eine ist erstens das Sein, welches den Vielen (den Ideen und abgeleitet den Sinnendingen, die eigentlich vielheitliche, bewegte Ideen sind) ihre logisch negierbare Seiendheit verleiht; eben insofern ist es selbst jenseits der Seiendheit. Das Eine ist zweitens die Wahrheit, die den Vielen das Licht der Unverborgenheit verleiht. Das Eine ist endlich und zumal das Gute, die Seligkeit, die in jedem Ding und jeder menschlichen Handlung, sofern Ding und Handlung ihrer Idee nahekommen, durchscheint und die das Merkmal der Unio mystica ist.

Kant muß im gegenwärtigen Zusammenhang als ein Kritiker der an Aristoteles anschließenden abendländischen, zumal neuzeitlichen Metaphysik gelesen werden. Kants Theorie der Erkenntnis des endlichen, auf Erfahrung angewiesenen Bewußtseins erfaßt die Einheit dieses Bewußtseins als die Bedingung seiner Möglichkeit. Das Medium der Vielheit, das bei Platon Bewegung genannt werden konnte, heißt bei Kant Zeit, allgemeiner: Form der Anschauung. Die Möglichkeit der Einheit in der Vielheit, also die Möglichkeit des erkennenden Bewußtseins, ist für Kant gerade dadurch vermittelt, daß er die Zeit als Form der Anschauung des Bewußtseins, als subjektkonstituierend versteht. Verstand ist das Vermögen der Begriffe, Vernunft das Vermögen der Einheit (Totalität: Einheit in der Vielheit). Unsere Form der Einheit ist die Einheit der Sinnlichkeit, die Zeit. Die Einheit der Welt an sich, der Person an sich, des Grundes beider an sich, muß vorausgesetzt werden, ist aber nicht Gegenstand der Erfahrung. Sie kann darum nicht Gegenstand theoretischer Erkenntnis sein, obwohl die Möglichkeit theoretischer Erkenntnis ohne sie unbegreiflich erscheinen muß; sie ist regulatives oder moralisches Postulat der Vernunft, denkbar, aber nicht erkennbar. Die dogmatische Metaphysik, die diese Grenze ihres Vermögens nicht sieht, verfällt einem dialektischen Schein. Dialektik ist hier zugleich im Sprachgebrauch Platons als erstrebte Erkenntnis der Prinzipien wie im Sprachgebrauch des Aristoteles als Feld (und Entlarvung) der Fehlschlüsse gemeint. Der Schein ist transzendental, das heißt durch die Natur der Vernunft notwendig, obgleich eben der Vernunft durchschaubar. Kant stößt hiermit auf eben die Probleme, die den Synthetiker Platon über die Logik hinaus, den Analytiker Aristoteles in die Bescheidung des Analogiebegriffs geführt haben; Probleme, welche der noch naiv der griechischen Schule entwachsenden mittelalterlich-neuzeitlichen Metaphysik nicht klar genug vor Augen gestanden hatten.

Hegel – durch Fichte und Schelling belehrt – rüttelte die Inkonsistenz der Kantschen Postulatenlehre zurecht. Was man nicht erkennen kann, kann man nicht einmal denken. Nun können wir das Eine – Hegel sagt: das Absolute – denken, denn ohne es können wir nichts denken. Also können wir es erkennen. Aber die Bewegung des Widerspruchs ändert alle Begriffe, indem sie sie vollzieht. Wenn wir das Absolute erkennen, erkennen wir uns als Gestalten, in die sich das Absolute gekleidet hat. In uns erkennt das Absolute sich, denn das Absolute ist das einzige Subjekt. Diese Philosophie vollzieht noch einmal, der Intention nach, den Aufstieg und Abstieg Platons, beide als Bewegung durch den Widerspruch. Neuzeitlich-egalitär, bleibt sie nicht eine hinter Aporie und Mythos der Dialoge versteckte ungeschriebene Lehre, sondern sie kritisiert das Öffentliche öffentlich, und so stellt sie sich selbst der öffentlichen Kritik. Diese von Hegel herausgeforderte Kritik nun mußte in vielen Einzelheiten vernichtend ausfallen; sein Systemanspruch gilt seit der Mitte des 19. Jahrhunderts als überwunden. Wer, wie viele Neuere, Hegels Werk seitdem wie ein verfallenes Schloß als Steinbruch benützt, mag davon Nutzen haben, sieht aber nicht hinreichend, daß die Pointe des Hegelschen Denkens eben in seinem Systemgedanken lag. Dialektik ist die erkannte Unmöglichkeit, die Identität des Einzelnen festzuhalten, weil das Einzelne, als das erkannt, was es ist, sich jeweils als durch das Wahre, das das Ganze ist, bedingt erweist; sie ist die Präsenz des Ganzen im Einzelnen, des Einen im Vielen. Fragen nun wir Heutigen, ob wir die Reflexion, die in jedem Schritt der Hegelschen Dialektik geschieht, nachvollziehen können, so werden wir, zunächst psychologisch selbstbeobachtend, sagen müssen:

Ja, als Vorgang in der Zeit. Zuerst denken wir einen Begriff, danach fragen wir, was er gemeint hat. Indem wir schließlich auch noch nach dem Grund der Wahrheit der Logik fragen und ihn in Regeln des Handelns, also des Verhaltens in der Zeit, finden, wird uns die Zeit, anders als der metaphysischen Tradition, an der hier höchstens Kants Beobachtung, aber nicht seine Theorie rüttelt, zur Voraussetzung auch des Begriffs.

Heidegger tut eben diesen Schritt, jedenfalls der Intention nach, in voller Radikalität. Die Zeit erscheint ihm als der Horizont des Seins. Das Wichtige dabei ist, daß dieser Gedanke nicht isoliert geäußert, sondern aus einer Aufarbeitung der Geschichte der gesamten abendländischen Metaphysik begründet wird. Diese Geschichte sieht Heidegger nicht in einer der beiden gängigen oberflächlichen Gestalten, entweder als eine Kette von Fortschritten oder als einen zu überwindenden Irrtum. Er sieht vielmehr in der nicht in ihren Problemen, sondern nur in ihren Lösungsmodellen rezipierten phänomenologischen Aporetik der Griechen den Leitfaden, dem entlang sich die Metaphysik bis hin zur theoretischen Physik unseres Jahrhunderts mit einer ihr selbst verborgenen Notwendigkeit bewegt hat. Wenn das richtig ist, setzt der heute fällige Schritt, eben die Erkenntnis der Zeit als Horizont des Seins, eine Auseinandersetzung nicht in erster Linie mit den neuzeitlichen Gestalten der Metaphysik, sondern mit ihrem griechischen Ursprung voraus. Diese Auseinandersetzung hat Heidegger jedoch meines Erachtens nur eingeleitet, nicht vollzogen. Ich maße mir nicht an, die Griechen besser zu verstehen als Heidegger. Aber den einen Punkt muß ich hervorheben, daß griechische Philosophie, also Philosophie, ohne die Schlüsselrolle der Mathematik unbegreiflich bleiben muß. Von den Philosophen nach Platon, die ich hier besprochen habe, hat dies nur Kant gesehen, von den hier nicht besprochenen wohl nur Descartes und, tiefer, Leibniz, und dann die mit Frege beginnende Schule. Was wiederum den die Mathematik ernstnehmenden Philosophen verborgen bleibt, mit der Ausnahme von Kant und Brouwer, ist die zentrale Bedeutung der Zeit für die Mathematik.

So scheint mir die Geschichte der Philosophie das Feld des heutigen Turniers abgesteckt zu haben.

II. Physik

Die Einheit der Wissenschaft liegt nicht in ihrer Methode, sondern im Inhalt ihrer zentralen Theorien. Das philosophisch Relevante an der heutigen Wissenschaft ist deshalb nicht die Wissenschaftstheorie, sondern die Wissenschaft selbst, in ihren Inhalten.

Der logische Positivismus wollte eine Philosophie der Wissenschaft sein, die selbst Wissenschaft wäre. Als zentral für die Wissenschaft sah er zu Recht den Begriff der Erfahrung an. Wäre der Positivismus selbst Wissenschaft im Sinne seiner eigenen Definition gewesen, so hätte er aus Erfahrung lernen müssen, was Erfahrung ist. Radikal hat diesen Schritt erst Thomas Kuhn getan, indem er Wissenschaftstheorie in Wissenschaftsgeschichte verwandelt hat. Sein wichtigstes Ergebnis: Wissenschaft ist nicht kontinuierliche Akkumulation von Kenntnissen, sondern eine Abwechslung von Ebenen und Krisen. Die Ebenen nennt Kuhn normale Wissenschaft, Lösung von Einzelproblemen unter einem festen, nicht in Frage gezogenen Paradigma. Die Krisen sind die wissenschaftlichen Revolutionen, die Paradigmenwechsel. Das Philosophieren, eine bergsteigerische Kunst, ist in der Ebene kaum verwendbar, in der Krise unentbehrlich.

Die zentrale Disziplin der Naturwissenschaft ist die Physik. Wir kennen heute keine Grenzen ihres Geltungsbereichs. Heisenberg hat schon fünfzehn Jahre vor Kuhn, 1948, gesagt, was eine Revolution in der Physik ist: der Übergang von einer abgeschlossenen Theorie zu einer anderen, umfassenderen. Abgeschlossen nennt Heisenberg eine Theorie, die durch kleine Änderungen nicht mehr verbessert werden kann. Eben deshalb kann sie nur durch eine Revolution abgelöst werden. Newtons Mechanik, Maxwells Elektrodynamik, Einsteins spezielle und allgemeine Relativitätstheorie, die von Planck über Bohr bis Heisenberg entwickelte Quantentheorie sind abgeschlossene Theorien.

Das Phänomen abgeschlossener Theorien ist höchsten Staunens wert. Die Grundannahmen der Quantentheorie kann man für einen mathematisch gebildeten Leser auf einer Druckseite darstellen. Die Menge einzelner bekannter Erfahrungen, die der Quantentheorie gehorchen, mag man heute wohl auf eine Milliarde beziffern; und nicht eine einzige Erfahrung ist gefunden worden, die der Quantentheorie glaubwürdig widerspräche. Ich benütze einen Gedanken von Kant und vermute, daß die Quantentheorie deshalb allgemein in der Erfahrung gilt, weil sie Bedingungen der Möglichkeit der Erfahrung formuliert.

Dies kann ich heute abend nur an *einem*, freilich dem zentralen Thema erläutern, der Bedeutung der *Zeit*. Dabei gehe ich nicht systematisch deduktiv vor, sondern im Sinne einer propädeutischen Philosophie des Aufstiegs. Ich schildere, wie mir selbst die Rolle der Zeit in der Physik schrittweise sichtbar geworden ist.

Es begann mit der Irreversibilität der physischen Vorgänge. Als Schüler fragte ich mich: Warum gibt es Eisenbahnunglücke, bei denen ein intakter Zug plötzlich zum Stehen kommt und zerstört wird, aber keine Eisenbahnglücke, bei denen ein zerstörter Zug plötzlich losfährt und intakt ist? Als Physikstudent lernte ich, daß der zweite Hauptsatz der Thermodynamik die Irreversibilität beschreibt: Die Entropie eines abgeschlossenen Systems kann wachsen, aber nicht abnehmen. Diesen Satz erklärt dann die statistische Mechanik. Die Entropie eines Zustands ist ein Maß der Wahrscheinlichkeit seines Eintretens; unwahrscheinlichere Zustände gehen in wahrscheinlichere über. Als junger Forscher habe ich eine Arbeit hierüber geschrieben, die ich noch für richtig halte. Wie kann der Begriff der Wahrscheinlichkeit spätere Ereignisse gegenüber früheren auszeichnen, wie kann er also dasjenige definieren, was die Physiker metaphorisch die Zeitrichtung, noch metaphorischer den Zeitpfeil nennen? Die Antwort: Jeder Mensch unserer Kultur, also sogar jeder Physiker, versteht unausdrücklich immer schon den Unterschied des Vergangenen vom Zukünftigen. Das Vergangene ist faktisch, es ist unabänderlich geschehen. Das Zukünftige ist möglich. Wahrscheinlichkeit ist eine quantitative, mathematisierte Fassung von Möglichkeit. Wahrscheinlichkeit des Geschehens in diesem direkten Sinn, in dem die Physik sie hier benutzt, bezieht sich also stets auf die Zukunft. Die qualitative Unterscheidung von Vergangenheit und Zukunft ist nicht, wie Physiker manchmal herumrätseln, eine Folge des zweiten Hauptsatzes. Sie ist vielmehr seine phänomenologische Prämisse. Erst weil wir sie vorweg verstehen, können wir Physik so treiben, wie wir es tun.

Ich habe später gesehen, daß diese Unterscheidung für den Grundbegriff der Erfahrung konstitutiv ist. Erfahrung heißt aus der Vergangenheit für die Zukunft lernen. Zeit im Sinne dieses qualitativen Unterschieds von Faktum und Möglichkeit ist eine Bedingung der Möglichkeit von Erfahrung.

An diesem Leitfaden habe ich versucht, die Quantentheorie zu verstehen. Die Quantentheorie ist eine statistische, eine Wahrscheinlichkeitstheorie. Ihr Kern ist eine nichtklassische Wahrscheinlichkeitsrechnung, charakterisiert durch das sogenannte Superpositionsprinzip. Die Wahrscheinlichkeitsrechnung setzt Logik voraus. Die nichtklassische Wahrscheinlichkeitsrechnung der Quantentheorie setzt nach J. v. Neumann eine nichtklassische Logik voraus, die er Quantenlogik nannte. Man hat eingewandt, alle Erfahrung setze schon die eine wahre Logik voraus, die wir die klassische nennen. Also sei es absurd, zuerst aus Erfahrung eine spezielle Theorie wie die Quantentheorie zu begründen und nachher aus der Quantentheorie eine abweichende Logik herauszudestillieren. Der Einwand ist, meiner Meinung nach, stark, aber falsch. Erfahrung setzt Zeit voraus. Die Logik, mit der wir Sätze der Erfahrung beschreiben, muß eine Logik zeitlicher Aussagen sein. Prognosen, Aussagen über die Zukunft, sagen Möglichkeiten aus. Möglichkeiten nennt man logisch Modalitäten. Ich habe versucht, eine Logik futurischer Modalitäten zu entwerfen. Hier läßt sich übrigens eine Brücke zu den Grundlagen der Mathematik schlagen. Der von Brouwer initiierte Intuitionismus oder Konstruktivismus betrachtet Mathematik als ein intellektuelles Handeln; ich sage gern: eine Erzeugung von intellektuellen Gestalten. Dieses geschieht, wie Brouwer hervorgehoben hat, in der Zeit. Die hierfür fundamentale Logik muß zeitliche Logik sein. Ich bleibe aber jetzt bei der Quantentheorie. Ich glaube in meinen Arbeiten gezeigt zu haben, daß man die Quantenlogik als eine spezielle Fassung einer zeitlichen Logik auffassen kann. In ihr kämen uns dann logische Strukturen zu Bewußtsein, die in Wahrheit schon aller Erfahrung zugrunde liegen.

Nun mache ich eine kurze Bemerkung über den Inhalt der Quantentheorie, die, in der Knappheit des Vortrags, nur Physikern verständlich sein kann. Die ψ-Funktion, auch Zustandsvektor genannt, hat, wie wir gesehen haben, einen futurischen Sinn. Sie definiert die Wahrscheinlichkeiten aller möglichen Meßergebnisse an dem betreffenden Objekt. Meßergebnisse muß man nun nach Bohr in klassischen Begriffen beschreiben. Warum? Ich schließe mich der Deutung an, daß das Wort „klassisch" hier für

„irreversibel" steht. Meßergebnisse sind, wenn sie gewonnen sind, Fakten; sie sind dann unabänderlich geschehen. Das tiefe, noch nie genug verstandene philosophische Problem der Quantentheorie liegt aber darin, daß wegen des Superpositionsprinzips jede klassische, faktische Beschreibung des Geschehens nur eine Näherung ist. Wenn die Quantentheorie richtig ist, so ist die Wirklichkeit in Strenge niemals faktisch.

Ich erläutere das an der quantentheoretischen Kompositionsregel. Der Zustandsraum eines zusammengesetzten Objekts ist das Tensorprodukt der Zustandsräume seiner Teile. In diesem Gesamt-Zustandsraum besteht nur eine Menge vom Maß Null aus solchen Zuständen, in denen die Teilobjekte überhaupt in wohldefinierten Zuständen sind. Dies ist das Ende der Bemerkung für Physiker.

Ich folgere philosophisch: Wenn die Quantentheorie richtig ist, so ist, wie gesagt, die Wirklichkeit niemals in Strenge faktisch. Wenn die heutige Physik richtig ist, so ist der Objektbegriff selbst, auf dem eben diese Physik beruht, nur eine Approximation.

Für eben diese Physik aber, für die Quantentheorie, kennen wir heute keine Gültigkeitsgrenzen. Sie scheint alle anorganischen Vorgänge zu umfassen. Auch in der Biologie ist heute der Physikalismus, die Lehre von der Physik als einziger, hinreichender Fundamentaldisziplin, ständig erfolgreich. Ich fühle persönlich keinerlei Bedürfnis, den Physikalismus anzuzweifeln. Es fragt sich dann, ob die Quantentheorie auch auf psychische Vorgänge, auch auf das Bewußtsein anwendbar ist. Meine hypothetische Antwort lautet: ja.

Man muß fragen, was eine solche Hypothese bedeutet. Die Quantentheorie, völlig allgemein, also abstrakt formuliert, macht keinerlei Voraussetzungen des Inhalts, daß ihre Objekte Körper im Raum sein müßten. Sie ist eine Theorie der Wahrscheinlichkeitsprognosen für beliebige entscheidbare Alternativen. Nun gibt es eine Näherung, in welcher die Frage, in welchem Bewußtseinszustand ich morgen früh sein werde, zum Beispiel vergnügt oder traurig, als eine irgendwie, zum Beispiel durch Introspektion, entscheidbare Alternative formulierbar werden kann. In dieser Näherung sollte die Quantentheorie auf das Bewußtsein anwendbar sein. Mein Argument geht also, wie Sie sehen, nicht den „materialistischen“ Umweg. Es sagt nicht: „Die Quantentheorie ist aufs Gehirn anwendbar, und Denken ist eine Gehirnfunktion.“ Das Argument ist direkt: „Soweit mein Bewußtseinszustand Gegenstand einer logisch formulierbaren und faktisch entscheidbaren Alternative sein kann, wird er der abstrakten Theorie *aller* Prognosen für Alternativen, eben der Quantentheorie, genügen.“

Ich bekenne, daß ich den Cartesischen Dualismus von Denken und Ausdehnung nie verstanden habe und daß ich ihn für die Folge eines logischen Fehlers halte. Er stilisiert den Unterschied zweier Rollen im Erkenntnisakt, des erkennenden Subjekts und des erkannten Objekts, zum Unterschied zweier Substanzen. Ausgedehnt heißt für Descartes das, was der einzigen klaren und distinkten Erkenntnis zugänglich ist, die nicht Selbstbewußtsein ist. Dies ist für ihn die mathematische, speziell die geometrische Erkenntnis. Für uns ist Mathematik abstrakter. Die Quantentheorie ist unsere Theorie mathematisierbarer Prognosen. Soweit ich mir selbst Objekt der Erkenntnis werden kann, sollte ich daher der Quantentheorie unterliegen. Ich füge freilich hinzu, daß mein Bewußtsein selbst vielleicht, soweit es der Quantentheorie genügt, in derjenigen Näherung, die wir die klassische nennen, als ausgedehntes Objekt (zum Beispiel als Gehirn) wahrnehmbar werden muß.

Zuletzt habe ich mich ins Feld von Hypothesen begeben. Die bloße logische Möglichkeit dieser Hypothesen zeigt aber, daß die Quantentheorie ohne weiteres mit einer spiritualistischen monistischen Metaphysik vereinbar wäre. Wenn wir Philosophen sind, muß unsere erste Frage freilich nicht sein, ob wir eine solche Metaphysik glauben wollen. Die Frage muß vielmehr sein, ob wir wissen, was wir meinen, wenn wir eine solche Metaphysik als denkbar behaupten.

Ich nenne terminologisch ein Objekt endlich, wenn es durch endliche oder abzählbar-unendliche Alternativen charakterisiert werden kann. Ich nenne ferner ein erkennendes Subjekt endlich, wenn es in seiner Erkenntnis auf endliche Objekte beschränkt ist. Dann wäre die Quantentheorie die umfassendste uns bekannte Theorie endlicher Objekte. Sie wäre also die heutige Wissenschaft davon, wie die Welt endlichen Subjekten erscheinen muß. Wie finden wir uns selbst in dieser Welt vor?

III. Evolution

Wir sind Kinder der Natur. Die Natur ist älter als der Mensch. Aber der Mensch ist älter als die Naturwissenschaft. Diese Tatsache erlaubt unserer Philosophie einen Kreisgang, den die klassische Metaphysik nicht geben konnte. Die klassische Philosophie kannte den Menschen als Wissenden, die Natur als Gewußte. Aber sie kannte nicht die Naturgeschichte des menschlichen Wissens. Die klassische Philosophie verschloß sich selbst die Fruchtbarkeit des Denkens in solchen Kreisen, weil sie sich am Paradigma der deduktiven Mathematik gebildet hatte: Sie suchte zweifellose Anfänge und notwendige Folgerungen, wenngleich der Aufstieg zu den Anfängen die schwerste Arbeit war. Wir aber suchen jetzt den Kreisgang. Wir suchen die gegenseitige Erläuterung der Natur durch das Wissen und des Wissens durch die Geschichte der Natur. Auch dieser Kreisgang der Philosophie ist eine Bewegung in der Zeit.

In der Beschreibung der Evolution folge ich grundsätzlich der Darwinschen Theorie, im besonderen einigen Überlegungen von Konrad Lorenz und Karl Popper.

Die Evolution, ja das Leben überhaupt, ist gnoseomorph, erkenntnisförmig. Das heißt zunächst: Die Evolution akkumuliert Information. Ich gehe jetzt nicht näher auf die Definition des objektiven Informationsbegriffs ein, der hierbei benützt wird. Ich bemerke nur, daß die überwiegende Wahrscheinlichkeit dieses Informationswachstums, wenn man genau argumentiert, nicht etwa dem zweiten Hauptsatz der Thermodynamik widerspricht, sondern daß sie ebenso wie er eine Konsequenz des Wahrscheinlichkeitsbegriffs selbst ist, wenn man diesen zeitlich interpretiert. Evolution ist eine Form des Entropiewachstums. (Ich diskutiere also jetzt nicht die mit dem Vorzeichen der Entropie verbundenen Äquivokationen. Ich sage kurz: Entropie ist virtuelle Information.)

Meßbare Information ist jeweils nur unter einem Begriff definiert. Sie ist um so größer, je umfassender, also vager, der Begriff ist. Die Information eines Telegramms ist geringer unter dem Begriff „Nachricht in französischer Sprache", größer unter dem Begriff „Folge lateinischer Buchstaben", noch größer unter dem Begriff „Folge von Figuren". So gemessene Information nennen wir objektiv. Sie ist Information für uns, die Forscher, und durch den Begriff so definiert, daß, bis auf die individuelle Einschätzungsstreuung, jeder Forscher dieselbe Zahl finden wird. Subjektiv würden wir Information nennen, wenn wir sie aus dem Verhalten eines einzelnen Individuums ablesen.

Objektiv ist zum Beispiel die Information eines Chromosomensatzes unter dem Begriff „Erbgut". Tierisches Verhalten hingegen ist eine Evolutionsstufe, auf der es zum erstenmal etwas gibt, was wir subjektive Information nennen könnten: der Informationsgehalt des Reizes für das Tier, den wir, die Forscher, aus der Reaktion des Tiers ablesen können. Dies ist die erste tierische Vorstufe der Erkenntnis.

Die einfachsten Verhaltensschemata kann man nun durch vier Merkmale charakterisieren, die ich nennen will: Allgemeinheit, Ja-Nein-Prinzip, Prävalenz des Positiven, Anpassung.

Allgemeinheit: Das Tier reagiert in für uns unbegrifflich beschreibbarer Weise auf einen für uns begrifflich beschreibbaren Reiz. Es reagiert typisch auf den Typus des Geschehens. Der Marder, der alle Hühner im Hühnerhaus tötet, obwohl er nur eines fressen kann, reagiert, antik gesagt, auf das Eidos „flatterndes Huhn", nicht auf „dieses Huhn". Genau dies ist kybernetisch zu erwarten. Je einfacher der Computer ist, desto typisierter, unindividueller muß der Reiz sein, den er noch erkennen kann.

Ja-Nein-Prinzip: Die einfachsten Reaktionsschemata leisten das Geforderte nur dann, wenn sie je nach Reiz entweder ablaufen oder nicht, ohne komplexe Zwischenstufen. Der Computer hat eine zweiwertige Logik.

Prävalenz des Positiven: Das etwas differenziertere Verhaltensschema reagiert gerade auf seltene Ereignisse; es hebt sie aus dem Chaos der Reize heraus. So ist auch in der Logik die Wahrheit einer speziellen, positiven Aussage ein seltenes, ein unwahrscheinliches Ereignis. Die Negation einer interessanten Aussage bezeichnet hingegen die uninteressante Normalität: „Die Welt ist voll von Nichtelefanten" (Bochenski).

Anpassung: Die Richtigkeit des Verhaltensschemas ist seine Angepaßtheit an die Lebensbedingungen. Diese Anpassung ist nicht die des Abbildes ans Urbild, sondern die des Schlüssels ans Schloß. Dem entspricht in der Logik die pragmatische Wahrheitstheorie. Die Wahrheit eines Urteils ist die Adäquation des Gedankens an den Sachverhalt. Das lese ich pragmatisch: Die Wahrheit eines Urteils ist die Angepaßtheit der im Urteil vorgestellten möglichen Handlungsweisen an die Umstände.

Ich habe soeben von der Erkenntnisförmigkeit tierischen Verhaltens Gebrauch gemacht, um Verhalten durch Erkenntnis und Erkenntnis durch Verhalten zu erläutern. Es gibt also biologische Präliminarien zur Logik. Ich hebe jetzt nur Eines hervor: Platon und Aristoteles hatten völlig recht, daß man nur das Eidos erkennen kann. Wenigstens die einfacheren Tiere können nur dies. Der Mensch kann dann freilich, zumal in unserer Hochkultur, die komplexe Leistung erbringen, den Einzelfall von den Begriffen zu unterscheiden, unter die er fällt. Irrigerweise hält dann die nominalistische Philosophie den Einzelfall für das elementare Datum. Vermutlich gibt es keine elementaren Daten.

Was aber hat dieses in Computer-Begriffen beschreibbare Verhalten mit Bewußtsein zu tun?

Chuangtse und Huitse gingen am Fluß spazieren. Chuangtse sagte: „Sieh, wie die Fische aus dem Wasser springen! Das ist die Freude der Fische." Huitse warf ein: „Du bist nicht die Fische. Wie kannst du wissen, daß das die Freude der Fische ist?" Chuangtse erwidert: „Du bist nicht ich. Wie kannst du wissen, daß ich nicht weiß, daß das die Freude der Fische ist?" Und nach einem weiteren logischen Schlagabtausch endete Chuangtse: „Ich erkenne die Freude der Fische aus meiner Freude am Zuschauen."

Diese Umkehrung der Skepsis habe ich schon vorausgesetzt, als ich von der Quantentheorie sprach. Für uns bestehen Tiere und Computer aus Atomen. Auf dem Umweg über die Physik entscheiden wir endliche Alternativen über das Verhalten der Tiere und der Computer. Was sind die Tiere selbst?

Das Bewußtsein taucht im Lauf der Evolution aus dem Meer des Lebendigen auf. Die Evolutionstheorie hat uns gelehrt, daß Stufen, evolutive Ebenen, keine Substanzunterschiede bedeuten. Erst das zum Selbstbezug, zur Reflexion fähige menschliche Bewußtsein kann die Frage stellen: „Was ist Bewußtsein?", und ebenso die Fragen „Was ist ein Objekt?", „Was ist ein Lebewesen?". Das Bewußtsein, das so fragt, erkennt sich heute selbst als eine evolutive Ebene, abgegrenzt gegen ältere Ebenen durch Leistungen, die nach unserer Erkenntnis einer bestimmten Komplikationsstufe des organischen Apparats bedürfen; wohlgemerkt einer Komplikationsstufe, die unsere heutigen Computer nicht besitzen. Vorgänge wie Wahrnehmung, Affekt, Handlung, die wir in unserem eigenen Verhalten durch urteilende Reflexion auseinanderhalten können, bilden im tierischen Verhalten eher ein Kontinuum. Wir haben Mühe, uns diese ihre Ungetrenntheit als psychischen Zustand vorzustellen. Der Begriff des Psychischen, des Erlebens selbst ist ein Produkt der Bewußtseinsstufe.

Wir helfen uns, indem wir uns die früheren Stufen als potentialiter bewußt, als evolutiv zur Bewußtseinsfähigkeit bestimmt ausmalen. Alles Seiende scheint durch ein geschichtliches Kontinuum mit dem Bewußtsein verbunden; indisch gesagt wäre alles *Sat* potentiell *Chit*. Alles uns überhaupt nachvollziehbare organische Verhalten ist uns affektiv nachvollziehbar; affektfreies Verhalten ist ein Menschenwerk. Das heißt alles uns nachvollziehbare lebendige Verhalten „strebt nach Seligkeit", ist potentialiter Anande. Das ist die Lehre von der Freude der Fische. Sollten wir sagen, daß auch die Atome potentiell bewußt sind und nach Seligkeit verlangen? Aber Atome sind endliche Objekte. Das Atom ist ein Begriff menschlicher Handlungsmöglichkeit. Vermutlich gibt es Atome nur für uns. Vielleicht für uns Physiker am Ende des zweiten Jahrtausends der christlichen Ära. Wir müssen den vollen Kreisgang durchlaufen, vermutlich mehrmals. Wir müsen also nunmehr die kulturellen Prämissen unserer Naturwissenschaft anschauen.

IV. Kultur

Wir philosophieren *heute*. Wir philosophieren nicht in der Ewigkeit. In der Zeit reden wir über die Zeit. Mitten im technischen Zeitalter fragen wir nach Herkunft und Sinn der Begriffe, die dieses Zeitalter uns aufdrängt.

Ich habe versucht, ein paar Begriffe zu einer lockeren Struktur zusammenzufügen, die ich ein Baugerüst nenne. Ein Baugerüst hat keine festen Fundamente. Es klammert sich an den Bau, der mit seiner Hilfe errichtet wird. Und am Ende soll es wieder abgerissen werden. Der Bau wäre ein geschichtliches Verständnis des Menschen. Das Baugerüst besteht bisher aus vier Stockwerken, von unten nach oben gezählt: 1. die Einheit von Wahrnehmen und Bewegen, 2. das Gefüge der Zweckrationalität, 3. die Trias der neuzeitlich-kulturellen Pointierungen von Theorie, Moral und Kunst, 4. die Einheit der Wahrheit. Formal also ruht das Gerüst auf Einheit und gipfelt in Einheit; dazwischen gibt es vielheitliche Gliederungen.

Die Einheit von Wahrnehmen und Bewegen, von Reiz und Verhalten ist tierisches Erbe; ich habe sie soeben in ihrer differenzierten Struktur geschildert. Beim Menschen wird man vier Momente unterscheiden: Wahrnehmung, Urteil, Affekt, Handlung. Ich wiederhole ein altes Beispiel. Der Autofahrer sieht die entgegenkommende rote Kontur, urteilt: „ein Wagen auf der falschen Fahrbahn", erschrickt und handelt durch Vorbeilenken. Im alltäglichen Ablauf sind die Momente ungetrennt. Die Wahrnehmung ist prädikativ: Ich sehe das Auto (ich sehe das Eidos!). Das Urteil ist affektiv: „O Schreck, auf der falschen Fahrbahn"; schon „falsch" ist ein affektiver Begriff. Wahrnehmung, Urteil, Affekt leiten, wenn sie Erfolg haben, bruchlos in die Handlung über.

Woher wissen wir eigentlich, daß unser Verhalten gerade diese vier Momente enthält? Einen Teil der Antwort gibt ein Blick auf die nächsthöhere Stufe, die Stufe des Nützlichen, oder wie man gelehrt sagt, der Zweckrationalität. Die schwebende Natur des „Baugerüsts" zeigt sich darin, daß immer wieder erst die höhere Stufe die Struktur der nächtsniedrigeren wenigstens teilweise erklärt. Nun werden wir die unteren Stufen eher unseren Vorstellungen von der Natur des Menschen zuordnen, die höheren eher den geschichtlich gewordenen Ausprägungen der Kultur. Dann bedeutet aber der „schwebende" Charakter des Baugerüsts, daß in Wahrheit unsere Vorstellungen von der Natur des Menschen selbst Produkte unserer geschichtlich gewordenen Kultur sind. Eben auf diese Tatsache zielt meine Darstellung.

Im Denkschema der Zweckrationalität stellen wir das handlungsentlastende Urteil über Tatsachen der Handlung gegenüber, zu der wir uns um eines vorgegebenen Zwecks willen entschließen. Hier treten die Begriffe auf, die wir in der Analyse der Wissenschaft benutzt haben. Das Urteil ist assertorisch: Es stellt ein Faktum fest. Die Handlung kann vorweg gedacht und gewollt werden: Sie vollzieht sich in einem Spielraum von Möglichkeiten. Urteilen, ohne zu handeln, ist eine Art Askese, eine Unterbrechung des natürlichen Reaktionsablaufs. Gerade diese Askese befähigt den Menschen, nicht zu reagieren, sondern zu agieren. In ihr wurzelt das Erlebnis der Freiheit.

Wir erhalten aber so nur eine unvollständige Auskunft über die vier Momente des Verhaltens. Indem das Licht auf das Paar Urteil-Handlung fällt, rücken Wahrnehmung und Affekt in den Schatten. Wahrnehmung bleibt eine unaufgeklärte Restkategorie; eben darum konnte die neopositivistische Wissenschaftstheorie in ihrer Anfangsphase auf die Idee verfallen, sinnliche Wahrnehmungen seien elementare Daten. In Wirklichkeit ist die Sinneswahrnehmung selbst eine hochkomplexe Leistung. Auch Affekt ist eine unbeleuchtete Restkategorie. Urteile sind diskutierbar; für Handlungen kann man Vorschriften geben. Der Affekt, die Emotion bleibt in jenem Schatten, den man in unserer Kultur gerne durch das Wort „subjektiv" der Diskussion entzieht. Wer den Anderen „emotional" nennt, verweigert im heutigen Sprachgebrauch schon fast die Kommunikation mit ihm — und selten ist ein Wort selbst so bitter emotionsbelastet wie das Wort „emotional".

Eine Schranke des Denkschemas der Zweckrationalität ist, daß die Zwecke selbst nicht mehr verstanden, sondern, als „subjektiv", vorausgesetzt werden. Man spricht dann etwa von „Werten". Und wenn man sieht, daß alle sogenannten Werte unbegründet bleiben, daß unsere Wertbegriffe bodenlos sind, daß Urteil und Handlung, Verstand und Wille allein uns schließlich nur Wollen als Selbstzweck lehren, so spricht man von der ungelösten Sinnfrage.

Unsere Kultur kennt freilich große Werte, die über der Stufe der Nützlichkeit stehen. Drei Bereiche solcher Werte habe ich vorhin genannt. Ich sprach von Theorie, Moral und Kunst. Die traditionellen Namen der für sie leitenden Werte sind das Wahre, das Gute und das Schöne. Statt Moral hätte ich für philosophisch Gebildete besser den aristotelischen Begriff der Praxis gebraucht. Die aristotelische Poiesis deckt hingegen außer der Kunst auch die Technik, die wir eher der Zweckrationalität, also dem Wert des Nützlichen zuordnen würden.

Ich nannte Theorie, Moral und Kunst neuzeitlich-kulturelle Pointierungen. Neuzeitlich, also nicht selbstverständlich, nicht aus einer unterstellten Natur des Menschen herzuleiten. Vielmehr kulturell: Kunstprodukte. Pointierungen: Zusammenziehungen einer breiten Basis von Phänomenen auf eine jeweils schmale Spitze von Leistungen, drei Eiffeltürme.

Die Trias ist, so sagte ich, nicht aus der Natur des Menschen herzuleiten. Ich kenne keine mir einleuchtende systematische Begründung für sie. Vielmehr scheint sie mir zu bestehen aus einer Leitpointierung, nämlich der Theorie, und ihren kompensierenden Restpointierungen, zuerst der Praxis, dann der Kunst.

Theorie ist, so empfinde ich, das eigentümliche Kunstwerk der abendländischen Kultur, das sie von allen anderen Kulturen unterscheidet. Inder und Japaner haben mir gesagt: „Stärke und Grenze eurer Kultur ist die Herrschaft der aristotelischen Logik." Mein heutiger Vortrag handelt von der Theorie, macht sie zum Thema. Wir haben sie zuerst als die deduktive Mathematik der Griechen zu Gesicht bekommen und als die schwesterlich zu ihr entstandene Metaphysik. In der Neuzeit hat sich die Naturwissenschaft voll entwickelt, der die Mathematik nicht nur Paradigma, sondern Instrument ist. Geistes- und Sozialwissenschaften haben sich, in Absetzung oder Anwendung, an der Naturwissenschaft orientiert. Der Kernbegriff der Theorie ist das Wahre, dem das Falsche gegenübersteht: die zweiwertige Logik.

Im Kreisgang haben wir begonnen, wissenschaftlich, nämlich evolutionstheoretisch, die biologischen Präliminarien zur Logik zu studieren: ein Anfang einer gegenständlichen Theorie der Theorie. In diesem biologischen Vorspiel lernen wir die funktionale Nützlichkeit der Ja-Nein-Entscheidungen zu würdigen, man kann auch sagen: ihre Machtförmigkeit. Eben dadurch werden wir aber zur Skepsis gegenüber ihrer metaphysischen Wahrheit erzogen. Lorenz und Popper freilich, die ihre Philosophie als „Realismus" bezeichnen, meinen, eben nur dasjenige Verhalten setze sich in der Evolution durch, welches der Realität angepaßt sei. Aber wer Quantentheorie gelernt hat, sieht, daß dieses Argument nicht weit genug trägt. Aussagen über klassische Messungen, über Feststellungen irreversibler Fakten genügen der klassisch-zweiwertigen Logik; daraus folgt nicht, daß dies auch für die Beschreibung der Möglichkeiten gilt. Die Quantentheorie freilich bleibt Theorie. Sie korrigiert zu enge Alternativen durch umfassendere Alternativen und den Determinismus durch mathematisierte Wahrscheinlichkeitsprognosen. Sie erweist die Theorie als ein offenes Näherungsverfahren.

Praxis ist zunächst eine von den Theoretikern erfundene Restkategorie zur Bezeichnung der Normalität. Die Welt ist voll von Nichtelefanten, das menschliche Leben ist voll von Nichttheorie; das nennt man Praxis. Die Theorie beginnt aber alsbald, die Strukturen der Praxis zu studieren und sie damit auf das binäre Schema des Wahren und Falschen umgestaltet abzubilden. Aristoteles grenzt, sehr klug, unter dem Namen Praxis dasjenige ein, das sein Telos, seinen Sinn und Zweck, in sich selbst trägt; der Rest heißt Poiesis. Der Leitwert der Praxis heißt nun das Gute. In der christlichen Kultur verbindet sich dies mit dem Geschenk der Juden an die Menschheit, der leidenschaftlichen Unterscheidung des Guten und Bösen. Die Moral, die sich als Pointierung auf dieser Basis erhebt, ist von Anfang an vorwiegend politische Moral. Wirtschaftliche und politische Macht ist ein Humanum, eine erst dem Menschen mögliche prinzipiell unbegrenzte Akkumulation von Mitteln für Zwecke gesellschaftlicher Durchsetzung; sie ist, von der Natur her gesehen, ein weltverwandelnder kultureller Luxus. Das Pathos der politischen Moral ist gleichsam ein Gegenluxus gegen die luxurierende Macht. Die Aufklärung der europäischen Neuzeit rationalisiert die Moral, gibt ihr damit einen erklärbaren Anspruch der Allgemeingültigkeit und folglich eine gewaltige politische Stoßkraft. Das ist ein Sieg der Theorie im Felde der Praxis. Die Ambivalenzen bleiben nicht aus. Die Überzeugung, für das Gute zu kämpfen, rechtfertigt viele Verbrechen. Selbstgerechte Theorie wird unwahr. Selbstgerechte Moral wird böse.

Kunst ist eine spezielle Pointierung in einem Bereich, der weder Theorie noch Moral ist. Gesang, Tanz und Flötenspiel, Schnitzwerk und Baukunst, Erzählung und Drama gibt es seit Menschengedenken. Daß all dies Kunst sei, ist eine kluge Entdeckung der Theorie. Was aber Kunst eigentlich ist, hat die Theorie, so scheint mir, nie wirklich zu sagen vermocht. Als Latte im Baugerüst biete ich die hausgemachte Formel an: Kunst ist die beseligende Wahrnehmung von Gestalt durch die Schaffung von Gestalt. Wer angesichts der heutigen Erdbeben das Adjektiv „beseligend" nicht gebrauchen will, dem biete ich als Alternative „seismographisch" an; um Schwingung geht es in beiden Fällen. Urteilende Theorie und gebietende Moral sind machtförmig. In die Kunst rettet sich in unserer Kultur die absichtslose Wahrnehmung, der unbeurteilte Affekt. Kunst ist heute, sozial gesehen, die private und darum geduldete Zuflucht vor der Willens- und Verstandeswelt. Es käme aber darauf an zu sehen, daß sie uns Wahrheit zeigt, die der Theorie und der Moral entgeht. Ich mache dazu nur eine, philosophische, Bemerkung. Der große Mathematiker Gauß schrieb einmal in einem Brief von der „unnennbaren Satisfaktion der wissenschaftlichen Arbeit“. Mathematik ist Wahrnehmung von Gestalt durch intellektuelle Erzeugung von Gestalt; wenn sie auch beseligend ist, so ist sie Kunst. Philosophie aber entstand unter dem Paradigma der Mathematik. Kunst, der Luxus von Gestalt, ist vielleicht ein Oberbegriff auch über Theorie und Moral.

Die Einheit der Wahrheit haben wir so nicht zu Gesicht bekommen. Sie zu denken, war der Anspruch der Metaphysik. In der sozialen Realität der Kulturen hat eine andere Macht die Einheit bewahrt: die Religion. Geht man ins Einzelne, so kann man, in der heutigen Sprechweise, vielleicht vier gesellschaftliche Rollen der Religion unterscheiden: Religion als Träger einer Kultur, als Theologie, als radikale Ethik, als innere Erfahrung.

Religion als Träger einer Kultur ist ein Ausdruck der Retrospektive. Als die Religion unsere Kultur trug, wurde sie nicht funktional als Kulturträger verstanden, sondern direkt als Wahrheit, als die Allgegenwart des Göttlichen. Die drei weiteren Rollen aber sind Versuche, in einer Welt der erschütterten Tradition das Eigentliche der Religion herauszuheben.

Theologie ist die Bestimmung des Wahren und Falschen in der Religion, sie ist Theorie. Theologie ist zunächst der terminologische Name des Herzstücks der Metaphysik. Christliche Theologie, so möchte ich wagen zu sagen, ist der Kampf zwischen dem griechischen Geschenk an die Menschheit, der Aufklärung von Wahr und Falsch, und dem jüdischen Geschenk, der Offenbarung von Gut und Böse. Aufklärung und Offenbarung – zwei Lichtmetaphern.

Radikale Ethik ist, in meiner jetzigen Sprechweise, zunächst Moral. Bei Platon wie bei den jüdischen Propheten ist sie politische Moral. Hinter ihr steht aber noch eine ganz andere Erfahrung: die luxurierende, beseligende Selbstverleugnung der Asketen. Nichts Großes geschieht ohne einen seelischen Überfluß. Die unwidersprechliche Wahrheit der Bergpredigt manifestiert sich nicht zuerst in ihren Imperativen, sondern im Indikativ der Seligpreisungen.

Wir sind damit auf die innere Erfahrung verwiesen. Wir sind wieder in dem dritten, von Urteil und Handlung, von Theorie und Moral nicht ausgeschöpften Bereich. Innere Erfahrung der Religion ist Glaube, Kultus, Gebet, auch Verzückung; sie ist die Wandlung der Person. Die Erinnerung an die Asketen führt uns historisch auf eine dritte Lichtmetapher, ein drittes Geschenk an die Menschheit: die indische Erleuchtung der Ungeschiedenheit der Gegensätze, der Erfahrung des Einen.

Vom griechischen Versuch, das Eine zu denken, bin ich ausgegangen. Also hat sich der Kreisweg einmal geschlossen.

Wir philosophieren heute. Ich kenne heute niemanden, der sagen könnte, wie Zeit, Physik und Metaphysik, oder wie Aufklärung, Offenbarung und Erleuchtung zusammengehören. Vielleicht wird unsere nächste Erfahrung nicht kontemplativ, sondern die selbsterzeugte Krise der politischen Geschichte, der machtförmigen Kultur sein.

Ergänzungen aus der Diskussion [1]

Zu der schönen These von R. Thom, daß Wissenschaften vom Menschen nur wahr sein können, wenn sie unnütz sind [2], noch eine chinesische Anekdote. Chuangtse ging mit einem Freund durch den Wald und sah einen wunderbaren, ungeheuer großen Baum. Und er fragte: „Wie konnte dieser Baum so groß und schön werden?“ Sagte der Freund: „Ich kenne den Baum, er ist total unnütz: Sein Holz ist so knorrig, daß man nichts damit bauen kann, seine Blätter sind giftig und seine Früchte sind bitter. Deshalb konnte er so groß werden.“

Zu einer Frage von L. Kolakowski [3]: Es trifft zu, daß die Physik normalerweise nur Früher und Später unterscheidet, aber nicht vom Jetzt und folglich nicht von Vergangenheit und Zukunft spricht. Die Physik macht allgemeine Aussagen, sie versucht Gesetze zu formulieren, die immer und überall gelten. Aus diesem methodischen Grunde kann sie das „Jetzt“ nicht aus ihren Gesetzen herleiten. Aber in der realen Anwendung der Physik wissen wir immer schon, was jetzt ist. Deshalb kann man die Physik vom

Jetzt her aufbauen, aber das Jetzt nicht umgekehrt aus ihr herleiten.

Zu einer Frage von R. Spaemann [4]: Meine zwei Anekdoten am Anfang sollten eine Tragödie beschreiben. Eine Tragödie ist möglich durch einen Widerspruch. Diesen Widerspruch wollte ich nicht auflösen, sondern nur darstellen. Es ist in diesem Fall die Tragödie des Konflikts des frommen Wunsches zu verstehen, mit der durch die Verfolgung dieses Wunsches in einer bestimmten Kultur, die ihre bestimmten Motive hat, unweigerlich entstehenden grotesk großen Macht. Mir liegt zunächst nur daran, nicht dadurch die Tragödie in ein harmloses Schauspiel zu verwandeln, daß man die eine der beiden Seiten ernst nimmt und die andere nicht sieht. Die drei Kronzeugen des Machtwillens der Naturwissenschaft, Descartes, Bacon und Hobbes, waren alle drei nicht Naturwissenschaftler, sondern Philosophen. Die haben dieses Programm gemacht, nicht die Naturwissenschaftler. Aber viele Naturwissenschaftler haben viel Spaß an diesem Programm gehabt. Auch Galilei hat Kanonen gebaut. Also: Das kindische Vergnügen an diesem Unternehmen haben auch die Naturwissenschaftler. Die großartige Dramatik aber, glaube ich, stammt nicht von der Naturwissenschaft, sondern von einer ganz bestimmten Philosophie, die Tendenzen ihrer Zeit mit großer Bewußtheit erkennt und formuliert.

Zu einer zweiten Frage von R. Spaemann [5]: Wenn Sie heute ein physikalisches Lehrbuch ansehen, so werden Sie zuerst ein paar Seiten Prosa finden, und dann gibt der Verfasser sich einen Ruck und schreibt Formeln. Diese Formeln sind das, was dem Nichtphysiker auffällt. Das Wort „das Berechenbare" drückt es nicht genau aus, die Formel ist ja mehr als das nur Quantitative. Überhaupt: der Gegensatz des Quantitativen und Qualitativen scheint mir kein klarer Gegensatz zu sein. „Quantitativ" ist das, was man mit Zahlen machen kann, und „qualitativ" ist der ganze Rest. Warum aber die Zahlen keine Qualitäten sein sollen, weiß ich nicht. Das heißt, ich empfinde dies als eine von Aristoteles nicht voll gelöste Problematik, deren Ungelöstheit die Menschen nicht gemerkt haben und weitergeschleppt haben. Aber ich gebe zu, man drückt es oft so aus und kann sich so verstehen. Dann sage ich aber: Wenn man nun wissen will, wie dieses Buch des Physikers, in dem Formeln stehen, angewandt wird, dann wird es angewandt durch ein zusätzliches Wissen, das gewöhnlich nicht in den Büchern steht, das in der Prosa der ersten zehn Seiten angedeutet ist. Diese enthalten freilich meistens horrible logische Fehler, die nur daher kommen, daß alle Physiker sowieso wissen, wie man es anwenden muß, und sich deshalb nicht die Mühe geben, die Philosophen sich geben müssen, auch verbal präzis zu sein. Die Physiker sind verbal phantastisch unpräzise. Aber das Wissen, das sie haben, ist das Wissen einer ganzen Kultur. Und das ist das Wissen, wie diese Formeln bezogen sind auf das, was wir täglich erleben, z. B. auf Bewegung, z. B. auf blau und grün, auf warm und kalt. Mit der Metaphysik der frühneuzeitlichen Physik, welche behauptete, es gebe nur die Körper und ihre Bewegungen, aber die Qualitäten seien nur subjektiv, kann ich als Quantentheoretiker gar nichts anfangen. Rede ich so abstrakt, wie ich geredet habe, daß die Quantentheorie die Wahrscheinlichkeitstheorie für entscheidbare Alternativen beliebiger Art ist, dann habe ich das rein Formale daran herauspräpariert und habe den Rest der Anwendung überlassen, die jeder vernünftige Mensch selber machen muß. Dann habe ich einen ganz anderen Gegensatz als den von Qualität und Quantität. Ich habe den Gegensatz zwischen dem, was ich als Lebender weiß, und dem, was ich in der Tanzschule der Logik für Figuren ausführen kann. So etwa darf ich's ausdrücken. Dieser Gegensatz ist sehr wichtig. Und mein Reden von der Theorie als einer besonderen Art der Kunst war der Versuch, das fundamentale Motiv der Theorie, das Motiv der Schönheit, wieder zur Geltung zu bringen, ohne zu leugnen, daß sie jene besondere Kunst ist, die außerdem die Entscheidbarkeit fördert. Und die Macht kommt von der Entscheidbarkeit.

Zu einer Frage von E. Lévinas[6]: Ich war über das Auftreten des ersten Menschen auf dem Mond, das man im Fernsehen beobachten konnte, nicht überrascht. Ich war beeindruckt. Aber ich war nicht überrascht, denn schon als Kind habe ich mir gedacht: „Vielleicht fliege ich auch einmal auf den Mond. Das ist jetzt die Zeit.“ Das heißt nicht, daß es nicht eine große Revolution ist, aber die Revolution ist primär eine intellektuelle Revolution, und Galilei und Newton haben sie vollzogen. Nachdem man wußte, daß die Mechanik der Himmelskörper dieselbe ist wie die Mechanik der irdischen Körper, war es nur eine Frage technischer Möglichkeiten, ob man einmal auf die Himmelskörper gehen wird. Die Entgötterung des Himmels ist im siebzehnten Jahrhundert geschehen. Nun ist die Frage: Ist diese Entgötterung eine Wahrheit, oder ist sie eine Verengung des Gesichtskreises? Ich würde in der Tat sagen, sie ist beides. Denn sie ist die Zerstörung eines Mythos, der nicht wieder aufleben kann, so wie er war. Sie ist andererseits der Verlust all derjenigen Weisheit, die dieser Mythos ausgesprochen hat und die die Denkweise von Newton und seiner Zeitgenossen nicht mehr enthält. Also ist sie beides. Die Frage, wie wir uns zu dem Wissen verhalten sollen, das jener Mythos ausdrückte, ist impliziert in meiner Subsumtion von Theorie unter Kunst, wenn Sie bedenken, daß Mythos natürlich ebenso unter Kunst subsumiert werden kann. Hier habe ich das Problem am Schluß nur angeschnitten, das vielleicht das zentrale Problem ist. Ich erlaube mir, es noch einmal autobiographisch zu sagen: Als ich zwölf Jahre alt war, hatte ich mich schon sehr für die Sterne interessiert. Es war eine wunderbare Nacht mit den Sternen im Schweizer Jura. Wir waren in den Sommerferien, es war am 1. August 1924, ich weiß das Datum noch, ich ging mit meiner Sternkarte hinaus, ging wieder ans Licht, um sie zu lesen, ging wieder hinaus, um die Sterne zu sehen und wußte zwei Dinge ganz genau: erstens, hier ist Gott anwesend, zweitens, das sind Gaskugeln. Was ich nicht wußte, ist, wie beides zusammenhängt. Aber ich wußte, daß es zusammenhängt. Dies ist das Problem. Dieses Problem wird nicht gelöst durch die konsequente Verfolgung der Physik allein.

Ich bin ganz bereit zu sagen, daß die Wissenschaft, wenn sie glaubt, daß sie die ganze Wahrheit ist, der größte Irrtum ist, den die Menschheit jemals begangen hat. Gleichzeitig muß man sagen, daß die Menschen, die daraus etwa versucht wären, eine Rechtfertigung zu ziehen, der Wissenschaft nicht zu glauben, einen fast ebenso großen Irrtum begehen. Nur *fast* ebenso groß, weil es viel weniger interessant ist, diesen Irrtum zu begehen, als den Irrtum der Wissenschaft, der ein grandioser Irrtum ist. Die Frage, die wir haben, ist: Wie hängt es wirklich zusammen? Und das ist natürlich weitgehend eine ethische Frage, denn es ist die Frage: „Wie müssen wir uns verhalten in dieser Welt?“ Die Frage wollte ich gar nicht leugnen. Ich wollte sie stellen.

Es gibt eine Verführung für den Menschen, die speziell für den Wissenschaftler sehr stark ist. Es ist die Verführung, das, was er gerade verstanden hat, für die eigentliche Wahrheit zu halten. Diese Verführung ist gegenüber dem Denkmittel der Abstraktion besonders stark. Die innere Konsistenz der Welt der Abstraktion ist so groß, daß es sehr schwer ist zu erkennen, inwiefern man sich hier in einem Wahnsystem, einem System des Irrtums bewegt. Ich sage aber: Auch Wahnsysteme – dazu müßte man Psychiatrie machen – sind genau dann bedeutend, wenn sie ein Element tiefer Wahrheit enthalten, das alle Vernünftigen vergessen hatten. Ich habe einmal einen Psychiater gekannt, der sagte: „Ich habe noch nie einen Menschen gesehen, der wirklich an Jesus Christus glaubt, außer einem Schizophrenen." Nicht wahr, es gibt solche Dinge. Und ich möchte dieses Wahnsystem nicht dadurch eliminieren, daß ich sage: „Es ist ein Wahnsystem" – das kann man auch nicht –, sondern ich möchte, daß wir, wenn wir es können, verstehen, was daran wahr ist und was daran Wahn ist. Das kann man nicht verstehen, ohne es zu kennen, ohne Reflexion darauf – und ultimo: ohne es zu lieben. Man muß die Wissenschaft lieben, wenn man sie kritisieren will.

Anmerkungen

1 Von Weizsäcker nimmt hier nachträglich einige in der Diskussion in Castelgandolfo aufgeworfene Fragen noch einmal auf. Sie sind in den folgenden Anmerkungen des Herausgebers kurz angedeutet.

2 Vgl. den Beitrag von René Thom in diesem Bande.

3 Kolakowski stellte die Frage nach dem Zusammenhang von Zeit und Wahrscheinlichkeit. Wahrscheinlichkeit objektiv oder subjektiv anzusetzen, hat Konsequenzen für die Bestimmung der Zeitmodi. Der objektive Standpunkt unterscheidet lediglich Früher und Später. Erst von einem subjektiven Standpunkt, von einem „Jetzt" aus, ist die Unterscheidung zwischen Gewesenem und Kommendem möglich.

4 Spaemann fragte nach dem Verhältnis von Naturwissenschaft und Technik. Die bis auf Descartes, Bacon und Hobbes zurückgehende Auffassung vom naturwissenschaftlichen Wissen als Herrschaftswissen scheine dem Selbstverständnis der naturwissenschaftlichen Theorie zu widersprechen, Wissen vom schlechterdings Unveränderlichen zu sein. Es zeichne indes gerade die neuzeitliche Erkenntnis aus, daß in ihr das erkennende Subjekt seine Macht dadurch gewinnt, daß es sich völlig zurücknimmt.

5 Die Frage war, ob die Reduktion der Qualitäten auf Quantitäten für die neuzeitliche Wissenschaft konstitutiv sei. Und weiter: Wenn Qualität und Subjektivität hier zusammenzudenken seien und mit der Quantentheorie das Subjektive irreduzibel in die Physik zurückkehre, stößt diese dann nicht an ihre Grenzen?

6 Lévinas knüpfte an Spaemanns Überlegungen zum Herrschaftscharakter naturwissenschaftlicher Erkenntnis an. Lévinas setzt diesen Charakter schon in der Intention des Wissenschaftlers an. Sie entspringe ihrerseits, wie Husserl zeigte, dem lebensweltlichen Zusammenhang der Wissenschaft, den diese freilich vergißt, um ihre Erkenntnisse für die ganze Wahrheit zu nehmen: „La science oublie la ‚Lebenswelt', mais la vraie intention de la science commence dans la main qui saisit, dans un présent qui est un ‚maintenant'; le mot ‚main' intervient dans cette notion ..." (vgl. auch Lévinas' Beitrag in diesem Bande). Die sich dann aufdrängende Frage, ob und wie die Errungenschaften von Wissenschaft und Technik den Zusammenhang verändern, dem sie entstammen, machte Levinas sinnfällig am Ereignis der Mondlandung. Mit ihr werde der Mond als Symbol des Göttlichen, Unerreichbaren obsolet.

René Thom

Zur Wissenschaftlichkeit der Humanwissenschaften

Einführung

Die Frage der Wissenschaftlichkeit der Humanwissenschaften ist seit langem ein klassisches Problem der Epistemologie. Jeder hat das Gefühl, daß die „Human"-Wissenschaften, aufgrund der bloßen Tatsache, daß sie den Menschen zum Gegenstand haben, nicht den sogenannten „exakten" und „Natur"-Wissenschaften gleichgestellt werden können, die die Materie zum Gegenstand haben. In der Tat kann man, wenn man die epistemische Landschaft dieser Wissenschaften, so wie sie sich gegenwärtig darstellt, untersucht, wirklich nicht umhin, einen Eindruck zu empfinden, den man so formulieren kann: Die einzigen Humanwissenschaften, die eine unbestreitbare – akademisch wohl etablierte – Wissenschaftlichkeit zu genießen scheinen, sind die Disziplinen der reinen Deskription, der Gelehrsamkeit, wie die Geschichte, die Philologie, die Ethnologie ... Die Disziplinen dagegen, die, in expliziter oder impliziter Weise, Anspruch erheben auf Kapazitäten zur – individuellen oder kollektiven – Kontrolle über den Menschen, wie die Psychologie, die Soziologie, die Ökonomie, haben einen viel suspekteren wissenschaftlichen Status. Diesen Eindruck möchten wir hier rechtfertigen, indem wir einen „Beweis" der folgenden These (These SI) vorlegen: „Eine notwendige Bedingung der Wissenschaftlichkeit einer Disziplin in den Humanwissenschaften ist ihre totale Ineffektivität." Um unsere These aufzustellen, wird es notwendig sein, erneut eine Unterscheidung zu explizieren, die wohlbekannt ist, aber nichtsdestoweniger oft in manchen ihrer Aspekte verwischt wird: die Unterscheidung zwischen Wissenschaft und Technologie.

Wissenschaft und Technologie

Es gibt eine Ebene, auf der die Unterscheidung zwischen Wissenschaft und Technologie keinerlei Schwierigkeiten bereitet: Das ist die Ebene der Zwecksetzung. Die Wissenschaft hat zum Ziel die Konstituierung eines Wissens, das heißt einer Menge von Sätzen, die geeignet sind, von der Gesamtheit der gegenwärtigen und zukünftigen Menschheit als wahr anerkannt zu werden. Die Wissenschaft ist auf diese Weise auf den intersubjektiven *Konsensus* gegründet; wohlverstanden, dieser Konsensus ist theoretisch, in dem Sinne, daß praktisch kein Mensch im Laufe seines Lebens die Möglichkeit hat, die Wahrheit der wissenschaftlichen Sätze zu überprüfen, die die kulturelle Tradition ihm als wissenschaftlich begründete darbietet. Das hindert nicht, daß diese Möglichkeit virtuell existiert, und in der Tat ist es in bestimmten Wissenschaften, wie der Grundlagen-Physik, das Protokoll, das erlaubt, die Intersubjektivität sicherzustellen, das heißt, den Vergleich der Sichtweisen zwischen Beobachtern, der zugleich die Objektivität der physikalischen Entitäten und die Generativität der zugehörigen Theorie (die raum-zeitlichen Symmetrien) sicherstellt. Die Technologie dagegen hat zum Ziel die Befriedigung eines individuellen oder kollektiven menschlichen Bedürfnisses. Wie die Befriedigung dieses Bedürfnisses nur eine Gruppe von Menschen betreffen kann – im Gegensatz zur Universalität der wissenschaftlichen Erkenntnis, so können die angewandten Techniken der Geheimhaltung unterworfen werden – sie sind es übrigens sehr oft. Von daher gibt es zwei soziologische Kriterien, die es erlauben, zwischen Wissenschaft und Technologie – hinreichend klar – zu unterscheiden:

1. Das *technologische*, kommerzielle, industrielle, militärische Geheimnis ist unvereinbar mit der Anforderung des Konsensus der Wissenschaft.

2. *Die Verantwortlichkeit des Forschers.* Während in der reinen Wissenschaft ein von einem Forscher begangener Irrtum nur wenig Nachteile für die wissenschaftliche Gemeinschaft oder die Gesellschaft mit sich bringt und höchstens seinem Ruf und seiner Karriere schädlich ist, kann in der Technologie ein Irrtum in der Konzeption, im Funktionieren einer Maschine oder eines Gerätes, dramatische soziale Folgen haben, die dazu führen, daß der

Schuldige strafrechtlich zur Verantwortung gezogen wird.

Angesichts einer „a priori" so klaren Divergenz könnte man sich wundern, daß viele Wissenschaftler gleichwohl eine große Abneigung zeigen, diese Unterscheidung zu akzeptieren. Es gibt dafür zwei Hauptgünde:

1. Viele Wissenschaften (darunter „Natur"-Wissenschaften: Biologie...) haben nur eine theoretische Fassung von recht schwacher Generativität. Aufgrund dieser Tatsache ist der riesige experimentelle Apparat, über den diese Wissenschaften verfügen, in seinem Gebrauch nicht an theoretischen Anforderungen orientiert, die diesen Disziplinen innewohnen (die Verifizierung von Hypothesen), sondern an utilitaristischen Anforderungen mit einer technologischen Motivation.

2. In dem Maße, wie eine solche Forschung mit technologischer Motivation ihr Ziel erreicht, werden ihre Resultate „klassifiziert", der Geheimhaltung unterworfen. Eine wirksame technologische Forschung beruht nun notwendig auf wahren und universell reproduzierbaren und somit unbestreitbar dem Gebiet der Wissenschaft angehörenden „Fakten". Aber aus Gründen des Sonderinteresses der Institution, die diese Forschung subventioniert, wird man diese Erkenntnis dem sozialen Konsensus entziehen, den die Wissenschaft fordert. Wenn dagegen die Forschung zu effektiven Resultaten führt, die aber in der Praxis wertlos sind, wird nichts dem entgegenstehen, sie als „wissenschaftliche" Resultate zu betrachten. Der Forscher spielt hier auf beiden Tableaus. Sein technologischer Mißerfolg macht ihn zum Wissenschaftler.

Können die Humanwissenschaften „Technologien" umfassen? Stellen wir zunächst fest, daß der Mensch, als Lebewesen, als materieller Organismus, den Gegenstand einer – wohlbekannten – Technologie bildet: der Medizin. Es ist kein Zufall, wenn sich hier unentwirrbare Fragen des „Geheimnisses" (kann man dem Kranken die Wahrheit sagen?) und der „Verantwortlichkeit (des Arztes)" stellen. Wie steht es nun mit den Humanwissenschaften?

Man kann, glaube ich, die Technologien klassifizieren, indem man sie auf einer Ebene lokalisiert, deren beide Achsen folgendermaßen definiert seien: 1. Achse Oy beschreibt die Comtesche Hierarchie der Wissenschaften gemäß der abnehmenden theoretischen Kraft: Mathematik, Astronomie, Mechanik, Physik, Chemie, Biologie, Psychologie, Soziologie.

2. Die andere Achse Ox beschreibt die menschlichen Bedürfnisse, die selbst an die biologische Regulation gebunden sind; sie organisieren sich gemäß dem pflanzlich-tierischen Gradienten der Embryologie: Ektoderm (Nervensystem), Mesoderm, Endoderm (das heißt interne Simulation der Außenwelt, Bewegung/Fortbewegung, Versorgung). Man erhält auf diese Weise das Diagramm (D).

Diagramm (D)

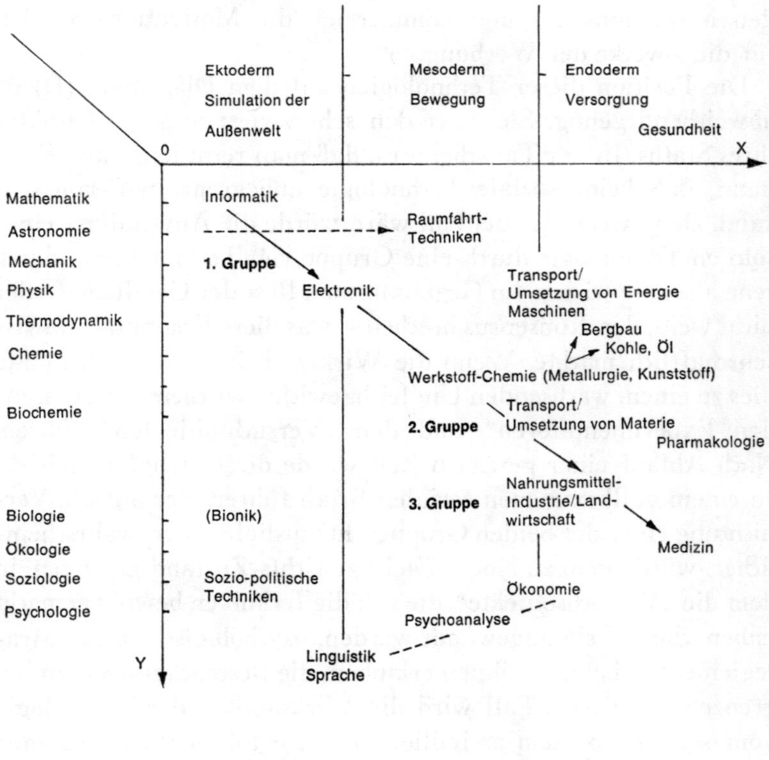

Man sieht, wie sich so die Technologien entlang einer Art von Geraden des Diagramms (D) organisieren, der „Hauptserie". Eine erste Gruppe, die an die Mathematik, an die Physik gebunden ist, bezieht sich im wesentlichen auf die Verarbeitung und Übertragung von Information (Informatik, Verarbeitung des Signals etc.). Eine zweite Gruppe, die an die Physik, Chemie und

Thermodynamik gebunden ist, beschäftigt sich im wesentlichen mit dem Transport/der Umsetzung von Energie und Materie und mit dem Transport von Menschen. Eine dritte Gruppe, die in der Tat an den Menschen als Lebewesen gebunden ist, schließt mit der Medizin ab. Es gibt in dieser Serie keinen Platz für Humanwissenschaften ... Und dennoch wird man sagen: Es gibt Technologien, die den Humanwissenschaften zugeordnet sind.

Die Psychologie hat eine Technologie: die Psychoanalyse. Die Soziologien haben soziale Technologien ideologischen und oft totalitären Charakters hervorgebracht (den utopischen Sozialismus, den Marxismus ...) und kommerziell die Motivations-Studien für die Zwecke der Werbung.

Die Position dieser Technologien auf dem Diagramm (D) ist abweichend genug. Sie zeigt den sehr zwiespältigen Charakter ihres Status. In der Tat scheint es, daß man recht leicht aufzeigen kann, daß keine soziale Technologie unbegrenzt wirksam sein kann. Denn wenn das der Fall wäre, würde die Anwendung einer solchen Technologie durch eine Gruppe von Technokraten, durch jene also, die wissen, im Gegensatz zum Rest der Gesellschaft, der nicht weiß, den Konsensus brechen — was diese Erkenntnis unwissenschaftlich machte. Wenn die Wirksamkeit fortbesteht, müßte dies zu einem wachsenden Ungleichgewicht zwischen den „wissenden Experimentatoren“ und den „Versuchsobjekten“ führen. Nach Ablauf einer gewissen Zeit würde dieses Ungleichgewicht zu einem vollkommenen sozialen Bruch führen, der auf die Vernichtung einer der beiden Gruppen hinausliefe; oder, wahrscheinlicher, würde man zu einem Gleichgewichts-Zustand gelangen, in dem die „Versuchsobjekte“, die sich die Techniken bewußt gemacht haben, die auf sie angewandt werden, psychologische Gegenstrategien entwickeln, die ihnen erlauben, die Beschädigungen zu begrenzen. In diesem Fall wird die Wirksamkeit der Technologie vom sozialen System assimiliert, das sie tolerieren kann, ohne zerstört zu werden. (Das Beispiel der Werbung, der politischen Propaganda geht in diese Richtung.) Man kann in einem solchen Fall von einer *neutralisierten* Technologie sprechen.

Der technologische Benutzer einer wissenschaftlichen Erkenntnis bricht zu Beginn den intersubjektiven Konsensus, der das wissenschaftliche Wissen charakterisiert; dieser Konsensus kann erst wiederhergestellt werden, wenn die Technologie einmal *neutra-*

lisiert ist durch die Erkenntnis, die die Menschen-Objekte des Experiments von den technischen Manövern haben, die auf sie angewandt werden. Wohlgemerkt, diese Technologien können nichtsdestoweniger eine gewisse Wirksamkeit behalten. Wenn die Neutralisierung scheitert, können sie bis zur Zerstörung ihres Objekts gehen. Auf diese Weise hat in der Medizin die Impfung ihr Objekt, die Pocken, zerstört. In diesem Extremfall wird die Technologie unwirksam durch die Vernichtung ihres Objekts.

Schlußfolgerung

Es besteht kein Zweifel, daß die Technologie, sobald sie von der Geheimhaltung Gebrauch macht, den für die Wissenschaft notwendigen Konsensus bricht. In den Technologien der materiellen Wissenschaften kann diese Situation nicht sehr schwerwiegend sein, denn das Objekt ist materiell, und der Erfolg einer Technologie bringt automatisch früher oder später ihre Verbreitung mit sich. In den Humanwissenschaften kann die Wirksamkeit einer Technik in wesentlicher Weise von der Unwissenheit abhängen, in der sich die „Versuchsobjekte" hinsichtlich der Manipulationen befinden, deren Gegenstand sie sind. Man befindet sich also in vollem Widerspruch zur wissenschaftlichen Ethik, und aufgrund dieser Tatsache entgehen diese Erkenntnisse dem wissenschaftlichen Wissen.

In einem berühmten Artikel hat Herbert Simon zu zeigen beansprucht, daß in den Humanwissenschaften wirksame Vorhersagen existieren.[1] Er nimmt als Beispiel die Theorie der Vorhersage der Wahlresultate.

Gegeben sei eine Wahl zwischen zwei Kandidaten Pierre und Jean; x_j sei der Stimmenanteil für Jean ($0 < x_j < 1$); wenn man eine Vorhersage p macht, die (Jean) einen Stimmenanteil (x_j) zuspricht, dann hat die Veröffentlichung dieser Vorhersage den Effekt, eine Verschiebung δx_j der Stimmen hervorzurufen. Nun ist δx_j positiv für $x_j = 0$, negativ für $x_j = 1$. Wenn δx_j über $(0 \ldots 1)$ in x_j stetig ist, wird es also notwendig eine Vorhersage $p(x_j) = p_0$ geben, für die $p_0 = 0$, die also exakt wäre. Dieses Beispiel ist paradigmatisch, aber in einem Sinn, den der Autor nicht gewollt hat: Die einzige korrekte Vorhersage ist diejenige, deren

Veröffentlichung keinen Effekt auf die Wählerschaft hat [2]. Folgerung: In der Humanwissenschaft erreicht man die Wahrheit nur, wenn man darauf verzichtet zu handeln. Denn jede Einwirkung auf Menschen hat schwierig vorhersagbare Konsequenzen. Es ist kein Zufall, wenn man in unseren Demokratien die Veröffentlichung von Hochrechnungen der Wahlergebnisse gesetzlich nur duldet, wenn alle Wahllokale geschlossen sind.

Man kann offenbar in der Humanwissenschaft, wie in jeder anderen Wissenschaft, die Entdeckung einer technologischen Innovation nicht ausschließen, die der Gruppe, die sich im Besitz dieser Innovation befindet, einen ungeheuren Vorteil verschaffen würde. Dann würde aber die Entwicklung der damit einhergehenden sozialen Ungleichheit zu einem Bruch des sozialen Korpus führen, was jeden Konsensus unmöglich machte. Auf diese Weise sieht sich die Wirksamkeit jeder Technologie in der Humanwissenschaft unvermeidlich begrenzt durch die Ethik, denn allein die Ethik kann den Konsensus bewahren, der für die Existenz der Wissenschaft selbst unentbehrlich ist. In dieser Sichtweise ist es gut, auf einen Punkt zurückzukommen: *die Ethik des Experiments.* Der Konsensus betrifft im Prinzip nur die Menschen. Aber ebenso wie die Technologie niemals den Unterschied der Situation zwischen Wissenden und Unwissenden, zwischen Experimentatoren und Versuchsobjekten ausbeuten dürfte, so müßte sich die Forderung, den Konsensus aufrechtzuerhalten, sogar über den Menschen hinaus auf die Welt des Lebendigen erstrecken. In der medizinischen Ethik dürfte die Lage des „Patienten" nie die „Verdinglichung" des Individuums zur Folge haben (wozu die modernen Behandlungen und Untersuchungen allzu oft führen). Das Tier-Experiment stößt auf Hindernisse der gleichen Ordnung. Man müßte sich in diesem Gebiet, bevor man ans Werk geht, immer fragen, ob die Erkenntnisse, die man aus diesen Experimenten zu erzielen hofft, die den Versuchsobjekten auferlegten Leiden rechtfertigen, und nicht allein den Experimentatoren — die in dieser Materie nicht unparteiisch sind — die Macht überlassen, darüber zu urteilen.

Schließlich stellt sich das brennende Problem des Experiments mit dem Kind. Es ist nicht zu leugnen, daß es von höchstem Interesse wäre, die Mechanismen zu begreifen, die im Alter zwischen einem Jahr und drei Jahren zum Erwerb der Sprache und zur intellektuellen Entwicklung beim Kind führen. Was geschähe zum Beispiel mit einem Säugling, der nur von Robotern aufgezogen würde? Man begreift, welche ungeheure ethische Barriere Experimente dieses Typs verbietet. In einem gewissen Sinn beruht das Fortbestehen jeder menschlichen Kultur auf einer impliziten Technologie, nämlich auf der Erziehung der Kinder im frühen Alter. Es ist nicht unmöglich, daß eine bessere Erkenntnis der Mechanismen, die während dieser kritischen Periode im Spiel sind, auch zur Entwicklung von Technologien führen könnte, deren Einsatz äußerst beunruhigende ethische Probleme aufwerfen würde.

Deutsch von Monika Metzger

Anmerkungen

1 H. A. Simon, Bandwagon and Underdog Effects and the Possibility of Election Prediction. In: Public Opinion Quarterly, 18, 1954, S. 245–253.

2 Wie mir Prof. Karl Aigil Aubert vom Mathematischen Institut der Universität Oslo gezeigt hat, ist diese Behauptung nicht richtig. Sie wäre vielmehr so zu formulieren: „Eine Vorhersage in den Humanwissenschaften kann nur dann korrekt sein, wenn sie den Neutralisierungseffekten Rechnung trägt, die sie selbst hervorbringt."

Emmanuel Le Roy Ladurie

Historisierung der Wissenschaft, Verwissenschaftlichung der Historie

Historiker von Beruf, möchte ich hier die Geschichte zur Sprache bringen, um sie schließlich der modernen Wissenschaft gegenüberzustellen. Was erstere betrifft, so bin ich relativ kompetent; für letztere gilt dies weniger. Mein komparatistischer Versuch appelliert daher an die Nachsicht der Kollegen; dem gleichen Vorbehalt wäre ein Vertreter der exakten Wissenschaften ausgesetzt, wenn er umgekehrt die Beziehungen zwischen seinem Fachgebiet und der Geschichte untersuchen würde, von der er nicht allzuviel weiß: Ich befinde mich daher nicht in einer so schlechten Gesellschaft oder beklagenswerten Lage, wie man meinen könnte.

Zuerst ein paar Worte über die Entwicklung der Geschichtsschreibung. Ich stütze mich dabei auf den französischen Fall, der mir vertraut ist. Ausgehend vom Ereignis hat unsere historische Schule sich in der Folge mit Strukturen und länger andauernden Konjunkturen beschäftigt, um nur hie und da auf das Ereignis zurückzukommen, allerdings von einem anderen Gesichtspunkt. Lange Zeit hindurch hat die Geschichte sich für Schlachten interessiert, für königliche Schlafgemächer, für kleinere und größere Katastrophen. Dann, während der Zwischenkriegszeit, ist man zur Untersuchung der Strukturen und Mentalitäten übergegangen. Die Gründung der Zeitschrift *Annales* im Jahr 1929 war nur ein Ausgangspunkt; sie gab jedoch den Anstoß zu dem, was man heutzutage mit einem vereinfachenden Ausdruck als „die neue Geschichte“ (la nouvelle histoire) bezeichnet. Die *Annales* wurden 1929 von Lucien Febvre und Marc Bloch ins Leben gerufen; beide waren damals Lehrer an der Universität von Straßburg. Die Idee, Zivilisation und Sitten statt der bloßen Ereignisse zu untersuchen, ist alt, man kann sie bei Voltaire oder Michelet finden, sicher auch bei nichtfranzösischen Historikern. In Frankreich hatte diese Auffassung seit Henri Berr und der *Revue de la Synthèse* schon vor dem Ersten Weltkrieg eine gewisse Bedeutung erlangt. Marc Bloch wurde als Student und Absolvent der „Ecole Normale" vom Marxismus beeinflußt, wenngleich er dies in seinen späteren Lebensjahren kaum eingestehen wollte. Lucien Febvre studierte an der „Ecole française de Géographie humaine". Er verband ein historisches Vorgehen mit der Betrachtung der *aktuellen* Raumordnung: Dies ermöglichte ihm, genauso wie unserer geographischen Schule, dem Einfluß der Vergangenheit auf die heutigen Strukturen (denken wir zum Beispiel an die Anordnung der Felder, des open field etc.) Rechnung zu tragen. In diesem Sinne schrieb Lucien Febvre 1912 seine umfangreiche, sehr „französische" Dissertation über die Franche-Comté im 16. Jahrhundert; die „grosse thèse" gehört zu einer literarischen Gattung, die wir in Frankreich mitunter als „brique" oder „pavé", zu deutsch „Wälzer", bezeichnen. Nach dem Ersten Weltkrieg trafen Febvre und Bloch einander in Straßburg, wo die Universität jede nötige Hilfe von der Pariser Regierung erhalten konnte, da Frankreich nach der deutschen Niederlage das Elsaß wiedererhalten hatte. Meine Landsleute wollten in dieser Provinz große „geistige Investitionen" tätigen.

Die frühen Jahrgänge der *Annales* werden heute nicht mehr viel gelesen, und das ist bedauerlich. Zumindest können wir versuchen, uns ein Bild von dem zu machen, was die Initiatoren der neuen Geschichtsschreibung im Sinne hatten, indem wir einen kurzen Blick auf ihre Bücher werfen. Beginnen wir bei Marc Bloch: Er verfaßte ein Werk über den Bauernstand, *Les caractères originaux de l'histoire rurale française*[1], ein hervorragendes Beispiel für Untersuchungen der „langen Dauer" (longue durée) im Hinblick auf die Organisation der Arbeit und auf die Gesellschaftsstruktur in den Dörfern. Bloch schrieb auch ein großes Werk über die Feudalgesellschaft. Er unterschied dabei den Idealtyp der lehnsherrlichen Systeme von dem der Feudalsysteme. Die *Herrschaft* betrifft die Beziehungen des Lehnsherrn zu den Bauern; der *Feudalismus,* ein Wort, mit dem die Marxisten Mißbrauch getrieben haben, meint die Beziehungen zwischen den Lehnsherren und ihren rangniedrigeren Lehensmännern; kurz gesagt, zwischen Lehnsherren und Vasallen. Diese Unterscheidung zwischen Herrschaft und Lehen war eine wahre Wohltat. Man denke an die enorme Energieverschwendung bei den Untersuchungen des vagen Begriffs „Feudalismus"! Er wurde zum neuen Gral mancher Mediävisten. Des weiteren hob Bloch in seinem Buch *Les Rois thaumaturges* [2] die sakralen und mystischen Aspekte der Königswürde hervor, über die in den folgenden Jahrzehnten viele Untersuchungen anthropologischer und historischer Art angestellt wurden. Ich möchte in diesem Zusammenhang das berühmte Werk von Kantorowicz über die *Deux corps du Roi* [3] erwähnen, ebenso alle daraus resultierenden Überlegungen über diesen Körper als symbolische Inkarnation des Staates. Eine derartige Reflexion verfährt ganz im Sinne von Blochs *Les Rois thaumaturges*. Sie blieb lange Zeit hindurch fruchtbar; bei Überstrapazierung stiftete sie freilich eher Unheil. Es scheint mir, daß der Staat, insbesondere die Monarchie, eine zu bedeutende Entität ist, als daß man sie im Begriff der physischen oder symbolischen Person des Monarchen oder gar in der Seinsweise eines zweifachen Körpers zusammenfassen könnte. Der Königsmantel ist nicht weit genug dafür.

Lucien Febvres Entwicklung verlief ein wenig anders: Nach seinem Buch über die Franche-Comté, das sich oft mit den Problemen einer „materiellen" Vergangenheit auseinandersetzte, wandte sich Febvre der Geschichte der Mentalitäten zu. Dies fand seinen Niederschlag in *Le Problème de l'incroyance au XVIe siècle. La religion de Rabelais* [4]. Ich möchte hier kurz den Inhalt dieses Buches wiedergeben: Einige Literaturwissenschaftler wie Abel Lefranc wollten beweisen, daß Rabelais Atheist oder daß seine Religiosität zumindest in einem gewissen Maße Verstellung war. Febvre lieferte dazu in seinem Buch schlagkräftige Gegenargumente: Um Atheist zu sein, muß man, so erklärte er, in einer geistigen Umwelt leben, die ihren Zeitgenossen eine Ideologie ohne Gott anbieten kann. Dies setzt jedoch einen gewissen Grad und ein bestimmtes Niveau an wissenschaftlichen Kenntnissen voraus, was aber zu Zeiten Rabelais' keineswegs gegeben war: Geistig gesehen, befand sich der Verfasser des *Gargantua* im ausklingenden Mittelalter. — Ist Febvre in dieser Richtung zu weit gegangen? Sein 1942 veröffentlichtes Buch schlägt fast reaktionäre Töne an. Tatsächlich lassen gewisse Anzeichen vermuten, daß es Atheisten oder zumindest Pantheisten, auch bei den Bauern, seit dem 16. Jahrhundert und erstaunlicherweise sogar schon im Mittelalter gab. Das ist aber nicht weiter von Bedeutung, denn das Wesentliche besteht darin, daß Febvre mit diesem Werk Begriff und Praxis einer Geschichte der Mentalitäten formuliert hat.

Nach dem Tod Marc Blochs – er wurde 1944 von den Deutschen erschossen – übernahm Fernand Braudel, den man nicht erwähnen kann, ohne auch seinen Kollegen Ernest Labrousse zu nennen, die Leitung der *Annales*.

Braudel ist unter den Historikern und weit darüber hinaus sehr bekannt durch sein großartiges Buch *La Méditerranée et le monde méditerranéen à l'époque de Philippe II* [5]. Dieses Werk birgt eine Fülle von Wirtschafts- und Geographiegeschichte. Braudel überschreitet dabei die von Ereignis und Schlachtengeschichte künstlich gesetzten Grenzen. Er gibt ein Gesamtbild der Mittelmeerzivilisation im 15. Jahrhundert mit ihrer Drei-Stufen-Konstruktion: zuerst die *lange Dauer* (permanente geographische Strukturen, Transhumanz, „ewige" Probleme der Subsistenz etc.); dann die *Jahrhundert-Trends,* wie die Einfuhr von amerikanischem Silber, die Preisrevolution in Spanien etc.; und schließlich das *Ereignis* in seiner Kürze: Schlachten, diplomatische Vorstöße etc. Auf dieser dreifachen Basis ist Braudels Buch zu einem Hauptwerk für unser Fach geworden. Der Begriff der langen Dauer war sehr nützlich; er stellt jedoch (gewissermaßen) eine leere Form dar; man muß sie daher a posteriori mit einem empirischen Inhalt versehen – respektlos habe ich manchmal von der langen Dauer als von einem Schwachstrommotor gesprochen. Dasselbe gilt für den Begriff der *Episteme* bei Foucault, den des unübersteigbaren Horizonts bei Sartre und für den Begriff des *Paradigmas* bei Thomas Kuhn. Diese sehr allgemeinen Gegebenheiten entsprechen langen Zeiträumen, im Laufe derer ein einziger Begriff oder eine strukturierte Gruppe von Begriffen die gesamte „Fabrik" der Wissenschaft bzw. der Mentalitäten beherrschte. Man muß freilich einen solchen Begriff oder eine solche Gruppe definieren und ihnen in jedem Falle eine genaue Bedeutung geben. Andernfalls bleiben die Episteme, das Paradigma und selbst die lange Dauer schlichtweg leere Hülsen.

Braudel entwickelte auch viel Elan aus unserer Art von spontanem Materialismus, den er übrigens meiner Meinung nach ein wenig zu weit trieb. Er interessierte sich kaum für die Sozialgeschichte der Religionen und beschäftigte sich im wesentlichen mit der Untersuchung der materiellen Kultur (im weiteren Sinn des

Wortes). Aus dieser Sicht war der französische Meister, obwohl er niemals große Begeisterung für die Ideen von Karl Marx geäußert hat, kein ausgesprochener Gegner bestimmter Spielarten marxistischen Gedankenguts. Geschickte Marxisten wie Wallerstein haben sich diese sehr relative Verwandtschaft zunutze gemacht und das Werk oder die Person Braudels für ihre Zwecke gebraucht und sogar mißbraucht. Ich möchte hier nur auf einen Text von Wallerstein in der Zeitschrift *Radical History Revue*[6] verweisen; der Autor vollbrachte das Kunststück, Braudel so darzustellen, als ob Stalin und Trotzki tatsächlich für diesen Historiker des Mittelmeerraums als Theoretiker von Bedeutung gewesen wären. Bei Braudel kommt es zu einem außergewöhnlichen Paradoxon: Er analysiert und beschreibt auf meisterhafte Weise das Mittelmeer des 16. Jahrhunderts, ohne die Punkte zu berücksichtigen, die den Islam vom Katholizismus[7] hinsichtlich des ökonomischen Erfolges unterscheiden.

Ein weiterer bedeutender, wenn auch international nicht so bekannter Historiker, hatte nach dem Krieg großen Einfluß auf die Schule der *Annales*, obwohl er ihr, streng genommen, nicht angehörte. Ich spreche von Ernest Labrousse. Ihm kommt das enorme Verdienst zu, die „Zahlen" in der französischen Geschichtsschreibung rehabilitiert zu haben, und insbesondere an der Sorbonne; bis dahin war diese dem quantitativen Gesichtspunkte gegenüber kritisch eingestellt geblieben.

Die Arbeiten von Labrousse bestehen im wesentlichen aus zwei umfangreichen und großen Büchern, mit denen er zweifach promovierte (die Dissertation vom Umfang eines Wälzers ist eine der merkwürdigsten Einrichtungen der französischen Universität, jedoch noch keineswegs so veraltet, wie man im Ausland zu denken scheint). Seine erste, an der rechtswissenschaftlichen Fakultät verfaßte Dissertation behandelt die Geschichte der Preise im 18. Jahrhundert. Der Autor zeigt darin auf, daß in dieser Epoche, vor allem nach 1735, eine länger anhaltende Preissteigerung stattgefunden hat, der eine Phase der Prosperität, eine Erhöhung der Grundrenten und des Profits entsprach. Diesen Preis-Anstieg, insbesondere des Getreides, konnte man auch durch die Tatsache erklären, daß das Getreideangebot nicht immer mit dem gleichzeitig steigenden Lebensmittelbedarf der Bevölkerung Schritt halten konnte. Die gesteigerte Nachfrage war auf die Bevölkerungszunahme zurückzuführen; letztere erlaubte den Bauern, den Preis für Getreide, welches von den an Zahl ständig zunehmenden Verbrauchern in immer größeren Mengen nachgefragt wurde, zu erhöhen. Daher kam es zu einer Inflation; was die Löhne betraf, so blieben diese hinter den unkontrolliert steigenden Lebenshaltungskosten zurück. Das Resultat war eine gewisse Pauperisierung und rasch wachsende Proletarisierung.

Die zweite Dissertation von Labrousse (die an Bedeutung der ersten nicht nachsteht) wurde für die Pariser Faculté des Lettres verfaßt. Sie behandelt die Wirtschaftskrise vor der Französischen Revolution unter Ludwig XVI. Mit dieser ebenfalls enormen Untersuchung wollte Labrousse aufzeigen, daß 1775 ein Sinken der Preise einsetzte, das fünfzehn Jahre anhielt. Dies führte zu einer Stagnation oder zumindest Behinderung eines Wirtschaftswachstums, welches den langen Zeitraum von 1715 bis 1774 durchgängig beherrscht hatte. So stellte die nach 1775 einsetzende Depression eine der zahlreichen „Ursachen" für die Unzufriedenheit der Bevölkerung dar, welche wiederum zur Auslösung der Revolution von 1789 in unserem Land beitrug. — An die Sorbonne berufen, hatte Labrousse eine große Zahl von Hörern. Der französische Zentralismus erlaubte dem hervorragenden Historiker, die besten Studenten des Landes um sich zu versammeln und für seine Denkweise zu gewinnen; sie setzten seine Untersuchungen zur quantitativen Geschichte fort.

In diesem Zusammenhang möchte ich ein wenig „intellektuelle Stammbaumforschung" betreiben. Pierre Goubert war einer der ersten Schüler von Labrousse. Ihn hatte die Untersuchung der Preise beeindruckt. Gleichzeitig machte er sich wie Louis Henry an die Auswertung der Gemeinderegister im Sinne einer Rekonstruktion der historischen Demographie. Sein Buch über das Beauvaisis, eine kleine Region in Nordfrankreich, gab das Muster einer lokalen Monographie ab, die sich auf eine ausschließlich materielle, serielle und soziale Geschichte stützte. Das Ereignishafte (l' évènementiel) — sieht man von der Hungersnot von 1693 ab — wurde fast gänzlich von dieser Untersuchung ausgeklammert. Im Mittelpunkt seiner Arbeit standen die Preise, die sozialen Strukturen und in gewissem Maße auch die Wirtschaft, als Elemente oder Symptome eines einheitlichen Systems. Dies ermöglichte ein Gesamtbild des Systems, in dem sich die Reproduktion (im weiteren Sinn) der unteren Klassen während des „Ancien régime“ abspielte. Es handelte sich dabei um ein Modell der einfachen Reproduktion, im eigentlichen Sinn des Wortes. Ein Elternpaar zeugte im Beauvaisis zu Zeiten Ludwig des XIV. eine Schar von Kindern; die meisten von ihnen starben; durchschnittlich überlebten nur zwei, die zumindest 25 Jahre alt wurden. Jedes von ihnen heiratete wiederum, und so kam es wieder zur Ausgangssituation. Zwei Junge folgten auf zwei Alte. Infolgedessen nahm die Bevölkerung nicht zu; es ist durchaus legitim, in diesem Fall von einer „einfachen Reproduktion“ zu sprechen.

Pierre Deyon, ein weiterer Schüler von Labrousse (und von den Untersuchungen Gouberts inspiriert), übertrug die Modalitäten der bisher fast ausschließlich im ländlichen Raum durchgeführten Untersuchungen, die der Historiker des Beauvaisis angewandt hatte, auf ein städtisches Milieu. Er wählte Amiens im 17. Jahrhundert, eine Industriestadt mit Textil- und Kunstgewerbemanufakturen. Sein Werk über *Amiens au XVIIe siècle* [8] war eine der ersten französischen Arbeiten auf dem Gebiet der Stadtgeschichte. Denn die wissenschaftliche Beschreibung der städtischen Vergangenheit war bis zu Deyon als amerikanisches oder englisches Spezialgebiet, keinesfalls aber als etwas „Einheimisches“ angesehen worden.

Die Arbeiten dieses Autors beschäftigten sich jedoch auch mit der Industrialisierung auf dem Lande. Wir wissen, daß die nahe der Stadt wohnenden Bauern in den Niederlanden und in der Pikardie für die städtischen Kaufleute Garn und Tuch herstellten; diese begehrten Waren wurden von den Händlern der Städte zu näher oder ferner gelegenen Märkten und sogar nach Südamerika exportiert. Die Untersuchung über Amiens weist Gemeinsamkeiten mit anderen ähnlichen Unternehmen auf; sie wurden etwas später von Frank Mendels in Flandern und Hans Medick in Deutschland durchgeführt. Man konnte in diesem Zusammenhang von einer *Frühindustrialisierung* sprechen, die bei der Entwicklung des Kapitalismus als Ursprungsphase auftrat. Die Industrialisierung auf dem Land ging der industriellen Revolution der Städte und Vorstädte in der Tat voran.

Ich möchte nun wieder auf die Stadtgeschichtsschreibung zurückkommen, die in Frankreich später als in den Vereinigten Staaten eingesetzt hat. Dort hatten Historiker wie Thernstrom schon vor längerer Zeit zu diesem Thema bedeutende Bücher geschrieben. Nach der Untersuchung Deyons gab es hierzulande bald weitere ähnlicher Art. Dabei denke ich beispielsweise an die Dissertation von Maurice Garden über *Lyon au XVIIIe siècle*[9], eine Stadt, in der die industrielle Seidenproduktion der wichtigste Erwerbszweig war. Garden ist in dieser Region auf eine städtische Demographie gestoßen, die sich als einzigartig für die Zeit der Aufklärung erwiesen hat. Die Lyoner Frauen der Mittel- und unteren Mittelschicht vertrauten damals ihre Säuglinge Ammen an. Die jungen Mütter profitierten dadurch nicht von der Unfruchtbarkeit, die für stillende Mütter charakteristisch ist; sie wurden daher durchschnittlich jedes Jahr statt wie normalerweise nur jedes zweite Jahr schwanger. In den Vorteil des zweijährigen Fruchtbarkeitszyklus kamen hingegen Frauen, die ihre Kinder selber stillten. Wenn wir den ersten Fall näher betrachten, also den der alljährlichen Schwangerschaft, so sehen wir, daß ein hoher Prozentsatz dieser im Rhônegebiet geborenen Kinder bald nach der Geburt im Haus ihrer Amme starben. Für Garden belegen diese Strukturen eine städtische Pathologie in einer bereits industriellen Phase. In Lyon sieht es so aus, als ob der Motor des Bevölkerungswachstums eine zu hohe Drehzahl hätte und gleichzeitig zu viel verbrauchte. Das Endresultat unterscheidet sich jedoch nicht wesentlich von dem einen nichtpathologischen System, was die Zahl der überlebenden Kinder betrifft. Auf der einen Seite (Lyon) hat man hohe Fruchtbarkeit bei hoher Kindersterblichkeit, auf der anderen Seite (Land) geringe Fruchtbarkeit bei geringer Mortalität. Die Zahl der Überlebenden pro Familie ist in beiden Fällen wahrscheinlich ungefähr gleich, aber der Preis an menschlichem Leben ist im städtischen System höher.

Ein anderes Beispiel für Stadtgeschichte stellt die umfangreiche Arbeit Jean-Claude Perrots über die normannische Stadt Caen im 18. Jahrhundert dar. Die lokale Situation unterscheidet sich von der, welche Garden bei seiner Untersuchung vorfand. Perrots Werk weist allerdings kaum begriffliche Einheit auf; es umfaßt alle möglichen Probleme, die das bescheidene Wachstum einer Stadt betreffen. Die beiden umfangreichen Bände sind nach zwanzigjähriger Forschung und Ausarbeitung entstanden; sie zeigen gleichwohl deutlich und reich mit Zahlen belegt, wie eine zeitlich schon nahe an von Balzac beschriebene Verhältnisse heranreichende, kleinbürgerliche und wenig industrialisierte Stadt ihr Gleichgewicht gefunden hat, in einer Umgebung, wo der Aufschwung nur langsam vor sich ging: der Normandie des 18. Jahrhunderts. Eine Art schöpferischer Archaismus.

Nun ein paar Worte zur quantitativen Geschichte. Als einer der ersten führte sie Jean Meuvret in Frankreich am Beispiel der Preisbewegungen im 17. Jahrhundert ein. Seine Untersuchungen zeichnen sich durch eine außergewöhnliche Genauigkeit aus. Er verbreitete in Frankreich und darüber hinaus das heute so geläufige Thema der Krise des 17. Jahrhunderts. Die ökonometrischen Methoden haben heute, vor allem in den Vereinigten Staaten, die sicher raffinierten, aber in gewisser Weise doch primitiven oder zumindest mechanischen Techniken Jean Meuvrets überholt. Leider hat diese in Amerika weitverbreitete Verfeinerung nicht immer fruchtbare Resultate gezeitigt, wie wir an Hand der jüngsten Diskussion des Werks von Robert Fogel über die Sklaverei sehen können. Die „kliometrische" Genauigkeit hat ihre Gültigkeit nur bei der Untersuchung des 19. Jahrhunderts, über das uns bereits solide statistische Grundlagen zur Verfügung stehen. Andererseits entbindet die Ökonometrie den Forscher nicht von der Notwendigkeit, genaue Zahlenreihen von einzelnen Gegebenheiten wie Preisen, Getreideerzeugung, Reallöhnen etc. auch für länger zurückliegende Zeiträume (etwa das 17. Jahrhundert) aufzustellen, in denen es kaum quantitativ auswertbare staatliche Dokumente zu statistischen oder administrativen Zwecken und als zukünftige „Quellen" für Historiker gab.

In unserer weit von jeder traditionellen Untersuchung über das Ereignis entfernten Geschichtsschreibung der Strukturen und Konjunkturen finden sich eigenständige Ansätze z. B. in der EDV-unterstützten Kartographie: Mittels eines Computers werden auf einen Kartenhintergrund die quantitativen Parameter, etwa der Grad des religiösen Engagements, der Grad der Alphabetisierung usw., projiziert. Die französischen Historiker verfügen über eine solide geographische Ausbildung; sie haben von diesen Methoden visueller Darstellung statistischer Daten sehr profitiert.

Es erscheint mir angebracht, die Beziehung der neuen französischen Geschichtsschreibung zum Marxismus anzudeuten. Diese große Theorie stellt sehr komplexe Fragen und sogar Gewissensfragen. Einerseits ist die Marxsche Lehre degeneriert – vielleicht war dies unausweichlich? Sie ist so weit heruntergekommen, nur mehr als Legitimationshilfe für fragwürdigste Verhaltensweisen in totalitären Staaten zu dienen. Ich möchte nicht näher auf dieses allseits bekannte Problem eingehen. Andererseits enthielt aber das Marxsche Denken in seiner ursprünglichen Form viele interessante Elemente, auf die beim Aufbau einer wissenschaftlichen Geschichtsschreibung mit Erfolg zurückgegriffen wurde. Zur Illustration möchte ich ein paar Worte über Pierre Vilar sagen. Vilar hat die Wirtschaftsgeschichte Kataloniens untersucht; in dieser Region im Nordwesten Spaniens konnten sich Handel und Industrie wesentlich besser entwickeln als auf der übrigen Iberischen Halbinsel (ein anderes Beispiel für frühzeitiges, stärkes Wachstum in dem an Gegensätzen so reichen Spanien findet man in dem ebenfalls im Norden des Landes gelegenen Baskenland). Bei seiner Untersuchung Kataloniens entwickelte Vilar als einer der ersten in Frankreich den Begriff des Wirtschaftswachstums in quantitativen Termen, um einen länger zurückliegenden Zeitraum zu beschreiben. Er zeigte, daß es im 18. Jahrhundert mit Katalonien sowenig wie mit Spanien selbst bergab ging, wie uns dies eine rein politische Geschichtsauffassung glauben machen wollte. Spanien erfuhr im Gegenteil ein kräftiges Wachstum, welches parallel zur Aufwärtsbewegung der Preise verlief oder dieses sogar überholte. Die *Reallöhne* stiegen! Dies kam allen zugute, den Kapitalisten wie den Proletariern. Nebenbei sei bemerkt, daß Vilar Marxist ist und, wenngleich auch ein ausgesprochener Humanist, sich selbst als entschiedenen Stalinisten deklariert. Er zögert nicht einmal, in seinen letzten Publikationen ein Lob auf Josef Stalin zu singen, als ob dieser Diktator nicht jene mindestens umstrittene Person gewesen wäre, die wir kennen. Vielleicht handelt es sich hier um das Beispiel eines Schizophrenen Geistes auf dem Gebiet der Wissenschaft von der Vergangenheit: Vilar, der bewundernswerte Historiker des „Ancien Régime", scheut sich keineswegs, das 20. Jahrhundert zu dogmatisieren. Glücklicherweise bleibt für das 18. Jahrhundert ein kleines Stück solider empirischer Theorie.

Vilars Verdienste waren auf jeden Fall immens. Viele marxistische oder kommunistische Historiker haben während der 50er Jahre eine ideologische oder voluntaristische Linie verfolgt. Vilar jedoch war innerhalb dieser Gruppe einer der wenigen, der die jungen Forscher ermutigte, nach dem Besten in der marxistischen Tradition zu schürfen — er lenkte also ihre Aufmerksamkeit auf ökonomische Fakten, auf Verhaltensweisen der Bevölkerung etc. Aus diesem und einigen anderen Gründen blieben die vom Marxismus-Leninismus (und von anderen, „nach Bedarf“ angefertigten Ideologien) verursachten Schäden auf dem Gebiet der französischen Geschichtsschreibung relativ gering. Außerhalb der Domäne der Geschichte jedoch, auf dem Gebiet der französischen Sozialwissenschaften und vor allem im universitären Unterricht, hatte die unkritische oder gar papageienhafte Übernahme des Marxismus oft negative Auswirkungen.

Die französische Geschichtsschreibung ist im allgemeinen der Tradition der Fakten treu geblieben. Ich würde sogar von einer positivistischen Tradition sprechen, wäre dieses Wort nicht lange Zeit für etwas genommen worden, das dem Geiste der Schule der *Annales* entgegengesetzt und eher ein Synonym der Ereignisgeschichte ist; diese Gleichsetzung von *positivistisch* und *ereignisorientiert* ist sehr fragwürdig. Die stark ausgeprägte Vorliebe für das Faktische bedeutet keineswegs, daß es unseren Historikern an Ideen fehlte; doch haben sie versucht, diese aus den Fakten zu gewinnen. Oder wenn sie vorgefaßte Ideen auf reale Gegebenheiten anwandten, wie dies oft bei wissenschaftlicher Arbeit der Fall ist, haben sie nicht gezögert, die ursprünglichen Modelle zu verwerfen, wenn diese sich als auf die Wirklichkeit nicht anwendbar erwiesen. Sie bemühten sich dann, andere Modelle vorzuschlagen, die für die Klärung des Problems geeigneter schienen.

Heißt das, daß die Historiker denselben Weg wie die Naturwissenschaftler eingeschlagen haben; heißt das, daß sie die Geschichte auf Grundhypothesen aufbauten, welche dann durch Untersuchungen zu bestätigen oder zu verwerfen wären? Historische Ökonometriker sowie amerikanische Kliometriker vertreten gerne die Auffassung, daß man an jedes historische Problem, gleichgültig ob es sich dabei um ein Dokument oder eine andere Gegebenheit handelt, mit einer vorgefaßten Hypothese herangehen muß. Diese müsse dann geprüft werden, d. h. im Zuge der Untersuchungen verifiziert oder aber aufgrund der Tatsachen verworfen werden. Die Kliometriker imitieren so nicht selten kritiklos die von den exakten Wissenschaften angewandten Verfahren. Ich denke dabei beispielsweise an die Astronomie. Man kann hier, ausgehend von physikalischen Parametern, einen bestimmten Sternentyp theoretisch bestimmen, den niemand vorher gesehen hat; dann greift man zum Teleskop und entdeckt schließlich nach langem Suchen irgendwo am Himmel einen Stern dieses Typs (natürlich karikiere ich diese heuristische Methode). Die Geschichte gehört dagegen, was die Prozeduren der Verifikation betrifft, nach wie vor zum Teil zu den Humanwissenschaften. Sie geht nicht immer oder nicht wirklich nach diesem für die exakten Wissenschaften charakteristischen Muster vor, welches ich gerade beschrieben habe. Sehen wir uns doch einmal an, wie sich unsere Untersuchungen in der Realität abspielen: Ein Historiker interessiert sich für einen Zeitraum oder ein Dokument; er hat darüber eine vorgefaßte oder sogar voreilige, möglicherweise auch gar keine Meinung. Falls diese Vormeinungen existieren (und in gewissem Sinne existieren sie immer, sogar und vor allem unbewußt), so bringt er sie immer schon mit, wenn er versucht, den tieferen Sinn des Textes, für den er sich interessiert, zu entziffern. Die ursprüngliche Hypothese kann sich explizit, meistens eher implizit als falsch, oberflächlich, ungeeignet oder einfach unzureichend herausstellen. In der nächsten Phase modifiziert, adaptiert oder verwirft der Historiker dann die betreffende Hypothese; er findet oder sucht danach andere Modelle, die für den historischen Zusammenhang, den er beschreibt, geeigneter sind. Er kann von sich aus die neue „Modellierung“ entwerfen oder, was häufiger der Fall ist, sie von einem Autor oder Denker übernehmen, der sie bereits formuliert hat; er kann beispielsweise das Marxsche Modell ganz oder teilweise verwerfen und sich danach die Betrachtungsweise von Malthus zueigen machen, wie dies bei mir der Fall war. Oder aber er beginnt sich plötzlich für die ursprünglichen Ideen Louis Dumonts über die Ungleichheit zu interessieren etc. Sehr oft aber laufen die Dinge nicht mit dieser von mir nahegelegten Konsequenz ab, auch wenn die Tendenz dazu besteht. Kurz gesagt, die reine Quellenforschung existiert neben der begrifflich vorgehenden Geschichte weiter.

Ein paar Worte über die Anwendung der übrigen Sozialwissenschaften in der zeitgenössischen Geschichtsschreibung erscheinen mir angebracht. Die Schule der *Annales* und ihr verwandte oder verbundene Strömungen und Gruppen haben diesen gegenüber unterschiedliche Haltungen angenommen. Wir sollten hier drei Generationen der *Annales* unterscheiden, nämlich die von Febvre und Bloch, die von Braudel und schließlich jene, der Historiker wie etwa Le Goff angehören. Die erste und zweite Generation waren hauptsächlich von der Ökonomie und der Demographie beeinflußt. Einer übrigens ziemlich grob vereinfachenden Ökonomie – ich denke hier beispielsweise an die Theorien Simiands und die A- und B-Phasen: Während der A-Phasen stiegen die Preise und Profite – eine günstige Periode also; für die B-Phasen dagegen, etwa das 17. Jahrhundert, war ein Sinken der Preise und Gewinne charakteristisch; es handelte sich dabei um eine Epoche der „allgemeinen Krise". Später haben Historiker in Marx', Malthus', Rostows und Kusnets Wachstumstheorien andere Interpretationsquellen, andere Modelle gefunden. Die Entwicklung der Demographie war eigenständiger. Die „historische Demographie" hat sich ihre eigenen Methoden, wenn nicht gar ihre eigenen theoretischen Modelle geschaffen. Es ist jedoch bezeichnend, daß deren Schöpfer Louis Henry kein professioneller Historiker war, sondern von der Ecole Polytechnique kam. Sogar auf diesem Gebiet bleibt der Sohn (oder die Tochter) Klios den exakteren oder „härteren" Wissenschaften verpflichtet.

Seit 1968 hat sich einiges geändert. Sicher haben die ökonomische und die demographische Geschichte ihre Linie weiter verfolgt. Ich möchte in diesem Zusammenhang Forscher wie Franklin Mendels oder John Day nennen, letzterer ein hervorragender Chronist der Währungskrise des 15. Jahrhunderts. Und doch machte sich das Bedürfnis nach einer „systematischen Geschichte der dritten Ebene" (der Ausdruck stammt von Pierre Chaunu) immer mehr bemerkbar: Vereinfacht ausgedrückt entspricht die erste Ebene der Ökonomie; die zweite der Gesellschaft; die dritte betrifft die Kultur und die Mentalitäten. Die Kultur wird hier im weiteren Sinn und in der Bedeutung verstanden, die ihr zumeist die Anthropologen geben.

Stand dieser Wandel innerhalb der Geschichtsschreibung mit den Ereignissen vom Mai 1968 im Zusammenhang? Sie ließen tatsächlich ein gewisses Mißtrauen gegenüber der Technokratie und dem Computer entstehen, vor allem wenn diese in der Geschichtsschreibung angewandt wurden. Ein sicherlich ungerechtfertigter Argwohn! Aber es steht fest, daß die Geschichte der

Mentalitäten seit damals erfreulicherweise einen neuen Aufschwung durch Persönlichkeiten wie Flandrin und Vovelle erfahren hat. Flandrin interessierte sich für die Geschichte der Familie und Vovelle für eine quantitative Chronologie der Einstellungen zum Tod im 18. Jahrhundert. Der Einfluß von Anthropologen wie Redfield, Arne Thompson, Victor Turner etc. auf diese neuen Strömungen in der französischen Geschichtsschreibung war sehr groß.

In gewisser Hinsicht ist die Geschichtsschreibung, die tatsächlich oder vermeintlich aus den *Annales* hervorgegangen ist, bei den Intellektuellen meines Landes seit etwa fünfzehn Jahren vorherrschend. Wir Historiker müssen in einem gewissen Maß „demokratisch" sein. Wir geben also zu, daß bestimmte, nichtwissenschaftliche Methoden unseres Fachs in gewissen Fällen für eine Gesamtbeurteilung des historiographischen Phänomens von Bedeutung sein können, zumindest was die Wirkung der Geschichte auf das breite, mehr oder weniger gebildete Publikum anlangt. In diesem Zusammenhang kann man von „Wirkungskreisen" sprechen. Der äußere Kreis bezeichnet die Verbreitung populärer oder popularisierter Geschichte: Sie beschränkt sich auf das Ereignis und wird von jenen „Popularisierern" unterschiedlichen Niveaus betrieben, die wir vom Radio oder Fernsehen kennen. Ihre Beiträge sind nicht immer von großem intellektuellem Interesse; sie haben manchmal eher zur Verarmung des menschlichen Wissens beigetragen. Paradoxerweise machten sie jedoch das Publikum für anspruchsvollere Arten von Geschichte empfänglich. Ein zweiter, weiter innen gelegener und seriöser Kreis ist im Verbreitungsbereich eines bestimmten Typs wissenschaftlicher Geschichtsschreibung durch die Massenmedien zu suchen. Hierbei denke ich an Radiosendungen wie die „Lundis de l'Histoire" oder an die von *Le Monde* oder *Le Nouvel Observateur* auf diesem Gebiet veröffentlichten Artikel. Den Schwerpunkt dieses Verbreitungssystems machen schließlich die verschiedenen Taschenausgaben aus. Durch sie konnte die Geschichte der *Annales* Tausende, möglicherweise auch Hunderttausende von Lesern im akademischen Bereich und sogar darüber hinaus erreichen.

In verschiedenen Punkten hat sich die Geschichte den exakten Wissenschaften genähert. Sie bleibt in mancher Hinsicht ein Gewebe von Ereignissen, die durch oft einzigartige, besondere Kausalreihen verbunden sind, ist jedoch bestrebt, zum Gesetzmäßigen, Allgemeinen, Universellen zu gelangen. *Sie trachtet danach, wissenschaftlicher, auf jeden Fall strenger zu werden;* gleichzeitig wird sie in anderer Hinsicht populärer, kommt den Massenmedien, dem breiten Publikum näher, ohne sich zu verleugnen; ganz im Gegenteil, sie findet darin eine ihrer Aufgaben.

Und die exakten Wissenschaften wurden ihrerseits historisiert, sie suchen nicht mehr nur allgemeine Gesetzmäßigkeiten, sondern untersuchen von nun an das Ereignis, den seltenen oder einzigartigen Fall, welcher, wie auch immer kausal bedingt, eine Geschichte hervorbringt. Kurzum, Geschichte und exakte Wissenschaft legen jeder die Hälfte des Weges zurück, der sie voneinander trennt, oder streben zumindest nach einer gegenseitigen Vervollkommnung. Die Geschichte erscheint wissenschaftlicher, als sie es in der Vergangenheit war, und die Wissenschaft öffnet sich dem Ereignis. In dieser letzten und neuen Form gewinnt die Wissenschaft für eine große Zahl von „Wissenschaftskonsumenten", welche selber keine Forscher sind, populärere, vertrautere Aspekte. Es gibt also eine Annäherung zwischen den beiden großen Wissensgebieten, und der Wissensdurst unserer Zeit nach dem Exakten hat ganz ähnliche Gründe wie ihr Hunger nach Geschichte.

Ich möchte dies näher erklären. Die Astrophysik ist nicht mehr einfach das Wissen vom ewigen Kreisen der Planeten um eine Newtonsche Sonne. Sie umfaßt inzwischen vielmehr die Enthüllung unseres Ursprungs, sie lehrt uns das einzigartige und wunderbare Ereignis des Urknalls vor 20 Milliarden Jahren, durch den unser Universum entstanden ist. Heute veranschlagen die Wissenschaftler das Alter des Sonnensystems auf 4,57 Milliarden Jahre. Danach ist eine Folge von einzigartigen Ereignissen abgelaufen, deren Wiederholung auf anderen Planeten oder in anderen Sonnensystemen bis heute nicht nachzuweisen ist. Diese Ereignisse beruhen bald auf Zufall, wie möglicherweise die Entstehung des Lebens, bald folgen sie einer durch solche Zufälle erst in Gang gesetzten Logik. Denken wir nur an die Entstehung der Sauerstoffatmosphäre, an das Auftreten der pflanzlichen Aerobionten, der Tiere und schließlich des Menschen. Diese Prozesse wurden immer wieder gewaltsam unterbrochen – wie z. B. durch die Katastrophe, die wahrscheinlich den Übergang von der Kreidezeit zum Tertiär kennzeichnet. Den Zugewinn solcher Erkenntnisse verdanken wir neuen Methoden der Altersbestimmung: Für den Zeitraum der letzten fünf Milliarden Jahre arbeiten die Forscher mit der Radiokarbonmethode. Einmal entdeckt, erregen derartig präzise chronologische Resultate beim Leser oder Fernsehzuschauer großes Interesse. Tausende von ihnen begeistern sich für die Bücher von Reeves oder Weinberg, von Chaunu, Morin, Ruffié; Millionen von Zuschauern in vielen Ländern sehen die „wissenschaftlichen" Sendungen von Carl Sagan auf ihren Bildschirmen.

Die doppelte Konvergenz – verwissenschaftlichte Historie, historisierte Wissenschaft – beruht auf einer gewissen Übereinkunft beider Seiten über die begriffliche Fassung der Vielfalt zeitlicher Strukturen. Da gibt es zunächst die erlebte Zeit des Individuums, seine nichthistorische, psychologische Dauer, begrenzt von Geburt und Tod. Es gibt aber auch – und das interessiert mich hier – die „wissenschaftliche" Zeit der Historiker und der Vertreter der exakten Wissenschaften. Bei den einen ist sie Resultat der gemeinsamen Wiederherstellung von Spuren, der Neuanordnung von Zeugnissen, welche unzählige Individuen aus der Vergangenheit – ob unbekannt oder berühmt – zurückgelassen haben. Bei den anderen ist die Zeit Ergebnis des geologischen oder astronomischen Ablaufs der Prozesse auf den Sternen oder auf der Erde, wo sie in der Natur aufgezeichnet werden. Mit Hilfe des radioaktiven Kohlenstoffisotops C^{14} können das Alter einer Gletschermoräne im letzten Jahrtausend vor Christus und die Reste einer von Menschen der Eiszeit verlassenen Hütte gleich genau bestimmt werden. Die von mir eben erwähnte doppelte Konvergenz führt so zu globalen Sequenzen, die untereinander locker verbunden sind. Schauspiel eines *Wachstums:* Es beginnt mit der triumphalen Expansion, die auf den kosmischen Urknall folgte, oder äußert sich in dem fortgesetzten Wachstum von Wirtschaft und Bevölkerung. Die Resultate auf beiden Seiten sind gewaltig. Aber im Kosmos läuft alles darauf hinaus, daß sie in den Explosionen untergehen, die das Sonnensystem an seinem Ende erschüttern werden oder in der unbegrenzten und tödlichen Expansion des Universums. Auf der anderen Seite, in viel kürzeren zeitlichen Maßen, zeigt sich die Menschheit über die wachsende Umweltverschmutzung, die Bevölkerungsexplosion, über die drohende Rückkehr zur Barbarei oder die nukleare Vernichtung besorgt. Ein dauerhafter Fortschritt scheint zweifelhafter denn je.

In diesem Sinn erinnert die aktuelle Situation unseres historisch-wissenschaftlichen (oder historisierten-verwissenschaftlichten) Wissens, das den Gelehrten, aber auch dem breiten Publikum zur Verfügung steht, an andere Konjunkturen. Ich denke hier an Höhepunkt und Niedergang des Römischen Reiches; in dieser Zeit bildeten sich die jüdisch-christlichen Ideen immer klarer heraus, um schließlich zu obsiegen. Die allzu starren Vorstellungen der antiken Wissenschaft, in deren Zentrum universale Gesetze oder sogar die ewige Wiederkehr standen, wurden von der jüdisch-christlichen Lehre durch wesentlich historische Sequenzen ersetzt, die über ein reiches chronologisches Schema mit linearer Zeit, Erschaffung der Welt, Erlösung, Endkatastrophe und Jüngstem Gericht verfügten.[10] Auf ihre Weise erscheinen auch die heutigen Wissenschaftler und Historiker als Anhänger der jüdisch-christlichen Lehre; freilich ist ihnen diese Zugehörigkeit nur im Ausnahmefall bewußt. Durch Diskontinuitäten hindurch wird so der Fortbestand einer gewissen Kultur erhalten. Denn die Vertreter der exakten Wissenschaften und die Historiker unserer Zeit reagieren auf eine Welt, die ihrer selbst allzu lange sicher war und sich jetzt von der Furcht vor ihrer Zerstörung heimgesucht sieht. Sie lehnen ein bestimmtes starres Wissen ab, dessen der Newtonschen Mechanik entlehnte Modelle für solche Zeitkategorien wie Ursprung, Kulmination und Ende keinen Platz hatten. Sie schlagen also das Bild vom katastrophenartigen Ausgangspunkt (Urknall) vor, den Fideisten vorschnell mit der Schöpfung vergleichen, so wie die Freidenker das als einen Rückfall in das Buch Genesis monieren. Naturwissenschaftler ebenso wie Historiker steckten so die Etappen einer mächtigen Expansion und eines heilbringenden Fortschritts ab, welcher lange Zeit hindurch unaufhaltsam schien. Heute betrachten sie den sogenannten Fortschritt mit der gebotenen kritischen Strenge. In der Tat birgt er eine beängstigende Zukunft in sich. Er mag sich in einigen Milliarden Jahren am Ende des Universums verlieren, er könnte aber auch wesentlich rascher abbrechen durch die unkontrollierbare Unvernunft einer von Bevölkerungsexplosion, nuklearen Katastrophen und endgültiger Ausrottung bedrohten Menschheit. Die einen wie die anderen, Historiker und Vertreter der exakten Wissenschaften, haben die Vorahnung eines Jüngsten Gerichts. Gegenüber dem Versprechen eines ewigen Lebens „nach“ diesem hier legen sie jedoch einen gewissen Skeptizismus an den Tag. Würden böse Zungen einwenden, daß die Ewigkeit nicht innerhalb der Zeit liegt?

Deutsch von Andrea Marenzeller

Anmerkungen

1 *Marc Bloch,* Les Caractères originaux de l'histoire rurale française. Paris 1931.
2 *Marc Bloch,* Les Rois thaumaturges. Paris 1924, neu aufgelegt 1961.
3 *Ernst Kantorowicz,* The King's two Bodies. A Study in Mediaeval Political Theology. Princeton 1957.
4 *Lucien Febvre,* Le Problème de l'incroyance au 16e siècle. La religion de Rabelais. Paris 1942, neu aufgelegt 1962.
5 *Fernand Braudel,* La Méditerranée et le monde méditerranéen à l'époque de Philippe II. Paris 1949, neu aufgelegt 1966.
6 *Immanuel Wallerstein:* Fernand Braudel, Historian, ‚homme de la conjoncture'. In: Radical History Review 26, 1982, S. 105.
7 Unnötig, in diesem Zusammenhang den Protestantismus bei Max Weber zu erwähnen; in den Mittelmeerländern gibt es außer im Languedoc keine Protestanten.
8 *Pierre Deyon,* Etude sur la société urbaine au 17e siècle. Amiens, capitale provinciale. Paris 1967.
9 *Maurice Garden,* Lyon et les Lyonnais au 18e siècle. Paris 1970.
10 *K. Papaïoannou,* La consécration de l'histoire. Paris 1983, S. 70 ff.

Diese Übersetzung lehnt sich in der Übertragung der Fachtermini der Nouvelle Histoire an den von *Claudia Honegger* herausgegebenen Auswahlband an: *M. Bloch, F. Braudel, L. Febvre* u. a., Schrift und Materie der Geschichte. Vorschläge zur systematischen Aneignung historischer Prozesse. Frankfurt am Main 1977.

Aleksander Gieysztor

Der Historiker und die Wissenschaften vom Menschen

Im Folgenden möchte ich einige Probleme andeuten, welche die Untersuchung des Bildes vom Menschen in der Geschichtswissenschaft bzw. ihren verschiedenen Strömungen heute aufwirft. Sie ist heute aufgerufen, neben den Naturwissenschaften, der Philosophie und der Theologie zur anthropologischen Synthese Stellung zu beziehen. Ich will mich hier jedoch auf die Praxis, die Tätigkeit des Historikers beschränken und nicht eindringen in den Bereich der Geschichtsphilosphie oder in die Problematik der Methodologie des Historikers im Hinblick auf die Gesamtheit der Wissenschaften und Techniken.

Wie deskriptiv Geschichtsschreibung auch immer sein mag, so verzichtet sie doch nicht auf die Erklärung und Interpretation dessen, was sie beschreibt. Mag sie vom Standpunkt technokratischen Denkens auch überflüssig erscheinen, sie ist immerhin für die Herausbildung des menschlichen Bewußtseins, unserer kollektiven und individuellen Vorstellungen, unserer Kultur verantwortlich. Als Erkenntnis der Vergangenheit begegnet die Geschichte im Bereich des Humanen ebenbürtigen Rivalen wie etwa der Psychologie, der Soziologie und der kulturellen Anthropologie. Damit entledigt sie sich freilich nicht ihrer Aufgabe, selbst die unzähligen Variationen und Konstanten der menschlichen Natur und Kultur sowie deren Erklärung und Interpretation aufzuzeigen. Von anderen Sozialwissenschaften sieht sie sich zuweilen dazu aufgefordert, ihnen Phänomene zu liefern, welche Analogien zwischen Untersuchungsgegenständen der Gegenwart und der Vergangenheit zu verstehen ermöglichen.

Die Geschichte als Wissenschaft war im Stadium ihrer Evolution zunächst gekennzeichnet durch eine mehr oder weniger traditionelle Schreibweise, die bis heute lebendig und für Änderungen aufgeschlossen blieb; hinzu kam dann eine Verfahrensweise, welche sich von den neu auftauchenden Problemen und Erklärungsmodellen sowie von der damit zusammenhängenden Terminologie her der Ausdrucksweise der Sozialwissenschaftler näherte, welche dazu neigen, Gesetzmäßigkeiten zu formalisieren, ja sogar zu mathematisieren. Das fortgesetzte Streben nach in der Forschung anwendbaren Theorien, die nicht abreißende Diskussion der Begriffe, die der Historiker in seiner Arbeit an den Quellen und in seinem Diskurs verwendet, tragen dazu bei, die „nouvelle histoire" entstehen zu lassen, jene das letzte Drittel unseres Jahrhunderts nicht nur in Frankreich dominierende Strömung, welche sich von den vorangegangenen scharf abhebt, die diese Dynamik, diese Offenheit und diese Unruhe nicht aufwiesen. Zum einen fordert das intellektuelle Publikum, wie Le Roy Ladurie erwähnte, eine Geschichte, welche auch die aktuelle philosophische Reflexion des Menschen aufnimmt; darin besteht ein wichtiger Beitrag des Historikers zu den Fragen unserer Zeit. Zum anderen gibt es auch ein nostalgisches Element im heutigen Denken, welches für unsere Situation sehr charakteristisch ist; ich glaube aber nicht, daß es das wichtigste Motiv ist.

Es sind nun intellektuelle Milieus verschiedener Inspiration, in denen der Historiker heute seine Untersuchung des Menschen in der Geschichte fortsetzt, einer Geschichte, deren Schöpfer der Mensch ist und von der er zugleich geschaffen wurde. Zwei Hauptorientierungen in der Vorstellung vom sozialen und individuellen Menschen zeichnen sich hier von jeher ab, mitsamt den Zwischenpositionen, wie sie heute definiert werden.

Die eine drückt sich in einer Einstellung aus, die die äußeren Bedingungen hoch veranschlagt und bestenfalls vorsichtige Hypothesen über die Wahrscheinlichkeit menschlichen Handelns daraus ableitet. Die menschlichen Handlungen, aus denen die Geschichte entspringt, werden von nicht-ereignishaften Kategorien her gedacht und gemessen und sollen von Faktoren abhängen, die entweder außerhalb des Menschen und seines Willens oder aber außerhalb seines Bewußtseins liegen. Von den verschiedenen Aspekten eines historiosophischen Providentialismus ausgehend, wie ihn etwa Bossuet, Ranke oder die polnischen Messianisten vertreten, über den objektiven Geist bei Hegel, die sozio-ökonomischen Systeme, wie etwa die deterministischen Spielarten des Marxismus oder Althussers „determinierendes Ganzes", gelangt man zu den von der Psychoanalyse aufgedeckten Mechanismen, zu den mentalen Strukturen, zu Jungs Archetypen und Freuds unbewußten Komplexen sozialer Gruppen und schließlich zum autonomen kollektiven Unbewußten, einem Motor, der mit niedriger Drehzahl eine Geschichte der „longue durée" antreibt, welche sich bei unseren französischen Freunden großer Beliebtheit erfreut.

Die andere Richtung würde gerne die Vorstellung des bewußten, ja rationalen Menschen anerkennen, der aus freiem Willen handelt, für sein Schicksal verantwortlich, Schöpfer und Zerstörer seines Glückes ist und seine individuellen Qualitäten einsetzen muß, von denen die eine oder andere ihn, aus heroisierender Sicht, auf die Höhe der großen Männer der Geschichte führen kann. Diese Einstellung ist zwar immer noch in der Geschichtsschreibung vertreten und plausibel für eine Geschichte, die auf Ereignisse, etwa auf Kriege und Revolutionen abstellt; sie verliert jedoch an Erklärungswert angesichts längerfristiger Phänomene und Konjunkturen. Und für die Analyse und Interpretation von Strukturen mit ihren Konstanten und Schwankungen ist sie kaum noch einsetzbar.

Der katholische Personalismus seinerseits findet mit der thomistischen Unterscheidung einer Natur des Menschen als Gattungswesen und als Individuum eine Lösung, welche erstere den irdischen Gesetzen unterstellt, der letzteren freilich die Aufgabe und Verantwortung des Einzelnen auflädt, bewußt an der geistigen Gemeinschaft teilzuhaben und ein personales Verhältnis zu Gott zu unterhalten. Die geschichtsphilosophischen und auch kosmologischen Konsequenzen dieser Position sind bekannt; für die Geschichtsschreibung ist sie auf der Ebene der irdischen Gesetze offen auf jede Begrifflichkeit hin.

Zwischen den Orientierungen, die ich hier angedeutet habe, gibt es die verschiedensten Zwischenpositionen. Oft werden bewußt vage Begriffe gebraucht. Es gibt hier auch Denkrichtungen, die für den Historiker von Interesse sein könnten, die er aber kaum wahrnimmt. Das scheint mir etwa von der philosophischen Hermeneutik zu gelten: Sie bezieht in die kritische Selbstreflexion des erkennenden menschlichen Subjekts die Tatsache ein, daß es intellektuell und emotional bedingt und gespeist ist von der Sprache, daß es als forschendes Subjekt unausweichlich existentiell engagiert ist, kurz: daß Erkennen immer auch Verstehen heißt. Die philosophische Hermeneutik stellt ein Vorhaben dar, das der Geschichtsschreibung Lösungen bieten könnte für Probleme, deren sie schon lange bewußt ist. Ich denke hier vor allem an die intersubjektive Vermitteltheit ihrer eigenen Erkenntnisse. In gewisser Weise hat Foucault dem Rechnung getragen, wenn er für eine bestimmte Zivilisation und Phase ihrer Geschichte epistemologische Räume ansetzt, welche die Bedingungen und Grenzen ihres Wissens vorschreiben.

Seit gut einem Vierteljahrhundert versuchen die Historiker, sich nicht nur von den Ereignissen her dem Menschen zu nähern, sondern von dem her, was darunter konstant bleibt: unterschwellige Verhaltensweisen, die in gewisser Weise die Kontinuität der menschlichen Gattung gewährleisten.

Die psychologische Geschichtsschreibung hat hierzu mehrere Ansätze ausgebildet, darunter einen psychoanalytischen. Allerdings erheischt dieser einen Glaubensakt, den der Historiker nicht gern vollzieht. Es sind daher eher Ableger bzw. andere psychologische Schulen gewesen, welche ihm nahelegten, dem Unbewußten in der Motivation menschlichen Handelns einen Platz einzuräumen. So öffnete sich die Geschichtsschreibung dem wenig erschlossenen Gebiet der Mentalitäten: Träume, Wahn, Phantasmen, das Imaginäre – freilich ohne Partei zu ergreifen für diese oder jene psychologische Position. Die eine erscheint dem Historiker vielversprechend im Hinblick auf das Verhältnis von Individuum und Kollektiv: Vielleicht hilft das am kindlichen Lernen entwickelte genetische Erkenntnismodell Piagets, die vorgebliche Entdeckung des Ich im 12. Jahrhundert besser zu verstehen. Eine andere, fast wieder vergessene Position ist die von Goldmann: Er zielte auf die Existenz eines virtuellen Bewußtseins ab, einer Unbewußtes und Unterbewußtes amalgamierenden, latenten Weltsicht, die der Klassen- oder Gruppensituation entspricht. Die Psychologie des Kollektiven hat sich inzwischen in die Geschichte der Mentalitäten aufgelöst, die nur noch von Historikern praktiziert wird. Mit Begriffen wie „mentalité“, „outillage mental“, „sensibilité“ hat er sich weit von der Domäne der Psychologie entfernt.

Ich komme zum Strukturalismus. Der strukturalistische Fragenkatalog hat inzwischen in der Tat, nicht zuletzt dank seiner flexiblen Terminologie, einen festen Platz in der Arbeit des Historikers. Die meisten Anregungen kamen aus Disziplinen wie der Ethnologie, der Psychologie und der Semiotik. Die Untersuchung der Völker ohne Geschichte, denen Lévi-Strauss so großes Gewicht zugemessen hat, verspricht für den Historiker einen Zugang zu den grundlegenden Strukturen menschlichen Denkens. Wesentlich ahistorisch, kann dieses „wilde Denken" ein Schlüssel zum Verständnis komplexer Interaktionen sein, in der die Akteure auf eine Weise verwickelt sind, daß die Bestimmung von Determinanten schwierig, wenn nicht unmöglich erscheint. – Für Dumézil sind die unbewußten Strukturen (die die Basis des sozialen Bewußtseins bilden) dem menschlichen Geist nicht ein für allemal gegeben, sondern lediglich Projektionen sozialer Bedingungen. Die indo-europäische Welt lebt in einer Weltsicht, die durchgängig drei Funktionen unterscheidet, repräsentiert durch den Priester, den Krieger und den Bauern. Diese Struktur reicht weit in die Vergangenheit; sie prägt indes eine „Dauer" (durée), die noch uns mitumfaßt. – Die Linguistik bzw. die Semiotik, auf den ersten Blick weit entfernte Disziplinen, leisten ebenfalls ihren Beitrag zur Geschichtsschreibung. Die Welt der Zeichen: Das Imaginäre, die Mythen und Riten, die Fabeln, Märchen und Sagen, diese ganze vom Menschen geschaffene Bilderwelt steht dank Forschern wie Saussure, Jakobson, Panofski und vielen anderen der historischen Untersuchung offen und wirft ein neues Licht auf die Geschichte.

Erlaubt nun dieser summarische und lückenhafte Rundblick (so habe ich z. B. den Beitrag der quantitativen Geschichte unerwähnt gelassen) über die verschiedenen Versuche, den Menschen in seiner Geschichtlichkeit wiederzugewinnen, erlaubt er es, auf diese Bestrebungen das Augustinus-Wort anzuwenden: „Architectus aedificat per machinas transituras domum manentem."? Bleiben uns bei einem solch flüchtigen Gegenstand, bei dermaßen selbst der Geschichte, ja zuweilen der Mode unterworfenen Annäherungsversuchen überhaupt Elemente, die für das gewaltige Unternehmen einer Erforschung des Menschen noch taugen, und sei es nur, um ein provisorisches Gerüst abzugeben, das wenigstens den heute lebenden Generationen genügte?

Eine Antwort hierauf ist offensichtlich schwer zu geben. Die Vergangenheit ist nicht tot; sie beugt sich nicht dem Versuch, sie festzuschreiben, zumal die Geschichtsschreibung selbst nichts Festes ist. Die Geschichte bleibt, wie die Philosophie, immer zu schreiben. Von daher wäre die Frage sinnvoll einzuschränken und zu überlegen, *welche* Geschichtsschreibung heute offen genug erscheint, um Baustein für eine anthropologische Synthese zu liefern, oder bescheidener: für eine Anthropologie, die es nicht verabsäumte, der sehr langen Anwesenheit des Menschen auf der Erde Rechnung zu tragen.

Wenn der Satz „Everything in the world is potential evidence for any subject whatever" Gültigkeit hat, ist er auch auf jedes anthropologische Unternehmen anzuwenden, einschließlich jenes, das auf den Menschen als geschichtliches Wesen abzielt. Ich denke hier an neu aufgetauchte Gegenstände wie die Geschichte des Alltags, der Sozialisationsformen, des politischen und religiösen Verhaltens; ich denke an Begriffe wie Eros und Thanatos, Faszination und Terror.

Neue Methoden und das Streben nach Kontakt mit jenen Sozialwissenschaften, die das Wissen des Historikers über die bloße Kenntnis von Quellen hinaus bereichern können, haben erste Bausteine einer Synthese erbracht. Ebenso der Versuch, die Grenzen zwischen den Wissenschaften vom Menschen und den Naturwissenschaften zu überschreiten; schließlich die Anstrengung, den Menschen zugleich in seiner Unerschütterlichkeit inmitten der großen Zeitabschnitte und Epochen der Zivilisation *und* in seiner unbändigen Lebhaftigkeit im Alltag zu erfassen.

Man könnte fortfahren, die beträchtlichen Errungenschaften der heutigen Geschichtsschreibung aufzuzählen, welche in gewisser Weise die vormals von anderen humanwissenschaftlichen Disziplinen untersuchten Gegenstände absorbiert haben. Diese Bereitwilligkeit zu Entlehnung oder Übernahme geht freilich einher mit einer Wachsamkeit und einem Argwohn gegenüber starren Denksystemen und Geschichtsmodellen, die schmerzlicher Erfahrung entspringen.

Ich möchte einen Satz von Marc Bloch zitieren: „Die Menschen haben zu allen Zeiten nur eine Wissenschaft, und diese verlangt die unermüdliche Anstrengung, das Wissen der Toten mit dem der Lebenden in Einklang zu bringen; die Lebenden freilich werden heimgesucht von ihrer Vergangenheit, auferlegt von der Zeit als Dimension ihres Lebens und Forschens."

Lassen Sie mich schließen mit einem Wort von Karl Jaspers:

„Wohin ich gehöre, wofür ich lebe, das erfahre ich erst im Spiegel der Geschichte." Ich glaube, dieser Gedanke stellt im europäischen Erbe ein Element dar, dem man eine sehr große Dauerhaftigkeit (très longue durée) zuschreiben kann.

Deutsch von Andrea Marenzeller

Gerhard Ebeling

Zur Definition des Menschen [1]

Die Geschichte der Definition des Menschen als animal rationale – ihre Vorgeschichte wie ihre Wirkungsgeschichte – ist noch nicht geschrieben. Das Institut für die Wissenschaften vom Menschen sollte diese Aufgabe oder zumindest Teilaufgaben daraus in das Programm seiner Förderungsvorhaben aufnehmen. Das Thema weist auf einen weiten geschichtlichen Bogen, der sich ohne Unterbrechung von der griechischen Philosophie über die römische Antike, das Mittelalter und die Neuzeit bis zur Gegenwart hin erstreckt. Es rührt an die Grundformation des Abendlandes und spricht eine Problematik an, deren Brisanz im Verlauf von dessen Geschichte eher zu- als abgenommen hat. Mein Gesprächsbeitrag kann davon nur wenige historische und sachliche Aspekte andeuten. Er bezieht sich vornehmlich auf eine Thesenreihe Luthers „De homine“ [2], die aber nicht willkürlich gewählt ist. Ich wüßte keinen vergleichbaren Text, der wie dieser an der Schwelle zur Neuzeit die Problemverknotung in der Frage der Definition des Menschen so markant zum Ausdruck brächte.

Den Menschen als animal rationale zu bestimmen, erscheint selbstverständlich und ist auch in bestimmter Hinsicht evident. Meine kurze Einführung beschränkt sich deshalb darauf, an das Fragwürdige dieser Definition zu erinnern, zunächst von der geschichtlichen Erfahrung her, sodann aus theologischer Sicht.

In jener Definition sind zwei gegensätzliche Tendenzen wirksam: das Menschliche einerseits zu verengen, anderseits zu sprengen. Man könnte freilich zwischen beiden auch einen Kausalzusammenhang vermuten: ob die Verengung nicht die Explosivkraft erzeugt hat.

Der Weg von Aristoteles zu Boethius [3] führt von einem höchst lebendig gefüllten, keineswegs stereotypen Reden vom Menschen als ζῷον λόγον ἔχον zu der Trivialformel animal rationale, dem logischen Schulbeispiel für das Definieren gemäß der arbor Porphyriana [4]. Bei Aristoteles steht die Rede vom ζῷον λόγον ἔχον in engstem Zusammenhang mit dem Verständnis des Menschen als ζῷον πολιτικόν. Hier ist der Logos in seiner kommunikativen Sprachlichkeit präsent und damit der Mensch in seiner Sozialität und unter dem Anspruch des Ethischen. Das alles ist in der Wendung animal rationale zwar nicht ausgeschlossen, jedoch abgeblendet und nicht mehr ohne weiteres kenntlich. Der Mensch ist hier in doppelter Hinsicht abstrakt gefaßt: abgelöst sowohl von der Gemeinschaft mit anderen als auch von seiner Individualität, weil bloß als ein Exemplar der Gattung aufgefaßt. Das λόγον ἔχειν (Sprache haben), das immer auch ein λόγον διδόναι (Rechenschaft geben) einschließt, ist zu der ratio erstarrt als dem Vermögen der Abstraktion. Und aus der Sprache als Rede wird begriffliches Bezeichnen. Freilich wirken selbst in dieser verkümmerten Form charakteristische Züge des antiken Menschenverständnisses nach: die Orientierung am Allgemeinen auch bei der species specialissima, während das Individuelle und kontingent Geschichtliche außerhalb des Interesses bleiben; sowie die Erfassung des Bösen als etwas Marginalen, einer korrigierbaren Verfehlung oder eines tragischen Geschicks. Die biblisch-christliche Tradition stand dazu in Spannung, ging aber dennoch eine Verbindung damit ein, eine fruchtbare, freilich nicht gefahrlose Verbindung. Die scholastische Synthese zeigt beides eindrücklich.

Die sprengende Tendenz ergab sich aus der Verbindung von Antike und Christentum allenfalls nur indirekt. Man könnte eher sagen: Durch diese Integration wurde etwas, was in dem Verständnis des Menschen als animal rationale schlummerte, zunächst erfolgreich gebunden, dann freilich unbeabsichtigt entbunden, je mehr sich das Humane aus der Verchristlichung emanzipierte und verändert daraus hervorging. Bei Pico della Mirandola[5] z. B. begegnet, durchaus in Kontinuität mit der traditionellen Definition des Menschen, die Aussicht auf eine unbeengte Freiheit des animal rationale in bezug auf die Möglichkeit, sich selbst zu definieren. Dadurch wird die Definibilität des Menschen überhaupt in Frage gestellt, freilich erst Jahrhunderte später in extremer Verzerrung durch Nietzsche und Sartre. Luthers bejahende Bemerkungen zur ratio als der differentia essentialis des Menschen[6] kennzeichnen deren Erfindungs- und Herrschaftsfunktion in bezug auf die Umwelt noch ganz in den Grenzen damaliger Wissenschaft und Praxis. Als Mensch des 20. Jahrhunderts vernimmt man darin freilich bereits das Grollen des sich anbahnenden Erdbebens, unter dessen noch unabsehbaren Auswirkungen die Menschheit leben, wenn nicht zugrunde gehen muß. Der Mensch, der sein Wesen darin sieht, der Mitkreatur überlegen zu sein: den Tieren und was nur immer in der Welt verfügbar ist, so daß ihm alles zum Material der ratio wird, stößt in anscheinend unbegrenzte Möglichkeiten des Schaffens vor, erst recht aber des Zerstörens. Die Einheit des Menschen selbst, immer schon ein Hauptproblem im Umgang mit jener Definitionsformel: wie sich denn hier Sichtbares und Unsichtbares, Animalisches und Geistiges zueinander verhalten, wird um so rätselhafter, je mehr der Mensch die Einheit erzwingen möchte, indem er sich selbst rationalisiert und manipuliert oder in einen Irrationalismus flüchtet.

Wie stellt sich die Theologie zur philosophischen Definition des Menschen als animal rationale? Sie kann, so scheint es, entweder diese Definition als den Rahmen voraussetzen, in den die Glaubensaussagen einzuzeichnen sind; oder sie muß ihr eine theologische Definition des Menschen entgegensetzen. Den ersten Weg ist die Scholastik gegangen, freilich nicht ohne präzisierende Korrekturen am philosophischen Verständnis jener Definition. Den anderen Weg hat erstmals Luther eingeschlagen, jedoch nicht ohne das relative Recht der Rede vom animal rationale anzuerkennen und sich verpflichtet zu fühlen, sein kritisches Urteil zu begründen. Heute ist die Situation noch einmal eine andere angesichts äußerst fortgeschrittener Erfahrungen mit dem animal rationale sowie infolge innerphilosophischer Auseinandersetzung mit jener Definition. Durch Martin Heideggers Denken zum Beispiel zieht sich diese Auseinandersetzung geradezu wie ein roter Faden. Doch dispensiert dergleichen nicht von der spezifisch theologischen Verantwortung.

Die Theologie muß geltend machen, was in philosophischer Anthropologie oder in den Humanwissenschaften nicht zur Geltung kommt, jedenfalls nicht in der Ausrichtung und Bestimmtheit, wie wir es dem Glauben an Jesus Christus verdanken. In biblischer Sprache ließe sich dies auf „Sünde“ und „ewiges Leben“ konzentrieren. Daß der Mensch der Sünde unterliegt, jedoch geschaffen und berufen ist zum ewigen Leben als Ebenbild Gottes, definiert ihn in theologischer Hinsicht. Statt durch eine klassifizierende Ortsanweisung innerhalb der Hierarchie des Kosmos wird er nun durch seine Geschichte definiert — seine Geschichte im eschatologischen Sinne von Heilsgeschichte.[7] Die Anthropologie auf den Sachverhalt der Sünde und des ewigen Lebens hin glaubhaft so zu entfalten, daß dabei die Weite der Wirklichkeitserfahrung in den Blick kommt, stellt die Theologie vor eine unerschöpfliche Aufgabe. Dabei befindet sie sich zwar immer schon implizit im Gespräch mit der Philosophie und den Wissenschaften. Jedoch ist es noch einmal ein anderes, wenn sich der Theologe zusammen mit diesen Gesprächspartnern der gemeinsamen Weltverantwortung konfrontiert sieht. Dazu noch eine Bemerkung.

Die Theologie hat in dieses Gespräch nicht primär Erkenntnisse über anthropologische Strukturen und Mechanismen sowie über ethische Normen einzubringen. Ihr eigentlicher Beitrag besteht in der Feststellung: Wird Gott ausgeklammert, so bleibt letztlich auch der Mensch selbst ausgeklammert, der Mensch nämlich als sündiges, der Rechtfertigung bedürftiges Geschöpf. Die Wissenschaft soll gewiß nicht mit Gott operieren. Der Wissenschaftler aber muß sich dessen bewußt sein, was die Ausklammerung Gottes bedeutet, zumal wenn es um den Menschen geht. Dies ist nicht dogmatistisch vorzubringen, sondern an Phänomenen verständlich zu machen. Was allen anthropologischen Gegebenheiten vorausliegt, sie umgreift und bedingt, ist jene Grundsituation des Menschen in seinem Selbstsein vor Gott. Es sind zwei tief verschiedene Weisen, vom Menschen zu reden: ob man ihn als species, in Hinsicht auf sein allgemeines Wesen, im Auge hat oder als Adam in der eigentümlichen Identität dessen, was alle Menschen sind und was doch jeder unverwechselbar in seinem Selbstsein als Einzelner vor Gott ist[8].

Von da aus wird deutlich, welches Gewicht für das Menschsein den Relationen zukommt, viel mehr Gewicht als den Potenzen und den Hervorbringungen des Menschen. Daß der Mensch als animal rationale ratio hat, besagt noch nichts darüber, wie er sich zu ihr verhält, wie er mit ihr umgeht: bekanntlich oft in höchst unvernünftiger Weise bei partiell perfekter Rationalität. Der Mißbrauch der Kreatur macht dies am offensichtlichsten. Sich dafür auf den göttlichen Schöpfungsbefehl „Dominamini“[9] zu berufen, ist eine blasphemische Verkehrung des Gebots, die Schöpfung gottgemäß zu hüten und zu pflegen, sie zu kultivieren in dem ursprünglichen Sinne dieses Wortes. Solcher Mißbrauch der Kreatur hat aber seine entscheidende Wurzel darin, daß der Mensch die ratio als höchste Urteilsinstanz über sich selbst in Anspruch nimmt. Offene oder versteckte Selbstrechtfertigung ist die gefährlichste Weise der Selbsttäuschung samt allen Folgen, die sich aus solcher Selbsttäuschung ergeben: als wäre der Mensch sein eigener Machthaber und Richter. Er lebt in der Tat von dem Urteil, das ihn bejaht. Dieses Urteil liegt aber nicht in seiner Macht, sondern allein in der Macht Gottes, nicht deshalb nur, weil allein Gott ins Herz sieht, vielmehr vor allem deshalb, weil ein solches bejahendes Urteil über den Menschen von schöpferischer Macht sein muß. Denn es zieht nicht einfach bloß Bilanz, sondern schafft den neuen Menschen, von dem Luther einmal gesagt hat, der neue Mensch altere nicht[10].

Will man das anthropologische Gesamtgespräch im Blick auf den theologischen Beitrag führen, so empfehlen sich dafür als Gegenstand der Diskussion vornehmlich zwei Begriffe, die heute zu den am meisten beschworenen und zugleich am meisten mißhandelten gehören und, obwohl als politische Parolen gebraucht, in das Zentrum des christlichen Glaubens weisen: Freiheit und Friede. Wie könnte man Freiheit recht verstehen, ohne von Sünde und Vergebung zu wissen? Und wie könnte man Friede recht verstehen, ohne von dem zu wissen, was alle Vernunft übersteigt und auch den Tod hinter sich läßt, dem ewigen Leben?

Anmerkungen

1 Zuerst erschienen in: G. Ebeling, Umgang mit Luther, Tübingen 1983, 95–100.

2 WA 39, 1; 175–179. Vgl. dazu LuSt II, 1: Disputatio de homine. Erster Teil: Text und Traditionshintergrund. Der kritisch edierte Text dort mit Übersetzung: 15–24. Nur in Übersetzung auch: IL 2; 293–297. LuSt II, 2: Disputatio de homine. Zweiter Teil: Die philosophische Definition des Menschen. Kommentar zu These 1–19.

3 LuSt II, 1; 72–89. 4 LuSt II, 1; 56–60. 5 LuSt II, 2; 203–210.

6 In Th. 4–9, dazu LuSt II, 2; 184–202, 278–307.

7 Vgl. Th. 21–23. 8 LuSt II, 2; 265 f.

9 Th. 7: Gen 1, 28. Dazu LuSt II, 2; 278–307.

10 WA 40, 3; 564/5 f. (Enarr. Ps 90, 1534/35): . . . nos, qui credimus, sumus ‚novi homines‘, non senescimus in aeternum.

Józef Tischner
Hoffnung auf der Suche nach Wahrheit

Die polnische Religiosität schuf, wie wir wissen, im Laufe ihrer Geschichte keinerlei theologisches System, das Ausdruck ihrer inneren Wahrheit hätte sein können. Trotzdem erwies sich das polnische Christentum in für die Nation kritischen Zeiten als eine unerschöpfliche Quelle geistiger Kraft, dank derer der Bestand der Nation sowie ihr Kampf um nationale Identität möglich waren. Das Bedürfnis, eine systematische Theologie zu entwickeln, ergibt sich zumeist aus einer Bedrohung der Religion aufgrund intellektueller Skepsis; dagegen resultiert die Entdeckung der Religion als Quelle geistiger, zur Bewältigung von Niederlage und Unterdrückung unabdingbarer Kräfte aus einer Konfrontation mit der Verzweiflung, die die Grundlagen menschlicher Existenz als solche in Gefahr bringt. Wir müssen auch daran denken, daß das polnische Christentum – insbesondere im 19. Jahrhundert – keine bedeutende intellektuelle Basis besaß, mit der es in einen gleichrangigen Dialog hätte treten können. Das polnische Christentum kannte die Problematik von Katholizismus und Protestantismus, von Positivismus, Rationalismus, Irrationalismus, Szientismus etc. nicht aufgrund unmittelbarer Erfahrungen. Das polnische Christentum wußte dagegen sehr wohl, was Verfolgung um des Glaubens willen bedeutet – um des Betens in der Muttersprache, um der Bemühungen um die Wahrheit der eigenen nationalen Geschichte willen. Es wußte um Treue und Untreue, um Wagemut und Feigheit im Kampf, um Vaterlandsliebe und um den Haß der Unterdrücker. Sein intellektueller Partner war das in der Poesie, im Drama, im historischen Roman, in den nationalen Arbeitsprogrammen, ja selbst in den Liedern der Aufständischen zum Ausdruck kommende Denken. Zur täglichen Auseinandersetzung mit der Verzweiflung verurteilt, sah der religiöse Glaube seine innere Wahrheit weniger in theologischen Systemen als vielmehr in der konkreten menschlichen Hoffnung – einer Hoffnung, die wiederholt in einem großen nationalen Martyrium Früchte trug.

In Zeiten der Unfreiheit sah sich die Nation zwei Gefahren gegenüber — in Hoffnungslosigkeit und Verzweiflung zu versinken oder aber aus der realen Welt in eine phantastische, ästhetisierte Utopie zu flüchten. Die Gläubigen vor diesen Gefahren zu schützen, war in dieser Situation eine der fundamentalen Pflichten der Religion. In der religiösen Erziehung muß man den Ausgleich zweier geistiger Kräfte des Menschen erstreben — seiner ein besseres Morgen ersehnenden Hoffnung und seines Gedächtnisses, das aus den Niederlagen von gestern eine Lehre zieht. Frucht der Erziehung soll sein, was wohl am treffendsten durch zwei gewichtige Worte zu definieren ist: *denkende Hoffnung*. Die denkende Hoffnung ist die einzige authentische Form eines Engagements des Menschen in der konkreten Geschichte des Christentums und der Nation.

Ich möchte im folgenden eine kurzgefaßte, phänomenologische Charakteristik der „denkenden Hoffnung" als historischer Frucht des polnischen Christentums vorlegen. Die Spuren solcher Hoffnung und solchen Denkens sind in der gesamten polnischen Literatur in Zeiten verlorener Unabhängigkeit evident. Sie zeigen sich jedoch besonders deutlich in den Schriften von C. K. Norwid, einem Denker und Dichter, einem sensiblen Zeugen der polnischen Tragödie der Unfreiheit. In Norwids reichem literarischen Nachlaß finden sich nicht einmal Spuren einer Absicht, als authentischen Ausdruck seines tiefen Glaubens irgendein theologisches System zu errichten. Weder er noch seine Landsleute bedurften eines solchen Systems. Dagegen ließe sich schwerlich auch nur ein einziges Werk finden, in dem der religiöse Glaube des Dichters keine Bruchstücke einer „denkenden Hoffnung" hervorgebracht hätte. Nach ihr verlangen die Polen, und der Autor braucht sie ebenso für sich. „Die Hoffnung kommt aus der Wahrheit" — schreibt er. Dieser Satz will nicht nur die Natur der Hoffnung aus einer neuen Perspektive zeigen, sondern zugleich die Natur des Denkens offenlegen, um aus der Versöhnung beider der polnischen Unabhängigkeit einen Weg zu bahnen.

Die Spirale der Erklärung

Denkende Hoffnung — das ist die authentische Form der Teilhabe an der Geschichte der Nation, die ihre Unabhängigkeit einbüßte, die sich jedoch mit diesem Verlust niemals abfand. Hoffen und Denken ... Denken und Hoffen ... Die Hoffnung öffnet der Befreiung den Weg, und das Denken enthüllt ihre Wahrheit. Das eine wie das andere wurzelt tief in der Erfahrung von Glaube und Geschichte. Der Verlauf des von der Hoffnung beseelten, von der Verzweiflung angefochtenen Denkens erinnert an eine Spirale: Ausgehend von der Erfahrung der Niederlage, erfaßt das Denken durch eben diese Erfahrung die bereits gut bekannten Inhalte des christlichen Glaubens gleichsam neu, um dann in ihrem Licht die Situation der Niederlage tiefer zu verstehen und den zur Befreiung führenden Weg zu entdecken. In einer solchen Hermeneutik der Geschichte kommt somit zwei Begriffen eine Schlüsselstellung zu – Niederlage und Befreiung. Was ist seinem Wesen nach eine Niederlage? Was ist seinem Wesen nach Befreiung? Die Antwort auf die erste Frage enthält in ihrem Kern die Antwort auf die zweite, und die Antwort auf die zweite Frage beantwortet bereits umrißhaft die erste. Die Erklärung beider Begriffe kann jedoch nicht nur auf einer semantisch-analytischen Interpretation beruhen. Man muß sie direkt auf Erfahrung beziehen. Die denkende Hoffnung kann nur als Antwort auf das erscheinen, was auf evidente Weise erfahren wird. Dieses Was ist die Unfreiheit der Nation.

Die Unfreiheit ist ein offenkundiges, unleugbares Faktum. Die Nation fiel, erlitt eine Niederlage und verlor ihre Freiheit. Es geht hier um eine nationale Unfreiheit, keine andere. Sie unterscheidet sich von der Form der Unfreiheit, die Hegel in dem berühmten Kapitel seiner „Phänomenologie des Geistes" beschreibt. Dort geht es darum, wie die Arbeit ihrer Freiheit beraubt wird. Das drückt sich aus in der vom Knecht für seinen Herrn verrichteten Zwangsarbeit. Folge der Unfreiheit ist das, was Marx später die Spaltung der Gesellschaft in Klassen nennt. Um bei der Hegelschen Terminologie zu bleiben, müßte man sagen, daß die nationale Unfreiheit eher eine solche der „Herren" als der „Knechte" ist, doch tatsächlich gehen hier sowohl die einen wie die anderen ihrer Freiheit verlustig. Die nationale Unfreiheit reicht tiefer als eine bloße Versklavung der Arbeit; sie schließt die Versklavung der Arbeit ein, ist aber mehr als das. Die nationale Knechtschaft hat einen zutiefst moralischen Sinn, sie ist geradezu eine direkte Unterdrückung des *Verantwortungsgefühls.*

Es geht darum, daß fremde Gewalt dem Menschen nicht erlaubt, für sein *Selbst-Sein* Verantwortung zu tragen und konsequenterweise auch nicht für das Miteinandersein, in dem er zu sich selbst kommen kann. Unfreiheit zerstört entweder die Verantwortung völlig oder verändert sie zutiefst. Immer wird sie als eine Verknechtung der Wahrheit empfunden — der inneren, der dem Menschen eigenen Wahrheit. Über diese Wahrheit kann man nicht immer in einer eindeutigen Sprache reden, was jedoch nicht als Argument gegen sie gewandt werden kann. Hier geht es nämlich direkt um die Wahrheit, die Identität des Selbst und seines Bewußtseins ist — die Einheit von Denken und Existenz.

Der schmerzlichste Augenblick der Unfreiheit ist der Moment der Niederlage. Das Wort besitzt auch eine moralische Bedeutung. Die Niederlage unterscheidet sich grundsätzlich von einer verlorenen Schlacht oder einer wirtschaftlichen Katastrophe. Im Augenblick der Niederlage wird das Verantwortungsgefühl gelähmt und der Sinn für die Wahrheit, auf den sich die Verantwortung stützen muß. Hier wird der tiefste Glaube an das moralische Recht der Sache, um die es geht, verneint; anstelle des Glaubens erscheint der bohrende Zweifel, ob das moralische Recht nicht auf seiten des Gegners sei. Daher die Versuchung der Verzweiflung. Nur ein winziger Schritt trennt jetzt den Menschen vom Verrat.

Gegen die Unfreiheit kämpfen heißt: unablässig gegen den Verlust des Glaubens an die Richtigkeit seiner Sache ankämpfen, ständig ihre Bestätigung suchen, sie in sich selbst wie in anderen prüfen. Wer die Unfreiheit bezwang, bezwang sie vor allem kraft der eigenen, auf den Trümmern der Zweifel errichteten Überzeugung. Gibt es aber ein spurloses Verschwinden dieser Zweifel? Wohl nicht. Irgendeine Unfreiheit trägt man ständig in sich als schmerzliche Kluft zwischen Wollen und Können.

Im Laufe des 19. Jahrhunderts erlitt die polnische Nation mehr als nur eine Niederlage, wonach sie den Glauben an das Recht der polnischen Sache neu finden mußte. Aus Anlaß einer dieser Niederlagen schrieb Norwid: „Diese ganze Generation — eine Hekatombe für die Zukunft. Sie wird vernichtet, wie ein Werkzeug für einen nicht existenten Zweck. Glücklich, denen es gegeben ist, diese Lage nicht zu verstehen. Ihre Überheblichkeit gereicht ihnen zum Trost, Übermut steht für Mut, Zynismus für

Philosophie, die krankhafte Vorstellung kleidet sich in das Gewand der Religion.“ [1] Der Schlag traf tief. Erschüttert wurde der Glaube, daß Freiheit eine gerechte Sache ist. Fruchtlos erwies sich das einst ausgearbeitete Verantwortungsgefühl; die Gewalt hatte gesiegt. Die Gewalt allein? Haben an diesem Sieg nicht auch jene einen gewissen Anteil, die die Zeichen der Zeit nicht begriffen? Haben zum Sieg der Feinde nicht auch die Rebellen selbst beigetragen? Eine Niederlage ist immer in einem gewissen Grade selbst verschuldet. Eben darauf beruht ihre Tragik. Stets gebiert sie die Schuldfrage. Norwid sieht dies deutlich. Doch leider – die schuldig wurden, wollen nicht zu ihrer Schuld stehen. Sie suchen Trost, indem sie die Augen vor dem, was geschah, verschließen. Sie verstecken sich hinter dem eigenen Hochmut, der Überheblichkeit, dem Zynismus. Plötzlich entdecken sie den Wert der Religion, doch entnehmen sie ihr nur das, was ihrer verwundeten Phantasie entspricht. Den eigenen Anteil an der Niederlage erkennen sie nicht an, und zur denkenden Hoffnung sind sie unfähig.

Und doch kann eine Niederlage den Anfang eines Sieges bedeuten. Norwid schreibt: „Die Enttäuschung selbst wird der Nation zum Gewinn, aus der traurigen Erfahrung, wie schmerzlich der Preis für abstrakte Einfälle ist, wenn der Sturm der Leidenschaft sie auf das Feld der Praxis leitet. Ungeduld in Fragen der Nation zerreißt die Geschichte.“ [2]

Wiederholen wir nochmals: Die Erfahrung der Niederlage ist von der Erfahrung der Schuld nicht zu trennen. An der äußeren Gewalt ist der Mensch schuldlos, doch trägt er Verantwortung dafür, inwieweit die äußere Gewalt zur inneren Abhängigkeit wird. Das polnische Wort für Unfreiheit (niewola) meint in wörtlicher Übersetzung „Nicht-Wille“, also eine Negation, die den Willen zuinnerst verwandelt. Diese Negation verlangt ihrerseits nach Negation. Als Negation der Negation entsteht Freiheit (wolność). Frei bin ich, wenn ich mich befreie, und ich werde frei, wenn ich das negiere, was mich negiert. Indem ich das negiere, was mich negiert, erfülle ich den Akt der Verantwortung. Die Unfreiheit enthüllt auf einmal ihre Kehrseite – sie wird zum Anlaß für einen Zuwachs an Verantwortungsgefühl. Zeugt übrigens nicht schon die bloße Anerkennung einer Schuld von Verantwortung? Die Unfreiheit würde erst dann absolut werden, wenn sie unschuldige Menschen hervorbrächte – Menschen, die in ihrer Unfreiheit ihre Unschuld wiederfinden würden. Solange die Unfreiheit auch nur den Schatten eines Schuldgefühls weckt, ist sie eine wahre Quelle denkender Hoffnung.

Das religiöse Verständnis der Geschichte verläuft, wie wir sagten, spiralförmig. Der Anfang der Spirale liegt in der Erfahrung der Niederlage und einer das Bewußtsein der Niederlage verlängernden Unfreiheit. Ihr weiterer Verlauf ist durch die Frage bestimmt: Warum? Diese Frage besitzt einen moralischen Sinn und meint eigentlich: Wer trug hier die Schuld? Auf der Suche nach einer Antwort bezichtigen wir nicht nur die Feinde, sondern auch uns selbst. Danach stellt sich die eigentliche Hoffnungsfrage: Was weiter? Man muß an das Recht der Sache glauben. Glauben an das Recht der Sache heißt, den Glauben an die Sache mit dem religiösen Glauben verbinden. Man kann sich nicht nur auf die Politik allein stützen, nicht nur auf den guten Willen der Tyrannen, auf ungewöhnliche Zufälle, man muß einen Halt in Gott suchen. Im Vertrauen auf Gott muß man zum Anfang der Spirale zurückkehren und auf die eigene Niederlage samt ihren Folgen durch das Prisma der Offenbarungswahrheit blicken. Auf solchem Weg aus der Tiefe zur Höhe und aus der Höhe zur Tiefe sucht die Hoffnung ihre Wahrheit und die Wahrheit ihre Hoffnung.

Wahrheit und Würde

Der Horizont der denkenden Hoffnung ist die Geschichte – die Geschichte der Nation und die Geschichte der Menschheit. Der religiöse Glaube sagt, daß die erhoffte Befreiung nicht nur als ein Werk menschlicher Gerechtigkeit kommen soll, sondern auch als Resultat des göttlichen Weltgerichts. Die nationale Unfreiheit ist schließlich keine gewöhnliche Unfreiheit. Sie ist Reflex und Konkretisierung der ersten Niederlage des Menschen und der daraus resultierenden Neigung zum Bösen. In diesem Kontext gewannen zwei christliche Feste eine besondere Bedeutung – Weihnachten und Ostern. Das erste Fest erinnerte an die Wahrheit, daß Gott unter Unfreien geboren wurde. Das zweite Fest verhieß das Kommen des Tages der Befreiung – des Tages der „Auferstehung Polens“. Der Gott dieser Feste konnte kein Gott einer spekulativen Theologie sein, er mußte ein in der Geschichte engagierter Gott sein — ein vergebender und erlösender Gott. Daher die — besonders bei den Romantikern — relativ große Sympathie für die Philosophie Hegels. Man kritisierte Hegel seines vermeintlichen Rationalismus und eines übertriebenen Kults des germanischen Geistes wegen, doch folgte man seinem Blick, der in den Dunkelheiten der Geschichte einen Sinn entdecken wollte.

Die Sache der Hoffnung war dabei fundamental. Hoffnung ist — woran uns Gabriel Marcel erinnerte — eine geistige Macht, dank derer die Überwindung der Verzweiflung möglich ist. Die Verzweiflung zerstört gründlicher als der Zweifel. Der Zweifel zerstört die Gewißheit des wissenschaftlichen Verstandes, die Verzweiflung indes die Grundlagen der menschlichen Existenz als solcher. Was heißt das? Die Verzweiflung tendiert dahin, den Menschen zu überzeugen, daß er kein *moralisches* Recht besitzt zu sein — er selbst zu sein. Der Verzweiflung erscheint als Selbstverachtung. Daher die Versuchung zum Selbstmord. Im Zustand der Verzweiflung und der Selbstverachtung kann man sich moralisch mit der eigenen Unfreiheit abfinden. Wie der Mond seinen Glanz findet im Lichte der Sonne, so will der Unfreie seinen Wert in der Würde derer finden, die ihn bezwangen und denen er dient.

Ist in dieser Situation Befreiung noch möglich? Kann man den Mond zur Sonne machen? Theoretisch schon, unter der Bedingung, daß der Mensch beginnen wird, an seine eigene Würde zu glauben. Wie kann man ihn aber dazu bringen, wenn ihn seine Würde von gestern zum Untergang führte? Kann seine Vernunft, sein eigenes Denken ihn dazu überzeugen? Ist er imstande, gegen die Verachtung anzukämpfen und in sich das Gefühl einer ursprünglichen Würde neu zu wecken? Ist dieses Gefühl nicht etwas gänzlich Irrationales?

„Die Hoffnung ist aus der Wahrheit" — schreibt Norwid. Diese Worte bedeuten zu allererst, daß die Wahrheit selbst bereits Hoffnung ist. Welche Wahrheit? Die Wahrheit über was?

Wenn wir von Wahrheit reden, haben wir für gewöhnlich irgendein wahres Urteil in seinem Bezug zur objektiven Realität im Sinn. Sicher, auch daraus kann Hoffnung erwachsen, zum Beispiel aus der Reflexion der Politik, der Geschichte, des Weltsystems der Mächte. Doch die Wahrheit hat noch einen zweiten

Aspekt – einen subjektiven. Norwid sagt: „Wahrheit ist ein Gedanke, mehr noch: ewiges und zeitliches Ganz-Leben des diesen Gedanken ausdrückenden Menschen.“ [3] Die Wahrheit ist persönlich. Die Wahrheit ist die Seinsweise eines konkreten Menschen, insoweit dieser Mensch sein eigenes Sein-in-der-Wahrheit wählt. Negativ gesagt: insoweit der Mensch ein Leben ohne Lüge wählt. Indem der Mensch das Sein-in-der-Wahrheit wählt, wählt er keinerlei konkrete Wahrheit, doch er wählt etwas, das mit jeder Wahrheit eng verbunden ist – er wählt die *Würde*. Die Wahrheit ist ein einzigartiger Wert. Mit der Wahl des Seins-in-der-Wahrheit wählt der Mensch den *Wert*, und mit dieser Wahl gewinnt er seine *Würde* zurück. Der Sklave, der die Wahrheit über seine Unfreiheit wissen will, unterscheidet sich unendlich von einem Sklaven, der die Illusion der Freiheit vorzieht – und er unterscheidet sich dank der Würde. Die Entscheidung für die Wahrheit erhebt ihn über seine Welt. Sie erlaubt ihm, das verlorene oder bedrohte Gefühl der Würde zurückzugewinnen. Sie macht es möglich, sich als Mensch in einer unmenschlichen Welt zu fühlen. Der Mensch weiß: Es gibt einen Weg, Verzweiflung zu überwinden, nämlich die Wahl der Wahrheit über die Verzweiflung. Jede noch so bruchstückhafte Wahrheit über die Verzweiflung ist ihre Überwindung. Die Verachtung verliert ihre Macht dort, wo die Wahrheit über die Verachtung einsichtig wird.

Sie berühren hier einen ungemein wichtigen Punkt der „denkenden Hoffnung“ –, einen Punkt, an dem diese Hoffnung zur fundamentalen Kraft der Erziehung eines neuen Menschen wird. Um sich zu befreien, muß sich der Mensch über seine Unfreiheit erheben. Er kann sich über die Unfreiheit einzig dann erheben, wenn er in der Wahl der Wahrheit über die Unfreiheit seine wahre Würde entdeckt. Daraus resultiert bei Norwid der paradoxe Gegensatz zwischen dem Polen und dem Menschen. Was ist ein Pole? Er ist ein unfreies Wesen. Er ist durch seine Niederlage gelähmt. Im Kampf um seine Freiheit handelt er oft unreflektiert. In seinem Patriotismus ist er nicht selten überheblich. Was kann man tun, um ihn zu befreien? – Man muß in ihm den Menschen erwecken. Nur als neugeborener Mensch kann der Pole seine Freiheit zurückgewinnen.

Wir lesen: „Nicht die Mißachtung der Macht (insbesondere der königlichen Macht) war der Grund, warum Polen seine Existenz verlor. Wäre dem so, dann müßte schon längst ganz Europa getilgt und in Staub versunken sein ... Weder die Mißachtung dieser oder jener Person noch dieser oder jener Macht, sondern die Mißachtung der Person, des Menschen. Das ist der Grund, warum die einen Nationen existieren und andere nicht."[4] Das unreife Menschsein des Polen brachte ihn in die Unfreiheit. Die Polen *als Menschen* erfüllten ihre Pflicht nicht. Das nationale Bewußtsein war für sie nur etwas „Inspirierendes und nichts Verpflichtendes". Und an einer anderen Stelle: „Polen ist die letzte Gesellschaft auf der Erde, doch die erste Nation dieses Planeten. Wer aber ein Bein hat, so lang wie die Erdachse, doch kein zweites dazu, der ist — oh! — ein wahrer Krüppel. Wäre unser Vaterland eine in allen Pflichten des *Menschen* ebenso tapfere Gesellschaft, wie es in allen Regungen eines Polen eine hervorragende Nation ist, dann stünden wir auf zwei Beinen, intakte und ernst zu nehmende Personen — monumental vollkommen. Aber so, wie es heute ist, ist der Pole ein Riese und der Mensch im Polen ein Zwerg — und wir sind Karikaturen, wir sind ein tragisches Nichts und ein Höllengelächter. Die Sonne geht auf über dem *Polen*, doch über dem *Menschen* verhüllt sie ihr Gesicht."[5]

Das Menschsein im Polen zu entdecken, ist noch aus einem anderen Grunde notwendig. Gott wirkt in der Geschichte allein durch das Menschsein — indem er im Menschen das Menschsein weckt. Soll er auch durch das Pole-Sein wirken, dann nur unter der Bedingung, daß es am Menschsein teilhat. Norwid schreibt: „Denn der Ewige wirkt im Menschen durch sich und in der Geschichte durch das Menschsein."[6]

Die Hoffnung ist aus der Wahrheit. Außer dem Problem der Wahl des Seins-aus-der-Wahrheit und der damit verbundenen Würde besteht auch das der Wahl der äußeren Wahrheit, der Wahrheit über die Welt und die Menschen, vor allem der Wahrheit über die polnische Geschichte. Auch diese Wahrheit besitzt einen moralischen Sinn und ist eng mit dem menschlichen Gefühl der Würde verknüpft. Sie ergibt sich allmählich als Antwort auf die Frage: Wo fing die Niederlage an, und bei welcher Tradition ist anzusetzen, um die Unabhängigkeit von morgen vorzubereiten? Die Lektüre der Geschichte der Nation wird zu einer erzieherischen Aufgabe. Auch diese Wahl ist ein Anfang der Befreiung. Die erste Wahl der Unfreien ist nämlich die Entscheidung für die von ihnen fortzusetzende Geschichte. Auch diese Wahl bringt die Würde zurück. Das Gefühl der Würde beginnt nicht bei Null. Der unterdrückte Mensch gewinnt das Gefühl der Würde zurück, wenn er sich der Größe jener bewußt ist, deren Werk er fortsetzt. Sein In-der-Wahrheit-Sein kristallisiert sich vor allem in dieser Wahl heraus.

Der Mensch ist das einzige Wesen auf Erden, das die Wahrheit über seinen Zustand erkennen und sich durch Wahl dieser Wahrheit nicht nur über die materielle Welt erheben kann, sondern auch über die ihn knechtende Welt der Lüge. Eben darum ist die denkende Hoffnung eo ipso eine befreiende Hoffnung. Sie befreit aus Verzweiflung, weil sie die Wahrheit über die Verzweiflung gebiert. Sie befreit aus Erniedrigung, denn sie läßt teilhaben an der höchster Ehre würdigen Tradition. Bevor die Freiheit kommt, muß die Würde erscheinen.

Gemeinschaft

Es geht somit um die Erziehung eines neuen Menschen. Was zeichnet ihn vor allem aus? Das Charakteristische und Neue ist seine Beziehung zur nationalen Gemeinschaft. Die Nation wird zu seinem Vaterland. Er selbst versteht sich als Kind des Vaterlandes. Sein Verhältnis zum Vaterland bringt ein einziges Wort zum Ausdruck: *Dienst.*

Was ist das Vaterland? Vergleichen wir zwei Stellen aus Norwid: „Die Nation – meine Landsleute – ist nach der Kirche der älteste Bürger", und „Vaterland – das ist eine große, kollektive Pflicht."[7] Wiederum stoßen wir auf eine religiöse Erklärung, deren Vorgehen einer Spirale gleicht: Die Nation ist wie die Kirche. Zuerst war die Kirche, dann kam die Nation. Katholik zu sein und Mitglied der Nation zu sein – das sind verwandte Dinge. Wie die Kirche den Menschen zum Kinde Gottes macht, so macht die Nation ihn zum Bürger. Man ist Bürger einer Nation und nicht eines Staates. Aus der Nation kann das Vaterland hervorwachsen. Vaterland – das ist die Gemeinschaft der Pflicht. Eine Gemeinschaft durch das, was gewissermaßen a priori gegeben ist (Sprache, Heimat, Herkunft), was in einem gewissen Sinn leiblich ist. Und Vaterland ist das, wofür man sich entscheidet, was Geist impliziert. Doch wie es keinen Geist ohne Leib gibt, so auch kein Vaterland ohne Nation. Eine reifende Nation reift zum Vaterland. In Hinsicht auf diesen Reifungsprozeß kann man mitunter von der Nation wie vom Vaterland und vom Vaterland wie von der Nation sprechen.

Das Verhältnis des Menschen zu seinem Vaterland ist nicht das eines Teils zum Ganzen. Der Mensch ist nicht ein Teil des Vaterlandes. Das Vaterland ist nicht eine „Ansammlung" von Individuen als seiner „Elemente". Man darf auch nicht meinen, das Verhältnis des Vaterlandes zum Menschen sei das der allgemeinen Norm zu den Handlungen, die diese Norm widerspiegeln. Alle diese und ihnen verwandte Denkweisen sind ein maskiertes „Totalisieren" des Vaterlandes. Doch das Vaterland ist nicht „total", sondern moralisch. Man muß das Wesen der moralischen Verpflichtung richtig verstehen.

Das Vaterland ist eine *konkrete Verpflichtung*. Sie *geschieht* und ist nicht wie das Wasser eines Stroms, das jegliche Spur tilgt. Nehmen wir ein Beispiel: Einer der Aufstände bricht zusammen, und Tausende von Aufständischen gehen in die Verbannung. Ein weiteres, nutzloses Opfer der Nation. Erneute Niederlage, erneute Gefahr der Verzweiflung, erneute Versuchung zum Verrat. Dieser Anblick erschüttert das Gewissen, wie einst der Anblick des Verwundeten das Gewissen des barmherzigen Samariters erschütterte. Es erheben sich die Fragen: Warum? Wozu? Was tun? In all dem entsteht eine *Bindung*. Sie verbindet mich mit konkreten Menschen, mit *unserer* konkreten Sache. In dieser Bindung liegt etwas Absolutes. „Vaterland – das ist eine große, kollektive Pflicht." Dieser tiefe Satz erwuchs aus einer gleich tiefen Erfahrung – aus der Erfahrung der Bindung.

Die Verpflichtung äußert sich so, wie du dich zu mir äußerst und ich mich zu dir äußere – weithin unabhängig davon, worüber wir reden.

Ich gebe zu, daß für das zeitgenössische naturwissenschaftliche Denken diese Erfahrungen etwas Unbegreifliches sind. Diesem Denken, das sich des Talents der Totalisierung rühmt, entging das, was das Wesen der Ethik ist: die konkrete Verbindung des Menschen mit dem Menschen, wie sie als Pflichtgefühl gegeben ist.

Das Vaterland hat noch in einem anderen Sinne mit Ethik zu

tun. Es ist die Quelle, aus der der Aufruf zur Freiheit entspringt. Die Pflicht erweckt die Freiheit aus ihrem Schlaf. Sie sagt: „Man muß wählen." Der Anblick der Verurteilten drängt zur Wahl. „Und wo bist du?" Eben daraus resultiert die ursprüngliche Erfahrung der Freiheit des Vaterlandes – als eine Grundvoraussetzung, die in uns die Forderung nach einer konkreten Wahl begründet. Wo bist du? Wenn du diese Frage begreifst, weißt du, was Freiheit ist. Deine Freiheit ist die konkrete Möglichkeit, auf die Frage eine Antwort zu geben: ja oder nein. Freiheit ist hier kein Gegenstand des Kampfes. Es ist nicht so, daß wir heute um die Freiheit kämpfen, um uns morgen ihr gemäß verhalten zu können. Nein, die Freiheit erwacht in uns, entsteht, ist durch die bloße Stimme der Pflicht in uns als Möglichkeit und Potenz grundgelegt. Die Pflicht gibt der Freiheit ein Maß – und nicht umgekehrt. Erst dann trägt die Wahl auch praktische Früchte. Die Dichter dichten, die Schriftsteller schreiben Romane, die Maler malen ihre Bilder, die Politiker erwägen die politischen Chancen, die Militärs bedenken neue Strategien, die Lehrer unterrichten, der Klerus festigt den Glauben. Dazu kommen die Heiligen – Kirchenreformer, Bettler, Bekenner, Märtyrer. Die denkende Hoffnung malt ihr eigenes Bild. Was ist darauf zu sehen? Man sieht „eine tägliche, stündliche, minütliche Aufopferung, ein Wahrnehmen des nationalen Interesses zu jeder Zeit; das allein meistert eine so große Sache wie die unsrige – und unter so verwickelten Umständen." [8]

Thema unseres Symposiums ist die Situation des Menschen in der Perspektive der zeitgenössischen Wissenschaften, insbesondere der Wissenschaften vom Menschen. Ich sollte hier über die polnische Theologie reden, doch ein theologisches System als Frucht polnischer Religiosität, bei dem man als Ausgangspunkt unserer Überlegungen hätte ansetzen können, gibt es – wie ich sagte – bislang nicht. Darin liegt zweifellos ein Mangel. Andererseits bedeutet dieser Mangel keine Verwässerung des Glaubens. Die polnische Religiosität brachte im Laufe der Jahrhunderte eine besondere historische Weisheit hervor, dank derer sie der Nation in Augenblicken höchster Bedrohung dienen konnte. Diese Weisheit nannte ich hier eine denkende Hoffnung. Eigentliches Ziel der denkenden Hoffnung war die Erziehung des Menschen zu einem sinnvollen und opferbereiten Dienst für das Vaterland. In ihrem Licht gewannen daher die fundamentalen Werte aller Unterdrückten eine besondere Bedeutung – Wahrheit, Würde und Freiheit.

Welche Rolle erfüllt hier die Religion?

Die Religion deckt vor allem das auf, was absolut ist. Das Wort meint: absolvere – entbinden. Das, was absolut ist, entbindet und verbindet in einem. Es entbindet von dem, was vergänglich, und verbindet mit dem, was ewig ist. Die Religion bewirkt, daß die Geschichte einen neuen Wert gewinnt – sie wird zur Verkörperung transhistorischer Werte. Geschichte ist Wandel. Man kann jedoch Geschichte nicht allein unter diesen Aspekt denken. Es gilt, aus dem Stoff des Wandels den Fortschritt zu schmieden. Fortschritt ist Streben nach einem Ziel, ist die Verkörperung einer überzeitlichen Form in der zeitlichen Materie der Geschichte. In der Bewegung des Fortschritts wiederholt sich immer dasselbe, doch immer auf einer anderen Ebene: Stets geht es um dieselbe Freiheit, doch auf höherem Niveau. Diese Bewegung wird gut durch die Metapher der Spirale dargestellt; ähnlich verfährt auch die Hoffnung suchende Hermeneutik des Denkens.

Die Überzeugung, daß der Dienst am Vaterland zugleich ein Dienst an absoluten Werten ist, verleiht diesem Dienst eine unerwartete Kraft. Wer nicht dient, der sündigt. Wer das Vaterland verrät, der verrät Gott. Wer dient, wer treu dient, steht dem nahe, was wirklich ist. Auf diese Weise bringt die denkende Hoffnung dank der Religion dem Menschen nicht nur eine neue Welt nahe, sondern sie konstituiert geradezu – von innen her – diese Welt.

Deutsch von Theo Mechtenberg

Anmerkungen

1 *C. K. Norwid,* Brief an J. Skrzynecki vom 1. 8. 1845, in: Pisma Wierszem i Proza, Warszawa 1973.
2 *C. K. Norwid,* Memorial o mlodej emigracji, in: Pisma Wszystkie, Warszawa 1973, VII/107.
3 *C. K. Norwid,* Pisma Wybrane, Warszawa 1980, V/334.
4 Ebenda, S. 197. 5 Ebenda, S. 497.
6 *C. K. Norwid,* Listy o Emigracji, in: Pisma Wszystkie (Anm. 2), VII/22. 7 Ebenda, S. 7. 8 Ebenda, S. 9.

Ernst-Wolfgang Böckenförde

Das Bild vom Menschen in der Perspektive der heutigen Rechtsordnung

Im Bereich des Rechts wird das Bild vom Menschen nachhaltig durch das geltende Recht, in dem und mit dem die Menschen leben, geprägt, weniger durch die Rechtswissenschaft. Die Rechtsordnung, die die Menschen umgibt, ist (auch) ein Faktor ihrer Selbsterfahrung; sie bestimmt das Selbstverständnis, das die Menschen von sich haben, mit. Die Rechtswissenschaft ist demgegenüber – im Unterschied zur Rechtsphilosophie – eine an die Rechtsordnung und ihre Grundgehalte gebundene, primär interpretierende Wissenschaft. Sie schafft nicht das Recht, sondern sie bearbeitet und reflektiert es und bringt es in die Form der systematisch-dogmatischen Aussage.

Im folgenden sollen einige Grundmerkmale der heutigen Rechtsordnung aufgezeigt werden, die nach meiner Auffassung für das Bild vom Menschen, das in dieser Rechtsordnung zum Ausdruck kommt und sich durch sie mit bildet, bedeutsam sind. Dabei geht es nicht darum, wie diese Grundmerkmale sein sollen, um der Idee einer guten Rechtsordnung zu entsprechen, sondern wie sie in der heutigen wahrnehmbaren Rechtsordnung tatsächlich sind. Die Ausführungen haben also *analytischen* Charakter. Die „heutige Rechtsordnung" ist eingegrenzt auf die Rechtsordnung westlich-demokratischer Staaten, die weithin auf den Prinzipien der Aufklärung und deren Konkretisierungen beruht. Die Aussagen gelten also nicht für die Rechtsordnungen kommunistischer Staaten und nicht für die Rechtsordnungen anderer Kulturkreise und Kulturtraditionen, wie etwa des Islam.

1. In der heutigen Rechtsordnung wird der Mensch grundsätzlich als einzelnes Individuum vorausgesetzt und in Blick genommen. Das in ihr wirksame Bild vom Menschen ist das des einzelnen, auf sich gestellten Individuums, das zwar auch in sozialen und anderen Gemeinschaftsbeziehungen lebt, aber als solches die-

sen Beziehungen vorausliegt. Dieses Bild, wie es in der Vernunftrechtslehre des 18. Jahrhunderts entwickelt wurde, wird in die Rechtsordnung hinein umgesetzt. Die Grundeinheit der Rechtsordnung ist demgemäß das einzelne, freie, auf sich gestellte Individuum, das Rechtssubjekt. Es ist nicht etwa die Familie oder, wie früher, das Haus oder eine andere menschliche Gemeinschaft. Die Familie ist anerkannt und vorhanden nur als *soziale* Gemeinschaft. Rechtlich wird sie erfaßt und faßbar in individuellen Rechts- und Pflichtbeziehungen zwischen Mann und Frau, Eltern und Kindern, eventuell Großeltern und Enkeln. Ein Beispiel zur Erläuterung: Angesichts des Mangels an Arbeitsplätzen kann man den Grundsatz aufstellen, jede Familie solle zunächst einen Arbeitsplatz haben und nur einen beanspruchen können. Dieser Grundsatz läßt sich in unsere Rechtsordnung – bei Beachtung des für sie fundamentalen Gleichheitssatzes – kaum umsetzen. Denn Rechtssubjekte, die einen Anspruch auf rechtlich gleiche Behandlung haben, sind nicht die Familien, sondern die Individuen. Die Zurückstellung bei der Arbeitsplatzvergabe oder im Berufsleben wegen des Familienstandes erscheint daher als eine Verletzung des Gleichheitssatzes: Im Verhältnis der Individuen zueinander werden die Verheirateten benachteiligt bzw. „diskriminiert".

Ferner erscheint im heutigen Recht für den Menschen der Mitmensch nicht als Bedingung des eigenen Menschseins, sondern als Grenze und Begrenzung der eigenen rechtlichen Freiheit – als der andere, dessen Recht zu achten ist. Der berühmte Artikel 4 der Erklärung der Menschen- und Bürgerrechte von 1789 gibt bis heute ein Grundmodell für die Gestaltung der modernen Rechtsordnungen ab. „Die Freiheit besteht darin, alles tun zu können, was einem anderen nicht schadet. Die Ausübung der natürlichen Rechte eines jeden Menschen hat nur die Grenzen, die den anderen Gliedern der Gesellschaft den Genuß der gleichen Rechte sichern; diese Grenzen kann allein das Gesetz festlegen." Dazu hat Karl Marx – wie ich glaube, im Kern zutreffend – vermerkt, daß dieses Menschenrecht der Freiheit nicht auf der Verbindung des Menschen mit dem Menschen, sondern auf der Absonderung des Menschen vom Menschen basiere. Es sei das Recht dieser Absonderung – das Recht des auf sich beschränkten Individuums [1].

Ein Einwand: Widersprechen dem aber nicht die mannigfachen Bindungen und Verpflichtungen gegenüber anderen, die unsere Rechtsordnung auch kennt und die nicht erst aus vertraglich-freiwilliger Vereinbarung hervorgehen? Diese rechtlichen Bindungen und Pflichten – etwa im Bereich des Arbeits-, Sozial-, Handels- und Familienrechts – sind vorhanden. Aber sie erscheinen als Begrenzung und Schranke der Freiheit und Verfügungsbefugnis, der Privatautonomie des einzelnen auf sich gestellten Menschen, die den Ausgangspunkt bilden. Als solche sind sie Bestandteil der Rechtsordnung. Es sind Grenzziehungen, nicht Ausgangsbedingungen.

2. In die heutige Rechtsordnung geht der Mensch nicht mit seiner metaphysischen oder transzendentalen Bestimmung ein; er geht in sie ein als in (rechtliche) Freiheit gesetztes Individuum, das seine Bestimmung selbst suchen und wählen, sie aber auch verfehlen kann, ohne vom Recht eine Vorgabe für diese Wahl zu erhalten. Der Grundinhalt der modernen Menschen- und Bürgerrechte, die ein Kernstück der heutigen Rechtsordnung ausmachen, liegt nicht darin, eine Zielausrichtung der Freiheit *auf* Religion, Bildung, Kunst usf. oder allgemein auf die Vollendung der Natur (Eudämonia) festzulegen und als Verbindlichkeit vorzugeben; er liegt darin, daß sie auf *Freiheit* der Religion, *Freiheit* der Meinungsäußerung, *Freiheit* der Kunst, der Entfaltung der Persönlichkeit usf. bezogen sind. Ob und in welcher Weise diese Güter – Religion, Meinung, Kunst, Bildung – ergriffen werden oder nicht, bleibt, rechtlich gesehen, frei. Das Recht und die Rechtsordnung gewährleisten nur die Bedingung ihrer Möglichkeit. Die in den Menschen- und Bürgerrechten ausgesagte Bestimmung vom Menschen ist die *Freiheit,* aber die Freiheit nicht als metaphysische Freiheit, auch nicht als transzendentale Freiheit, sondern als subjektive Freiheit der einzelnen im Sinne von Wahlfreiheit und freier Selbstbestimmung. Die Subjektivität, als Teil der Freiheit der Person, wird in Freiheit gesetzt und in Freiheit gehalten, ohne daß ihr – um mit Hegel zu formulieren – das an und für sich Allgemeine als Verbindlichkeit gegenübertritt.

Es ist wichtig zu sehen, daß die modernen Grund- und Menschenrechte, wie sie in und seit der Französischen Revolution errungen wurden, nicht kategoriale Formen rechtlicher Freiheitsgewähr sind, als ob Freiheit nur so oder gar nicht gewährleistet werden könnte. Sie sind *spezifische* Formen von Freiheitsgewähr, und zwar derart, daß sie, rechtlich gesehen, auch die Freisetzung des einzelnen gegenüber seiner Bestimmung zum Inhalt haben. Ich möchte hier auf einen Sachverhalt aufmerksam machen. In der kirchlichen Verkündigung und insbesondere in den Reden des Heiligen Vaters werden die Menschenrechte immer von der Bestimmung des Menschen, seiner metaphysischen Bestimmung her begründet und auf sie hin entworfen und gefordert. Im Kontext der rechtlichen Verbürgung der Menschenrechte, wie sie unsere und andere Rechtsordnungen kennzeichnet, ergibt sich daraus aber ein anderer Sinn. Das Eintreten für die Menschenrechte wirkt hier als Eintreten für die spezifische Emanzipationsform einer Gewähr von Rechten des Menschen, wie sie die Déclaration von 1789 zum Inhalt hat. Die kategoriale – auch theologisch-kategoriale Begründung der Menschenrechte, die heute von der Kirche ausgeht, wird im Kontext der modernen Gesellschaft und ihrer weltlichen Rechtsordnung auf die spezifische moderne Emanzipationsform der Menschenrechte bezogen.

Eine Folge der besonderen Art der Freiheitsgewähr in den heutigen Rechtsordnungen ist, daß die ethisch-sittlichen Gehalte vernünftigen Lebensvollzugs in die Rechtsordnung nur zum Teil eingehen. Sie gehen insoweit in sie ein, als sie auf die Sicherung der Bedingungen des äußeren Zusammenlebens nach Maßgabe der menschlichen Bedürfnisnatur bezogen sind. Leben, Sicherheit, persönliche Ehre, äußere Freiheit und Eigentum sind das, was die Rechtsordnung gewährleistet. Hier findet der Tendenz nach eine Deckung mit ethisch-sittlichen Normenbeständen statt, auch wenn es im einzelnen Diskrepanzen geben mag. Dem entspricht es, wenn der Begriff der Sozialschädlichkeit die Legitimation dafür abgibt, ein Verhalten unter Strafe zu stellen. Die höhere Bestimmung des Menschen bleibt indessen ausgespart, sie ist, rechtlich gesehen, in Freiheit gesetzt. Ist dies unabdingbar, wenn Freiheitsgewähr wirksam und in der Handhabung korrekt sein soll? Oder zeigt es das Fehlen einer Vermittlung zwischen subjektiver rechtlicher Freiheit und den Gehalten der Freiheitsverwirklichung an?

3. Die heutige Verfassungsordnung erhebt den religiös-weltanschaulichen und geistig-ethischen Pluralismus zum rechtlich abgesicherten, strukturierenden Grundbestand der öffentlichen Lebensordnung. Grundlage dafür sind wiederum die Menschen- und Bürgerrechte. Sie verweisen die durch sie geschützten Lebens-, Denk- und Handlungsbereiche als Freiheitsbereiche zur Ausfül-

lung an die individuelle Subjektivität. Indem sie als *Freiheitsbereiche* gewährleistet werden, hat ihr Inhalt – wie Religion, Bildung, Wissenschaft, Kunst – als solcher *keine notwendige Teilhabe am Allgemeinen der staatlichen Ordnung*. Das Allgemeine der staatlichen Ordnung ist nur die Möglichkeit, eben die Freiheit von Religion, Bildung, Kunst u. ä. Der Staat und seine Ordnung treten auch nicht als ein Gegenüber zu dieser Freiheitsgewähr in Erscheinung, das etwa aus eigener Tradition oder Substanz einen vernünftigen Inhalt als Verbindlichkeit präsentiert, ohne diesen Inhalt aufzuzwingen. Der Staat wird vielmehr selbst als Mittel und Instrument der menschenrechtlichen subjektiven Freiheitsgewähr verstanden. In zwei Dokumenten, die knapp 170 Jahre auseinanderliegen, ist das ziemlich gleichlautend formuliert. Im Artikel 2 der Menschenrechtserklärung von 1789 heißt es: „Das Ziel jeder politischen Vereinigung ist die Erhaltung der natürlichen und unveräußerlichen Menschenrechte", und Artikel 1 Abs. 1 des Verfassungsentwurfs von Herrenchiemsee von 1948, der zur Vorbereitung des Grundgesetzes aufgestellt wurde, lautet: „Der Staat ist um des Menschen willen da, nicht der Mensch um des Staates willen." [2]

Die Folge ist, daß den Menschen in und aus der öffentlichen Lebensordnung *keine Vorgabe an Verbindlichkeit und Orientierung* erwächst, zu der sie sich dann in Freiheit verhalten können. Sie stehen statt dessen einer Vielzahl von Angeboten im Hinblick auf Religion, Bildung, Grundsätzen der Lebensführung gegenüber, zu denen sie sich verhalten und zwischen denen sie wählen können. Auch der Wahrheitsanspruch des christlichen Glaubens erhält im Kontext dieser pluralistischen Ordnung notwendigerweise den Status eines solchen *konkurrierenden Angebots*. Es ist ein Angebot unter mehreren, die in der Gesellschaft auftreten. Irgendeine Verbindlichkeit hat das, was seinen Inhalt ausmacht, nur für diejenigen, die dieses Angebot zuvor angenommen haben, nicht aber als Teil der allgemeinen öffentlichen Lebensordnung.

Die Menschen erscheinen so in der Rechtsordnung als in Freiheit Gesetzte, und zwar in dem doppelten Sinn, den dieses Wort hat. Von der öffentlichen Lebensordnung und ihrer Allgemeinheit, in der sie leben, sind sie in dem, was die höhere Bestimmung des Menschen ausmacht, ohne Orientierung gelassen, aber zur eigenen Orientierungssuche in Freiheit gesetzt. In dieser Freiheit werden sie geschützt und erfahren sie als ihr grundlegendes Recht.

4. Das bisher gezeichnete Bild ist einseitig und bedarf einer gewissen Korrektur. Ungeachtet der Anerkennung und rechtlichen Absicherung des Pluralismus sucht die heutige Rechtsordnung bestimmte materielle rechtliche Gehalte sicherzustellen. Und sie bezieht sich keineswegs allein auf die Sicherung, Abgrenzung und Koordination der individuellen subjektiven Freiheit, sondern trifft auch Regelungen, die etwa die Ordnung und Institutionen der politischen Gemeinschaft, das Zustandekommen und die Bedingungen eines demokratisch, vom Volk her begründeten allgemeinen Willens und dessen nähere Regulierung betreffen. Dem dienen – etwa in der Verfassung der Bundesrepublik – sehr ausgeprägte Festlegungen und Verbürgungen, für deren Gewähr und Sanktionierung vielfach auch eine eigene Instanz – bei uns in der Form eines Verfassungsgerichts – vorgesehen ist. Es sei an die Verpflichtung zur Achtung der Menschenwürde, an die Grund- und Freiheitsrechte, das Prinzip der Rechtsstaatlichkeit in seinen verschiedenen Ausprägungen, die Teilung der Gewalten, die Unabhängigkeit der Gerichte, den offenen und freien Prozeß der politischen Willensbildung auf der Grundlage von Meinungsäußerungs-, Presse- und Versammlungsfreiheit erinnert. Kann daraus nicht Sicherheit und Gewißheit für die Menschen hervorgehen, in einem institutionellen Rahmen und durch Verfahrensregeln irgendwie geborgen zu sein, und – im Hinblick auf die inhaltlichen Verbürgungen – doch eine Art Orientierung ihrer subjektiven Freiheit und ein Stück substantieller Verankerung? Solche Sicht mag sich nahelegen, und es sprechen einige Anhaltspunkte dafür. Doch dürfen, wie mir scheint, zwei wichtige Gesichtspunkte nicht übersehen werden.

Einmal steht den inhaltlichen Verbürgungen auf der anderen Seite eine ebenso ausgeprägte *Verfügbarkeit des Rechts* gegenüber. Recht wird ja heute weithin, und dies prägt sich dem Bewußtsein mehr und mehr ein, als *machbar* erfahren und erlebt, erscheint als Instrument zur Lenkung gesellschaftlicher Prozesse. Den Gesetzgebungsorganen steht es grundsätzlich zur Disposition, ist abhängig von Mehrheitsverhältnissen und Ausdruck politischer Entscheidung. Dadurch ist es permanenter Veränderung unterworfen, wird in zunehmendem Maße ein Produkt der Politik. Was sich in den Parlamenten an Diskussion und Auseinandersetzung abspielt, hat, wenn ich das richtig beobachte, nicht primär den Charakter eines Kampfes um das richtige Recht, das es nun festzulegen und zu formulieren gilt, sondern eher einer Auseinandersetzung darum, inwieweit man in der Lage ist, die eigenen politischen Programme durch das Mittel der Gesetzgebung allgemein verbindlich zu machen. Dabei reicht die Verfügbarkeit des Rechts bis zu dem Punkt, an dem verfassungsrechtliche Verbürgungen Grenzen ziehen oder Bindungen auferlegen. Sie sind das Residuum des Bleibenden, des nicht oder nur begrenzt (im Rahmen zulässiger Verfassungsänderung) Disponierbaren.

Zum anderen sind die gegebenen Verbürgungen und Bindungen nach Art und Wirkungsweise sehr unterschiedlich. Zu einem wesentlichen Teil – im Bereich der Grundrechte etwa – bestehen sie gerade in *Garantien der subjektiven Freiheit*; als solche gewährleisten sie zwar einen Inhalt, nämlich diese subjektive Freiheit und damit die prinzipielle Subjektstellung des Einzelnen; diese erhält eine Art naturrechtlicher Unabdingbarkeit. Aber eben wegen dieser Freiheit verbürgen sie darüber hinaus keine objektiven Inhalte, sondern nur die Möglichkeit, solche Inhalte zu ergreifen oder auch nicht zu ergreifen. Daneben stehen institutionelle und Verfahrensregeln; sie dienen dem guten Ablauf und der Balancierung des politischen Prozesses, aber nicht der Festlegung und Garantie bestimmter inhaltlicher Rechtsgüter in diesem Prozeß. Schließlich gibt es auch inhaltliche, substantielle Festlegungen, die über die Gewähr nur subjektiver Freiheit hinausgehen. Aber hier stellt sich dann die Frage, wie weit ihr sachlicher Gehalt ein für allemal gewiß ist. Er kann ja im Zusammenhang der Rechtsordnung nicht von *einer* der pluralistisch konkurrierenden Verbindlichkeiten her bestimmt werden. Das wird nirgends so deutlich wie am Beispiel des Art. 6 Abs. 1 des Grundgesetzes der Bundesrepublik, der Ehe und Familie unter den besonderen Schutz der staatlichen Ordnung stellt. Die entscheidende Frage ist hier die, was unter der Ehe zu verstehen ist, die von der staatlichen Ordnung geschützt werden soll. Das Bundesverfassungsgericht hat in seinem Grundsatzurteil zu den neuen Ehereformgesetzen unter Bezugnahme auf frühere Entscheidungen dargelegt, daß die Ehe, die das Grundgesetz meint, nicht die christliche Ehe sein könne, sondern eine „verweltlichte“, gewissermaßen säkularisierte Ehe.[3] Man merkt dem Urteil an, daß das Gericht sich selbst nicht mehr darüber sicher war, was denn diese weltliche Ehe eigentlich ist, wie weit ihr Wesen durch wechselnde gesellschaftliche Auffassungen geprägt wird oder davon abhängig ist. Ich führe dies hier nur an, um zu zeigen, daß auch der Gehalt dessen, was die Verfassung inhaltlich festgelegt hat, nicht ein für allemal gewiß ist, sondern in einem deutlichen Konnex zu den in der Gesellschaft tatsächlich wirksamen und lebendigen Überzeugungen und Auffassungen steht, insofern *konsensabhängig* ist. Gleiches gilt für den Gehalt der Achtung der Menschenwürde und des Grundrechts auf Leben. Zwar vermag hier die Rechtswissenschaft auf die Inhaltsbestimmung einen gewissen Einfluß zu nehmen durch ihre interpretierende und systematisierende Funktion, die Traditionen und Grundlagen festzuhalten vermag; aber sie kann sich letztlich diesem Konnex nicht entziehen. Für ein Gericht, das schließlich zur Entscheidung berufen ist, gilt dies erst recht.

5. Die heutigen Rechtsregelungen betreffen – als Reflex der fortschreitenden gesellschaftlichen Differenzierung – die Menschen in zunehmendem Maße nicht mehr als Person und insgesamt, sondern in *abgegrenzten Rollen und Funktionen.* Das ist vor allem, wenn auch nicht allein, im Sozialrecht und im Recht der leistenden Verwaltung der Fall, ebenso im Recht der Arbeitsabläufe. Rechtliche Regelungen und Anforderungen betreffen hier den einzelnen überwiegend nur in einer bestimmten Funktion – d. h. als Auszubildender, als Verkehrsteilnehmer, als Wohngeldberechtigter, als Körperbehinderter, als Arbeitssuchender usw. In der Anwendung dieses Rechts erscheint der einzelne nur als der von den festgelegten sachlichen Voraussetzungen her bestimmte Fall, der dann gemäß der rechtlichen Regelung behandelt wird. Was sich hier als Ordnungsform zeigt und – wie mir scheint – für unsere gesellschaftliche Lebenswirklichkeit zunehmend an Bedeutung gewinnt, ist das, was Hans Freyer als das „sekundäre System" beschrieben hat[4]. Es werden Ordnungen und Handlungsabläufe aus wenigen zweckrationalen Prämissen heraus entworfen. Sie realisieren sich in Funktionszusammenhängen und -abläufen, in welche die einzelnen an ihrer Stelle mit einer bestimmten Funktion eingefügt werden. Sie werden dabei nur partiell, in ihrer Verrichtung, Funktion oder Rolle genommen;

die Person als solche bleibt in dieser Rechtsregelung ausgespart, wird vereinzelt, und die Lebensbezüge verdinglichen sich.

Was bewirkt das? Die Menschen erfahren und erleben sich zunehmend als Rollenträger und partiell Betroffene, eingefügt in Arbeits- und Systemabläufe, die über sie Macht gewinnen, die sie aber nicht selbst beherrschen und gestalten können. Als Person, als aus und in eigener Initiative handelndes Subjekt sehen sie sich in ihre Privatheit verwiesen und dorthin freigesetzt. Dies sind im Augenblick Tendenzen, die sich in unserer Rechtsordnung und unserer gesellschaftlichen Lebensordnung niederschlagen, es ist keineswegs schon die ganze Wirklichkeit. In dieser Rechtsordnung liegen heute zwei Arten von Recht nebeneinander und zum Teil ineinander verschränkt: das alte personenbezogene, Rechte und Pflichten regelnde Recht und das neue „Recht" zweckrationaler, streng funktionsbezogener Ablaufnormen. Aber die Formen sekundärer Systeme haben die Tendenz, sich auszubreiten. Wenn sie sich jedoch weiter ausbreiten und zunehmend für die gesamte rechtlich geregelte Lebensordnung bestimmend werden, stellt sich eine neue Frage: Kann der Mensch so leben?

Anmerkungen

1 *Karl Marx,* Zur Judenfrage I = MEGA, Bd. 1, 1. Halbb., Frankfurt 1927, S. 594.

2 Bericht über den Verfassungskonvent auf Herrenchiemsee vom 10. bis 23. August 1948, München o. J., S. 61.

3 BVerfGE 53, 224 (245) unter Hinweis auf BVerfGE 31, 58 (82 f.), dort mit weiteren Nachw.

4 *Hans Freyer,* Theorie des gegenwärtigen Zeitalters, Stuttgart 1956, S. 79 ff.

Robert Spaemann
Über den Begriff einer Natur des Menschen

„Was ist der Mensch?" – diese Frage des 8. Psalms stellt Kant in seiner Logik-Vorlesung als vierte hinter die Frage der Metaphysik „Was kann ich wissen?", der Moral „Was soll ich tun?" und der Religion „Was darf ich hoffen?" und fügt sogleich hinzu: „Im Grunde könnte man aber alles dieses zur Anthropologie rechnen, weil sich die ersten drei Fragen auf die letzte beziehen." [1]

In der „Kritik der reinen Vernunft", wo es heißt, daß die „Interessen der Vernunft" sich „in den ersten drei Fragen vereinigen", ist von der vierten noch gar nicht die Rede. In der Logik-Vorlesung aber, an deren Beginn sie zur letztlich zentralen Frage der Philosophie überhaupt erhoben wird, wird sie im weiteren – dem Thema dieser Vorlesung entsprechend – gar nicht behandelt. Der theoretische Status der Anthropologie, ihr systematischer Ort bleibt ungeklärt. „Allen Versuchen" – so schreibt Kant in der Vorrede zu seiner „Anthropologie in pragmatischer Absicht" – „zu einer solchen Wissenschaft mit Gründlichkeit zu gelangen, stehen erhebliche, der menschlichen Natur selbst anhängende Schwierigkeiten entgegen." [2] Die fundamentale Schwierigkeit beginnt schon damit, daß es gar nicht klar ist, was derjenige, der fragt, „Was ist der Mensch?", eigentlich wissen will und welche Antwort er als Antwort auf seine Frage gelten lassen würde. Würde ihn die chemische Formel der DNS-Struktur der menschlichen Gene zufriedenstellen – die übrigens derjenigen des Hausschweines besonders ähnlich ist –? Möchte er die spezifischen Anpassungsleistungen des menschlichen Organismus an seine Umwelt, seine „ökologische Nische" kennenlernen, und genügt es ihm für das Verständnis der menschlichen Kulturleistungen, wenn er diese in ihrer Funktionalität für die Selbstbehauptung der Gattung begriffen hat? Will er das in der Geschichte so vielfältig hervortretende menschliche Selbstverständnis aus einem einheitlichen Prinzip begreifen? Oder versucht er den Menschen als Entwurf zu sehen, den man nur verstehen kann, wenn man der Gestalt seines vollkommenen Gelingens ansichtig wird, so daß erst das „Ecce homo" des Pilatus uns zeigte, wer und was der Mensch ist? Kant spricht in der Vorrede zu seiner Anthropologie von einem fundamentalen Dualismus der Hinsichten, der unsere anthropologische Fragestellung charakterisiert, der „physiologischen" und „pragmatischen" Hinsicht. „Die physiologische Menschenkenntnis geht auf die Forschung dessen, was die Natur aus dem Menschen macht, die pragmatische auf das, was er, als frei handelndes Wesen, aus sich selber macht oder machen kann oder soll."[3] Die Frage ist: In welcher Beziehung stehen diese beiden Weisen der „Menschenkenntnis" zueinander? Gibt es eine Brücke von der physiologischen zu der pragmatischen Menschenkenntnis? Kann ein „frei handelndes Wesen" überhaupt als Hervorbringung der Natur gedacht werden? Kann Freiheit als „Naturprodukt" verstanden werden, oder muß Natur umgekehrt als „Freiheitssubstrat" gedacht werden, wenn wir überhaupt Freiheit denken wollen?

Diese Frage ist nicht eine Kant-spezifische Frage. Sie spiegelt ein neuzeitliches Dilemma, das schon Descartes gesehen hat. Für Descartes stellte es sich zunächst in der Form der Undenkbarkeit der Vereinigung von Seele und Leib, von res cogitans und res extensa. Dieser Vereinigung entspricht keine clara et distincta perceptio; sie ist nur sinnlich erlebbar. „Daher kommt es – so schrieb Descartes an die Pfalzgräfin Elisabeth –, daß diejenigen, die nie philosophieren und die sich immer nur ihrer Sinne bedienen, nie daran zweifeln, daß die Seele den Körper bewegt und daß der Körper auf die Seele einwirkt. Aber sie betrachten das eine und das andere als ein und dieselbe Sache, d. h. sie betrachten ihre Vereinigung. Denn die Vereinigung zwischen zwei Dingen begreifen heißt, sie als ein einziges begreifen. Die metaphysischen Gedanken, die den reinen Verstand beschäftigen, dienen dazu, uns den Begriff der Seele vertraut zu machen. Das Studium der Mathematik, das vor allem die Einbildungskraft beschäftigt bei der Betrachtung der Figuren, der Bewegungen, gewöhnt uns an die Bildung distinkter Begriffe des Körpers. Die Vereinigung von Seele und Körper aber lernt man begreifen, indem man nur Gebrauch macht vom Leben und dem gewöhnlichen Umgang und indem man es unterläßt, die Dinge, die die Einbildungskraft beschäftigen, zu meditieren und zu studieren."[4] Das heißt mit anderen Worten: Eine philosophische Anthropologie im eigentlichen Sinne ist für Descartes unmöglich. Man bringt die Beine morgens nur aus dem Bett, wenn man nicht darüber reflektiert, wie man das macht. Wir können die Sicht unserer selbst als Gegenstand und als Bewußtsein dieses Gegenstandes, als Subjekt und als Objekt nicht zur Deckung bringen.

Die weitere Geschichte dieses Dualismus ist wohl bekannt. Die hermeneutische Auslegung unserer geschichtlichen Selbsterfahrung folgte Diltheys Wort „Was der Mensch sei, sagt ihm nur die Geschichte“ [5]. Und in einer Theorie der Geschichtlichkeit mündete auch Heideggers phänomenologischer Zugriff, der sich ebenso energisch wie vergeblich dagegen wehrte, als „Anthropologie“ gelesen zu werden. Einerseits ist der Mensch in „Sein und Zeit“ transzendentale Voraussetzung von Welt und seine Sprache „das Haus des Seins“, anderseits findet er sich in seiner Welt als Vorkommnis unter Vorkommnissen. Aber eben diese Kontingenz, die der Mensch mit allem Seienden teilt, versuchte Heidegger noch einmal, unter dem Stichwort der „Geworfenheit“, als inneres Moment der Selbsterfahrung in die Hermeneutik menschlichen Daseins zurückzunehmen. Dieser Versuch bleibt jedoch nur das dialektische Gegenstück zu den verschiedenen Formen des naturalistischen Reduktionismus, die den Menschen als fürs Überleben programmiertes Naturgebilde deuten und das ganze „Reich des Geistes“ funktional in diese Deutung integrieren. Sie können sich dabei sogar formal auf Heideggers fundamentale Auslegung des Daseins als „Sorge“ berufen. Heidegger selbst hat später die subjektivitätsphilosophische Ausgangsbasis seiner Ontologie verlassen. Das ist hier nicht mein Thema. Worauf ich hinweisen möchte, ist dies: Der Dualismus von Hermeneutik und Scientismus in der Frage „Was ist der Mensch?“ scheint die Form eines unüberwindbaren Patt zu haben. Um die beiden Extreme pointiert zu kennzeichnen und auch um zu verdeutlichen, wie sie sich berühren, nenne ich nur noch zwei Autoren, Sartre und den Molekularbiologen Dawkins. Sartre versteht den Menschen als absolute, wesenlose und seinslose Freiheit, als reine endliche Transzendenz. Sartre radikalisiert die „Innenperspektive“ der res cogitans. Daß der Mensch auch eine Außenansicht hat, daß er nicht nur sieht, sondern auch gesehen wird, ist für die jeweils eigene Freiheit tödlich. Der Blick des anderen fixiert mich auf ein So-sein und schneidet, indem er mich zum Objekt macht, meine Transzendenz ab. Wenn es in einem seiner Stücke heißt, die Hölle, das seien die anderen, dann setzt das voraus, daß der Blick des Menschen stets ein cartesianischer ist: strikte Vergegenständlichung dessen, worauf der Blick fällt. Es ist der Blick des Scientisten, der das, was für mich Schmerz ist, nur als „objektives“ Phänomen beobachtet, als ein „Seiendes“ in der Definition Quines: „To be is to be the value of a bound variable“. Ich selbst kann mich nicht als Wert einer gebundenen Variablen betrachten. Der Blick, der mich so betrachtet, ist der Blick des KZ-Arztes. Aber ist das der Prototyp menschlichen Sehens?

Die Sartresche Auflehnung gegen das Gesehenwerden ist natürlich ohnmächtig. Der Mensch sieht nicht nur, er wird gesehen: von anderen Menschen, von Tieren, von Gott. Der Mensch hat keine Tarnkappe, und er ist auch nicht Gott, der sein Angesicht zeigen muß, um sich sehen zu lassen. Aber Endlichkeit ist nicht gleichbedeutend mit Hölle. Und sie ist auch nicht, wie Leibniz es sehen mußte, das „malum metaphysicum“. Und der Blick, unter dem der Mensch zum Menschen wird, der Blick der Mutter auf das neugeborene Kind, ist in der Regel ein Blick der Liebe. Für den Molekularbiologen Dawkins wird dieser Blick freilich selbst wieder zum Objekt seines scientistischen Reduktionismus: „Eine Mutter ist eine Maschine zur optimalen Ausbreitung ihrer Gene“, denn „wir sind Überlebensmaschinen-Roboter, blind programmiert zur Erhaltung der selbstsüchtigen Moleküle, die Gene genannt werden.“ [6]

Die Extreme, so sagte ich, berühren sich. Eine Anthropologie, die sich als reine Phänomenologie solipsistischer Selbsterfahrung einer wesenlosen Subjektivität versteht und jede Objektivierung durch den „Blick des anderen“ als für die Selbstdeutung entweder bedeutungslos oder destruktiv abblendet, eine solche Anthropologie kann nicht *mehr* Wahrheit beanspruchen als jene scientistische Reduktion, die sie nur ignorieren, nicht aber integrieren kann. Und umgekehrt: Der Reduktionist kann eine Selbstdeutung ruhig stehen lassen, die für sich gerade nicht „Objektivität“ beansprucht. Er kann dieser Selbstdeutung jene Absolutheit ohne weiteres zugestehen, die sie sich selbst indiziert, da es ja nur eine „Absolutheit“ des Für-sich-Seins ist, das kein An-sich-Sein beansprucht und das sich gegen seine naturalistisch-relativierende Erklärung immunisiert, ohne mit ihr in eine Kontroverse einzutreten. Sie kann diese Reduktion als „andere Wahrheit" über den Menschen durchaus zur Kenntnis nehmen; und so hatte auch Sartre keine Schwierigkeit, sich ungeachtet seiner extrem „idealistischen" Position politisch auf der Seite des programmatischen Materialismus zu engagieren. Es bleibt auch hier bei dem unauffindbaren Ort des Menschen, jenseits der Perspektive, die nur die reine Subjektivität absoluter Freiheit in den Blick bekommt und jener anderen, für die der Mensch nur ein Epiphänomen, ein mehr oder weniger komplizierter Aggregatzustand von etwas „anderem", also von „Materie" ist. Wir haben es offenkundig mit einer neuen Form der Lehre von der doppelten Wahrheit zu tun.

In den letzten Jahren sind Ansätze zu einem neuen Erkenntnismonismus aufgetaucht, und zwar von naturwissenschaftlicher Seite aus, Ansätze, die den Dualismus der Verstehensweisen evolutionstheoretisch zu klären und systemtheoretisch zu überwinden suchen (so Rupert Riedl u. a.). Vielleicht bahnt sich hier auf lange Sicht die Möglichkeit einer neuen Konvergenz der Perspektiven an. Aber wir sind von dieser Konvergenz noch weiter entfernt, als es für viele den Anschein hat. Die bisherigen Ansätze sind entgegen ihrer Intention weiterhin reduktionistisch, da sie die spezifischen Unbedingtheitserfahrungen ästhetischer, kognitiver, moralischer und religiöser Art immer noch — wenn auch über verschiedene Vermittlungsinstanzen — funktional auf das Überleben organischer Systeme oder Arten von Systemen beziehen und so hinter der Selbstauslegung dieser Erfahrung zurückbleiben. Der neue „Erkenntnismonismus" bleibt in Wirklichkeit noch auf der einen Seite des Dualismus, solange er nicht einen genuinen Zugang zur Bedeutung des Wortes „gut" in einem anderen Sinne als „gut für ..." gefunden hat, einen genuinen Zugang zum Satz des Sokrates: „Bedenke aber, o Kallikles, ob nicht das Edle und Gute etwas anderes ist als retten und sich retten lassen." [7] Der Prozeß der Überwindung des Dualismus wird schwieriger sein, und er wird von beiden Seiten nicht nur die Anstrengung des Begriffs, sondern auch die Aktivierung aller menschlichen Erfahrungsmöglichkeiten erfordern.

Darüber hinaus aber wird eine vertiefte Reflexion jener Denkgeschichte erforderlich sein, die mit dem Begriff der „Natur", der φύσις ihren Anfang genommen hat. Es ist heute ein sogar unter katholischen Theologen geläufiger Topos, den Personenbegriff gegen den Naturbegriff zu wenden und z. B. die moralische Relevanz des Naturbegriffs zu bestreiten. Dies ist nur eine Weise, wie sich der genannte Dualismus heute niederschlägt. Früher einmal gehörte die Lehre vom Menschen zur Naturphilosophie, ohne daß sie deshalb eine „naturalistische" Anthropologie gewesen wäre. Sie war es deshalb nicht, weil der Begriff der Natur kein „naturalistischer" war. Natur ist nach Aristoteles gerade nicht die reine Äußerlichkeit. Φύσει, von Natur, ist vielmehr das, was das Prinzip von Bewegung und Ruhe „in sich selbst" hat. Aber was das heißt, ein Prinzip, einen Anfang „in sich selbst haben", das weiß ich doch nur, weil ich ein Selbst bin, weil ich mich selbst als Anfang, als Ursprung von Spontaneität erfahre. Wenn die klassische Tradition der Philosophie als Axiom formulierte: „Ens et unum convertuntur", dann deshalb, weil hier das höchste Paradigma ein Seiendes ist, das ausdrücklich eine Identität ausbildet, die mit dem Wort „Ich" ihren Ausdruck findet. Und wenn Aristoteles es ablehnt, substantielle Formen als „Eigenschaften" einer zugrunde liegenden Materie zu bezeichnen, da Substanz vielmehr dasjenige sei, wovon alles ausgesagt, was aber selbst nicht von anderem ausgesagt werde, so ist das Paradigma einer so verstandenen Substanz wiederum der Mensch, der sein Menschsein nicht als Eigenschaft von etwas anderem als jeweils von sich selbst verstehen kann. Und wenn schließlich Aristoteles Werden und Vergehen ausdrücklich von „Veränderung" unterscheidet, obgleich doch offenkundig in der Welt jedes Vergehen auch als Veränderung beschrieben werden kann, dann ist auch hier die zugrunde liegende Erfahrung der Tod, den wir nicht als Veränderung unseres materiellen Substrats, sondern als Bedrohung unserer Existenz fürchten. Das Paradigma des „von Natur Seienden" war zumindest seit Platon der Mensch.

Es ist nicht von ungefähr, daß am Anfang der neuzeitlichen Naturwissenschaft die Polemik gegen den Begriff der Natur selbst steht. Er gilt nun als anthropomorpher Begriff und der im Kern teleologische Gedanke einer „Selbstbewegung" als Usurpation einer göttlichen Eigenschaft. Schöpfung wird im 16. Jahrhundert als Konstruktion einer Maschine verstanden. Daß Gott so etwas wie causae secundae schaffen könnte, daß Schöpfung echte Freigabe für so etwas wie Selbstsein außerhalb Gottes sein könnte, dieser Gedanke zieht sich aus dem offiziellen Denken in Kabbalistik und Hermetik zurück. Natur wird zum transzendenzlosen Reich passiven Bewegtwerdens, träger Selbstbehauptung dessen, was schon ist. Natur ist zur Äußerlichkeit ohne Selbstsein geworden, und ein von Natur Seiendes erkennen heißt: es als Objekt verfremden und „to know what we can do with it, when we have it“ [8]. Es kann nicht mehr — entsprechend dem klassischen Axiom „intelligere in actu et intellectum in actu sunt idem“ — heißen: Einswerden mit dem Erkannten. Daß im Hebräisch der Bibel dasselbe Wort für den kognitiven Akt und den Beischlaf verwendet wird — „Adam erkannte sein Weib“ —, wird ganz unplausibel, wo das Ideal des Erkennens die fensterlose Helle des Bei-sich-Bleibens meint. In einer so verstandenen Natur kann sich der Mensch nicht mehr gleichzeitig als „natürliches Wesen“ und als „Person“ verstehen. Er kann sein geschichtliches Selbstverständnis weiterhin in einer hermeneutischen Phänomenologie entfalten, oder er kann sich aus seinen natürlichen Entstehungsbedingungen und seine Selbsterfahrung als lebensdienliche Weise der Weltverarbeitung „rekonstruieren“. Er kann jedoch nicht mehr beide Sehweisen miteinander verbinden, es sei denn, es gebe so etwas wie eine nicht bloß metaphorisch oder poetisch gemeinte Hermeneutik der Natur. Wir können nicht jede Deutung der Natur unter dem Aspekt ihrer Ähnlichkeit mit dem Menschen als Anthropomorphismus tabuisieren und dann den Menschen gleichwohl als natürliches Wesen verstehen wollen. Dies aber geschieht heute in weiten Teilen der Wissenschaft. Die Folge ist unvermeidlich die, daß die menschliche Rede vom Menschen selbst zu einem unwissenschaftlichen Anthropomorphismus abgewertet wird. Die eigentümliche Unbedingtheitserfahrung, die sich in unseren Begriffen von Wahrheit, Schönheit, sittlichem Sollen, Güte und Heiligkeit artikuliert, kann naturalistisch nur rekonstruiert werden, indem sie ihres Spezifischen, nämlich gerade ihrer Unbedingtheit beraubt wird.

Die Inkommensurabilität einer naturalistischen Natur des Menschen und seiner Personalität wird im 18. Jahrhundert exemplarisch deutlich in Rousseaus Konstruktion einer Naturgeschichte des Menschen.[9] Aristoteles hatte geschrieben, der Mensch sei von Natur ein sprechendes und ein politisches Wesen. Dieser Satz ist nur verständlich, wenn wir einen teleologischen Naturbegriff zugrunde legen. Denn das kleine Kind beginnt nicht von selbst zu sprechen, es gibt nicht eine „natürliche Sprache“, und viele Menschen leben in anderen Gemeinschaftsformen als denen der Polis. Was Aristoteles sagen wollte war, daß der Mensch, wenn er das geworden ist, was er „eigentlich“ ist, vernünftig spricht und in einer Gemeinschaft freier Bürger lebt. Daß er dazu der Hilfe anderer bedarf, bestätigt nur die gemeinschaftliche Natur des Menschen. Denn „was wir durch unsere Freunde können, können wir gewissermaßen durch uns selbst“[10].

Rousseau hingegen versuchte erstmals das, was Natur des Menschen heißt, zu gewinnen durch radikale Abstraktion von allen geschichtlichen und sozialen Bedingungen. Was das Natürliche ist, zeigt sich nicht am Ende, sondern Natur ist das pure anfänglich Vorhandene. Offensichtliches Vorbild für Rousseau war hierbei das Verfahren frühneuzeitlicher Theologen, die das Konstrukt eines „status naturae purae“ dadurch gewannen, daß sie den Menschen fiktiv aus dem faktischen heilsgeschichtlichen Zusammenhang herauslösten, in dem er von Anfang an steht und der es möglich macht, auf Christus als den exemplarischen Menschen zu verweisen. Da nun aber auch die Vernunft des Menschen geschichtlich ist, bleibt bei einer radikalen Abstraktion von aller Geschichte auch nicht mehr die Definition des Menschen als animal rationale übrig. Von Natur ist der Mensch ein sprachloses und ungeselliges Wesen. Der Beginn der geschichtlichen Existenz des Menschen wird als „Heraustreten aus der Natur“ verstanden und dieses Heraustreten gleichzeitig als Sündenfall und als Vernehmen eines „göttlichen Rufes“. Wer diesen Ruf einmal vernommen hat, kann nicht mehr zurück. Aber er kann gleichwohl diejenigen beneiden, die ihn nie gehört haben. Denn es gibt nichts, was den Hominiden veranlassen könnte, aus dem „status naturae purae“ herauszutreten. Es sind kontingente Faktoren, die den Prozeß geschichtlicher Menschwerdung in Gang setzten. Freilich müssen die Möglichkeitsbedingungen für ein solches „Heraustreten aus der Natur“ irgendwie in der anfänglichen „Natur des Menschen“ liegen. Rousseau spricht von der „perfectibilité“ als der entscheidenden Möglichkeitsbedingung. Entgegen dem Wortsinn bedeutet aber perfectibilité nicht irgend etwas Teleologisches. Es meint nicht so etwas wie eine potentia oboedientialis, nicht ein Angelegtsein des Menschen auf einen bestimmten Zustand der Vollkommenheit. Es meint nichts anderes als das, was spätere Anthropologie als „Instinktoffenheit“ charakterisiert hat. Der Mensch ist von Anfang an in einem negativen Sinne „frei“, nicht durch instinktives Eingelassensein in seine Umwelt determiniert, und so kann es dem natürlichen Menschen im Laufe der Geschichte des Planeten irgendwann aus kontingenten Gründen zustoßen, daß er in eine Entwicklung gerät, die ihn zum Menschen im Sinne eines geschichtlichen, sittlichen und religiösen Wesens werden läßt. Dieser Zustand ist und bleibt jedoch ein Zustand der Entfremdung von der Natur. Geschichte und Natur werden inkommensurabel. Der anfängliche Homme naturel ruht in sich, und es gibt keinen Grund und kein Recht, ihn aus dem Befangensein in der Natur herauszuholen. Umgekehrt aber gibt es keinerlei „natürliche“ Maßstäbe, um die Lebensweise und Lebensformen des Menschen, der einmal zu geschichtlich-personalem Dasein gelangt ist, irgendwie beurteilen zu können. Person und Natur sind schlechthin inkommensurabel geworden. Nirgends besser als bei Rousseau kann die „doppelte Wahrheit“ der neuzeitlichen Anthropologie besser abgelesen werden.

Nun ist allerdings dieser anthropologische Dualismus nicht einfach ein kontingenter Unfall der Denkgeschichte. Er gründet vielmehr seinerseits in der Struktur menschlicher Selbsterfahrung, und auf die eine oder andere Weise war er immer präsent. Irgendeine Unterscheidung von Leib und Seele ist offenbar eine Kennzeichnung schon der archaischsten Formen des Menschseins. Und wenn Aristoteles diese Unterscheidung aufhebt, indem er die Seele als forma corporis begreift, so führt er doch sogleich einen neuen Dualismus ein: Der νοῦς ποιητικός, das Prinzip der Intelligibilität, ist überhaupt nicht im eigentlichen Sinne Teil der menschlichen Seele, sondern ragt als das „allein Göttliche“ „von außen“ in den Menschen hinein [11]. Er allein ist „unsterblich und ewig“ [12], nicht der Mensch und nicht seine individuelle Seele. Und so ist auch die Betätigung der Vernunft im theoretischen, im kontemplativen Leben nach der Nikomachischen Ethik eher göttlich als menschlich zu nennen. Das Problem dieser Form von Dualismus hat schon die antiken Kommentatoren des Aristoteles beschäftigt und zu verschiedenen Interpretationen angeregt. Thomas von Aquin hat große Energie darauf verwandt, diesen Dualismus erneut zu überwinden, der ihm in seiner Epoche in Gestalt des Averroes gegenüberstand. Die christliche Lehre der individuellen Unsterblichkeit bzw. Auferstehung, übrigens auch die damalige islamische, machte es notwendig, die unitas intellectus zu verteidigen, den intellectus agens zu individualisieren, d. h. ihn nicht als substantia separata, sondern als Vermögen der individuellen Person zu begreifen, um umgekehrt den ganzen Menschen an der Überzeitlichkeit und Unsterblichkeit der Vernunft partizipieren zu lassen. Das Argument, das Thomas im Kommentar zur Schrift des Aristoteles über die Seele entwickelt, verdient Aufmerksamkeit. Wäre nämlich, so schreibt Thomas[13], der intellectus agens eine substantia separata, so wäre der Mensch „von Natur nicht hinreichend ausgestattet". Denn „er besäße nicht in sich selbst die Prinzipien, durch die er die Tätigkeit des Erkennens ausführen könnte, ... darum verlangt die Vollkommenheit der menschlichen Natur, daß beide – aktive und passive Vernunft – etwas im Menschen sind". Meister Eckhart hat hierfür später die Formel geprägt, die „Spitze des Geistes" sei nicht Gott, sondern ein Vermögen des Menschen, aber sie sei „etwas in der Seele von der Art, daß, wenn die Seele es *ganz* wäre, die Seele ungeschaffen und unerschaffen wäre" [14].

Der anthropologische Dualismus, den Thomas zu überwinden sucht, taucht allerdings unvermeidlich an anderer Stelle wieder auf und führt nun zum Begriff des „Übernatürlichen", dem gegenüber auch noch die Vernunft zur „Natur" gerechnet werden muß. Und zwar geschieht das dort, wo es um das letzte Ziel des Menschen, die höchste Form seiner Selbstverwirklichung, die Eudaimonia geht. Thomas vertritt hier wiederum die christliche Lehre, daß die vollendete Seligkeit in der in diesem Leben unerreichbaren visio Dei besteht und daß der Mensch dieses Ziel nicht „per sua naturalia" erreichen könne, weil es die Grenzen endlicher Vermögen prinzipiell überschreitet. Gegen diese These führt Thomas nun selbst den Einwand ins Feld, der im Grunde sein eigenes Argument gegen Averroes wiederholt: „natura non deficit in necessariis." Was aber ist notwendiger als die Erreichung des letzten Zieles? Die Tiere sind von Natur hinreichend ausgestattet, ihr jeweiliges Telos zu erreichen. Warum nicht der Mensch? Die Antwort auf diesen Einwand enthält nun ein zentrales anthropologisches Argument. Sie lautet: „Die Natur versagt dem Menschen gegenüber nicht im Bereich des Notwendigen, obgleich sie ihm nicht, wie den Tieren, Waffen und Schutzwehren verliehen hat; denn sie hat ihm Vernunft und Hände gegeben, mit denen er sich diese Dinge selbst verschaffen kann. Ebenso versagt sie nicht dem Menschen gegenüber hinsichtlich des Notwendigen, wenn sie ihm kein Prinzip verlieh, durch das er die Seligkeit erreichen kann. Das war nämlich unmöglich. Dafür gab sie ihm den freien Willen, durch den er sich zu Gott bekehren kann, daß dieser ihn selig mache." [15] Und dann fügt er als Zitat des Aristoteles an: „Was wir durch unsere Freunde können, können wir gewissermaßen durch uns selbst." [16] Wie die Isolierung einer selbstgenügsamen individuellen „Natur" und ihrer Vermögen für Aristoteles eine Abstraktion von der sozialen Natur des Menschen ist, zu welcher Natur immer die Freundschaft gehört, so ist für Thomas die Isolierung einer natura pura eine Abstraktion von der religiösen Natur des Menschen, einer Natur, die zur „Gottesfreundschaft" führt. Selbsttranszendenz der menschlichen Natur aber wird in Analogie gesetzt zu der Überwindung der Mängellage, in der der Mensch sich als Naturwesen befindet, durch Hände und Vernunft, was schon ein antiker Topos war. Natur – das ist die Grundstruktur des Gedankens – bringt im Menschen etwas hervor, das mehr ist als Natur: „nobilior" heißt es bei Thomas. Der Mensch ist nicht dieses Mehr, er ist das Wesen, in dem Natur sich selbst auf das Mehr hin überschreitet. „L'homme passe infiniment l'homme", würde Pascal sagen. Aber diese Selbstüberschreitung ist in der teleologischen Verfassung der Natur selbst angelegt, für welche die Axiome gelten „omne ens est proter suam propriam operationem" und „omne agens agit propter finem". Der ultimus finis der Bewegung alles Seienden aber ist „ut consequantur divinam similitudinem" [17]. Auch das ist schon bei Aristoteles zu lesen. Μέθεξις, „Teilhabe am Ewigen und Göttlichen" ist das Ziel, zu dem alle Dinge streben und um dessentwillen sie tun, was ihre Natur ihnen ermöglicht.[18]

Weil aber der Mensch allein dieses Ziel ausdrücklich als sein Ziel zu thematisieren vermag, darum gilt: „homo est finis totius generationis." [19] Der Mensch, indem er die Natur übersteigt, bringt diese gewissermaßen erst zu sich selbst. In ihm erst wird das, was Natur eigentlich und von sich her ist, sichtbar, weil ihre Um-willen-Struktur erst in ihm aus der Zweideutigkeit des Als-ob heraus und als freies Wollen und freie Anerkennung des nicht selbstgesetzten Grundes und Zieles hervortritt.

Im späten Mittelalter wird diese „ekstatische" Sicht der Natur und des Menschen nicht mehr verstanden – aus Gründen, die hier nicht zu erörtern sind. Unter Berufung auf Aristoteles sind spätere Scholastiker, und zwar gerade die thomistischen, zum Gedanken der notwendigen Selbstgenügsamkeit der Natur zurückgekehrt, den Thomas in der genannten Quaestio der Summa Theologica ausdrücklich zurückgewiesen hatte. So schreibt Sylvester von Ferrara: „Wenn Gott das natürliche Ziel wäre, d. h. das Ziel, zu dem die Natur strebt, wenn er jedoch andererseits nur auf übernatürliche Weise erreichbar wäre, dann hieße das, daß die Natur ihr Subjekt auf einen Zustand hin anlegte, den hervorzubringen diesem Subjekt doch unmöglich wäre. Ein in allen Naturen vorhandenes Streben aber, das auf keine Weise von Natur erfüllbar wäre, würde in der Natur vergeblich vorkommen ... Es ist sinnlos, daß etwas durch einen Naturtrieb – die einzige natürliche Neigung – erstrebt wird und daß der Mensch dennoch zu diesem Ziel nicht durch natürliche Fähigkeit gelangen kann. Denn die Natur hat von sich her nur Neigungen innerhalb der Grenzen der Natur."[20] Alle Thomisten des 16. Jahrhunderts zitieren nun statt des Satzes des Aristoteles „Was wir durch unsere Freunde können, können wir gewissermaßen durch uns selbst", den anderen Satz „Wenn die Natur den Himmelskörpern die Neigung zur gradlinigen Bewegung gegeben hätte, hätte sie ihnen auch die Mittel zu einer solchen Bewegung gegeben". Die spezifisch anthropologischen Überlegungen bei Thomas, nach welchen die Natur im Menschen sich selbst übersteigt, entfallen. Der Mensch wird nach Analogie der „Himmelskörper" gedacht. Das sich hier anmeldende Naturverständnis bewegt sich in der Richtung auf die cartesisch-spinozistische Definition der Substanz als dessen, was begriffen werden kann ohne den Begriff eines anderen. Die anthropologische Fiktion einer „natura pura" beginnt ihren folgenreichen Siegeszug. Gegenüber der ekstatisch-teleologischen Bewegung setzt nun eine rückläufige Bewegung ein. Der Mensch definiert sich nicht mehr durch ein ihn selbst übersteigendes Um-willen. Er wird wieder zum rein innerweltlich zu verstehenden animal rationale. Aber diese Bewegung des Teleologieabbaus macht hier natürlich nicht halt. Bei Rousseau wird

Vernunft zum späten Epiphänomen einer ursprünglich irrationalen Natur eines instinktoffenen Lebewesens, und noch einmal 100 Jahre später wird Leben zum Epiphänomen molekularer Großstrukturen. Dieser Prozeß der Entteleologisierung bringt einen gewaltigen Erkenntnisgewinn. Der Weg der „Rekonstruktion" unserer Genese läßt uns die Baugesetze des Lebendigen immer differenzierter durchschauen. Aber „wer alles durchschaut, sieht nichts" (C. S. Lewis). Wir verstehen nicht die einfachste mathematische Formel dadurch besser, daß wir eine plausible Hypothese über die Evolution unseres Gehirns besitzen. Und wenn wir Erkentnis als Anpassungsleistung eines Organismus definieren, so führt dies nur in einen circulus vitiosus. Denn, was ist die Wahrheit dieser These? Selbst ein Überlebenswert? Und die Wahrheit dieser Behauptung? Wiederum ein Überlebenswert? usw. usw. Es hat einen guten Sinn zu sagen, Wahrheit sei überlebensdienlich. Aber diese Behauptung hat nur Sinn, wenn wir Wahrheit nicht bereits als Funktion des Überlebens definiert haben. Husserls und Freges Kritik am Psychologismus in der Logik sollten heute wieder Pflichtlektüre aller sein, die sich mit genetischen Erkenntnistheorien versuchen. Freilich hatten weder Husserl noch Frege den Dualismus überwinden können. Fürs erste haben sie ihn nur verschärft. Zu der offensichtlichen Tatsache, daß ein denkendes Wesen zunächst entstanden sein muß, ehe wahre Gedanken gedacht werden können, hatten sie nichts zu bemerken. Sie haben die Lösung des Problems nicht leichter, sondern zunächst die Aufgabe schwerer gemacht.

Daß der Mensch den Menschen übersteigt, ist mehr als ein Aperçu. Es hat die genaue Bedeutung, daß die den Menschen als Menschen auszeichnenden Akte in ihrem Wesen verfehlt werden, wenn sie „anthropologisch", also als Ausdruck des So-seins dessen, der diese Akte vollzieht, verstanden werden. Erkenntnis heißt nach einer Definition des 16. Jahrhunderts, die dem Sinne nach von Hegel wiederholt wurde, fieri aliud in quantum aliud. In diesem Sinne verstanden, sprengt der Akt der Erkenntnis jede naturalistische und damit auch jede anthropologische Deutung. Von Natur bildet jeder Organismus ein System, das mit einer Umwelt im Austausch steht. Jedes Lebewesen steht im Mittelpunkt seiner Welt. Welt erschließt sich ihm als Raum von Bedeutsamkeiten, und etwas gewinnt Bedeutsamkeit im Hinblick auf das, was es für diesen Organismus ist. Den anderen als anderen, mich selbst als dessen Gegenüber, als „Umwelt“ für andere Zentren wahrnehmen und so aus dem Mittelpunkt meiner Welt heraustreten, diese „exzentrische Position“ (Helmut Plessner) erschließt ein Reich (ἐπέκεινα τῆς οὐσίας, wie Platon sagte), um den Ort des Guten zu bestimmen — „jenseits des seienden Wesens“. Daß wir in uns die Idee des Unbedingten — „des Unendlichen“ — finden, ist, wie Descartes bemerkte, aus unserer endlichen und bedingten Natur nicht ableitbar. „Amor Dei usque ad contemptum sui“ — das übersteigt die Natur.

Aber genau dies ist es, was die menschliche Natur als menschliche definiert. Sie wird also durch etwas definiert, was sie selbst nicht ist, durch eine Antizipation. Nur wenn die Struktur von Antizipation auf irgendeine Weise in der generellen Struktur der Natur vorgezeichnet ist, ist es möglich, den Menschen als für Unbedingtheit offenes und zugleich natürliches Wesen zu verstehen. Daß Natur so strukturiert ist, diese Einsicht hat — nach der cartesischen Reduktion der Natur auf bloße Ausdehnung — Leibniz als erster wieder geltend gemacht. Er hatte gleichzeitig mit Newton das Grundereignis der Natur, die Bewegung, erstmals mittels der Differentialrechnung mathematisch beherrschbar gemacht. Aber er sah sogleich, daß der Preis hierfür die Auflösung der Bewegung in eine unendliche Folge kleinster Ruhezustände, also gerade die Aufhebung des Bewegungscharakters der Bewegung, war. Und er sah, daß man Bewegung als Bewegung nur verstehen kann, wenn man sie als Analogie unseres eigenen „Strebens-nach“ versteht, nämlich als Antizipation eines Künftigen. So führte Leibniz den Begriff der Kraft ein als eines Innen, das nur gedacht werden kann als Hervorbringung von etwas, was es selbst nicht ist. Und er definiert einmal den „conatus“, den Impuls, der jeder Bewegung zugrunde liegt, als „Punkt, der einen Teil des Raumes einnimmt, der größer ist als er selbst“, „le point passant le point“, so könnte man in Abwandlung des Pascalschen Wortes sagen. Wir können Bewegung überhaupt nur begrifflich fassen, wenn wir es anthropomorph tun. Denn wir können einen Körper zu einem Zeitpunkt t_1 als bewegt nur begreifen, wenn wir auf einen Zeitpunkt t_2 vorgreifen.

Natur prinzipiell unter der Form der Selbsttranszendenz, also teleologisch verstehen — ist nun auch die Bedingung dafür, daß sie als Medium der Selbstdarstellung von Personalität verstanden werden kann. Nur dann kann es so etwas wie eine „Sprache des Leibes" geben, und nur dann kann die Würde der Person auf physische Weise verletzt werden. Die Form des Gerichtetseins auf fällt nicht erst in der Form des rationalen Willens vom Himmel, wir finden sie in uns bereits vor in der Weise des Triebes, des eigenen und dessen anderer, der nach Befriedigung drängt.

Daß der Mensch den Menschen transzendiert, ist als Aussage einer phänomenologischen Anthropologie von bestimmten metaphysischen Deutungen zunächst unabhängig. Nietzsche und Marx haben es auf ihre Weise ebenso gesagt wie Thomas von Aquin und Pascal. Nietzsche und Marx haben allerdings den terminus ad quem der Transzendenz anders bestimmt, nämlich als ein zukünftiges Wesen, das mit dem, was wir als Mensch kennen — als Mensch, „wie er geht und steht" (Marx) —, nicht mehr vergleichbar ist. Vor allem deshalb nicht vergleichbar, weil in diesem Übermenschen oder Gattungswesen die Selbsttranszendenz des Menschen in einer definitiven Autarkie zurückgenommen und zum Stillstand gekommen wäre. Deshalb ist der jetzige Mensch nur ein Durchgangsstadium, ein Mittel zum Zweck für die Erreichung dieses „Selbstzwecks". Diese utopische Deutung der menschlichen Selbsttranszendenz ist als Ersatz gedacht für die theologische. Nach dieser eröffnet die menschliche Selbsttranszendenz eine kognitive und voluntative Unbedingtheit, die weder soziologisch noch kosmologisch einholbar ist. Gerade deshalb aber wird durch sie der Mensch nicht zu einem bloßen Mittel für die Hervorbringung eines künftigen Übermenschen oder einer künftigen unentfremdeten Gesellschaft mediatisiert. Dem wahrhaft Unbedingten gegenüber sind vielmehr alle Epochen „gleich unmittelbar", wie Ranke sagte. „Wir, die wir leben bis zur Ankunft des Herrn" — so schrieb der Apostel Paulus in der Annahme, zur letzten Menschheitsgeneration zu gehören —, „werden nichts voraushaben vor denen, die schon entschlafen sind." Das Verhältnis des Menschen zu diesem Unbedingten ist nicht das des Mittels zu einem erst zu realisierenden Zweck. „Das Gute selbst" im Sinne Platons und der jüdisch-christlichen Tradition, Gott also als letztes Um-willen, ist immer schon wirklich und er bedarf des Menschen nicht zu seiner Realisierung. Das Verhältnis zu diesem finis ultimus kann nur das des Bildes, der Repräsentation sein. Als Repräsentation des Unbedingten aber ist jeder Einzelne Selbstzweck und seine Würde von jeder „Funktion“ ganz unabhängig. Diese Würde gründet zwar im Charakter des Menschen als Person. Aber die Unabhängigkeit der Person hängt daran, daß es keinem Menschen zukommt, darüber zu befinden, ob ein anderer Mensch die fundamentalen Merkmale von Personalität besitzt oder nicht. Menschenrechte hängen daran, daß niemand befugt ist, den Kreis derer zu definieren, denen sie zukommen oder nicht zukommen. Das bedeutet, daß sie, obwohl in der Personalität des Menschen begründet, doch jedem Wesen zuerkannt werden müssen, das von Menschen abstammt, und dies vom ersten Augenblick seiner rein naturalen Existenz an, ohne daß irgendwelche zusätzliche inhaltliche Kriterien eingeführt werden dürften.

Repräsentation ist eine letzte Kategorie, jenseits von Selbstbehauptung und Selbstmediatisierung zum Mittel für Künftiges oder für andere. Sie läßt auch den Begriff des „Menschenbildes“ hinter sich. Ob es nun christlich heißt oder marxistisch, oder existentialistisch. Der Mensch kann sich nicht nach einem Bild des Menschen formen. Keine Anthropologie kann uns darüber belehren, wie wir sein sollen. „Vollkommen wie Euer Vater im Himmel“, heißt es im Neuen Testament. Der Dualismus der „Hinsichten“ in der Anthropologie, von dem Kant sprach, ist nicht durch einen neuen Erkenntnismonismus überwindbar. Wenn wir auf das blicken, „was die Natur aus dem Menschen macht“, so treiben wir Biologie und sprechen unvermeidlich von etwas, was weniger ist als der Mensch. Denn die Natur „macht“ keine Person. Fragen wir aber, „was er als frei handelndes Wesen aus sich selbst macht oder machen kann und soll“, so müssen wir vom Unbedingten sprechen, also von dem, was mehr ist als der Mensch. Eine Einheit der Hinsichten kann deshalb nur dann gedacht werden, wenn wir dieses Mehr als das Wohin des Menschen und zugleich als das Woher der Natur denken. Wem dies zu denken unmöglich ist, der sollte es beim Zwielicht belassen und um der Menschlichkeit des Menschen willen darauf verzichten, den Dualismus, das gespaltene Menschenbild, überwinden zu wollen. Für ihn sollte immer noch gelten, was Friedrich Schiller zu seiner Zeit den Naturforschern und Philosophen empfahl:

„Feindschaft sei zwischen euch!
Noch kommt das Bündnis zu frühe;
Wenn ihr im Suchen euch trennt,
Wird erst die Wahrheit erkannt.“

Anmerkungen

1 *Kant,* Logik. Königsberg 1800, S. 26.
2 *Kant,* Anthropologie in pragmatischer Absicht. Königsberg 1798, S. X.
3 Ebd., S. III.
4 *Descartes,* Oeuvres, hg. v. *Adam-Tannery,* IX, S. 130.
5 *Dilthey,* Gesammelte Werke, Bd. VIII, S. 224.
6 *R. Dawkins,* Das egoistische Gen. Berlin 1978, S. 145 u. VIII.
7 *Platon,* Gorgias 512 d 5.
8 *Th. Hobbes,* Leviathan. English Works, hg. v. *Molesworth,* III, S. 13.
9 Vgl. *R. Spaemann,* Rousseau, Bürger ohne Vaterland. München 1980.
10 *Aristoteles,* Nikomachische Ethik 1112 b 25.
11 *Aristoteles,* De gen.anim. 736 b.
12 *Aristoteles,* De anima 430 a.
13 *Thomas von Aquin,* In Arist. De anima, III, 10.
14 *Meister Eckhart,* Pred. 14, in: J. Quint, Meister Eckhart, Deutsche Predigten und Traktate, München 1963, S. 221.
15 *Thomas von Aquin,* Summa theologica, I, II ae, V, 3, ad 1.
16 Vgl. Nikomachische Ethik (Anm. 10).
17 *Thomas von Aquin,* Summa Contra Gentes, III, 22.
18 *Aristoteles,* De anima 415 b.
19 *Thomas* (Anm. 17).
20 *Sylvester von Ferrara,* Opera. Venedig 1535, I, S. 39–41.

Charles Taylor
Humanismus und moderne Identität

I

Ich möchte über die Situation des modernen Humanismus sprechen. Ich verwende diesen Begriff in der recht unscharfen Bedeutung, die er in der modernen Diskussion häufig hat. In ihr bezeichnet „Humanismus" eine Doktrin, eine Einstellung oder eine Haltung, die in irgendeiner Form die Natur des Menschen auf ein Vorbild hin versteht und auf sie eine praktische Philosophie zu gründen sucht. Seit der Renaissance sind humanistische Doktrinen ein Wesensmerkmal der modernen Kultur. Viele Renaissance-Denker, die sich selbst „Humanisten" im damaligen Sinne des Wortes nannten, verdienen diese Bezeichnung auch in dem hier gemeinten zeitgenössischen Sinn.

Als ein zentrales Element unseres Denkens und unseres Empfindens ist der Humanismus natürlich auch Gegenstand von Streit und Kontroversen. Humanistische Lehren wecken in uns Zweifel und Argwohn. Einerseits kann man ihnen vorwerfen, daß sie das nur Menschliche überhöhen und ein vermessenes Bild der menschlichen Fähigkeiten geben, während sie die wesentliche Abhängigkeit des Menschen von Nicht-Menschlichem leugnen. Das orthodoxe christliche bzw. jüdische Denken des Abendlandes versteht diese Abhängigkeit als Abhängigkeit vom Gott Abrahams, womit ein atheistischer Humanismus auf einer selbstzerstörerischen Vermessenheit beruhte. Da der moderne Humanismus in der Tat großenteils atheistisch ist, mit Einschluß des Marxismus als einer seiner einflußreichsten Doktrinen, fehlt es dieser Kritik nicht an Angriffspunkten. Unter den Schriftstellern war es wohl Dostojewski, der sich am entschiedensten und am überzeugendsten zu dieser Auffassung bekannte, die im übrigen auch von Theologen und Philosophen geteilt wurde [1].

Die Vertreter dieser Kritik unterscheiden sich allerdings voneinander, was ihre Haltung zum modernen Humanismus als solchem betrifft. Tendiert er wesensmäßig, sozusagen kraft seiner inneren Logik, zu seinen atheistischen Spielarten – unfähig, Gott einen Platz einzuräumen? Seit Pascal haben viele Christen diese Anschauung vertreten. In diesem Punkt stimmen sie auch mit der Mehrheit der nichtgläubigen Humanisten überein, die einer liberalen Auffassung zuneigen und die Betonung der menschlichen Kräfte für mit religiösen Überzeugungen grundsätzlich unvereinbar halten, während sie die verschiedenen von gläubigen Christen vertretenen früheren Formen des Humanismus nur als Durchgangsstationen auf dem langen Weg zum modernen Unglauben ansehen. Das führt zu der heute beliebten Deutung von Persönlichkeiten wie Descartes und Locke, in denen man unaufrichtige oder bestenfalls lauwarme Gläubige sehen zu können meint. Eine solche Deutung scheint mir – zumindest im Fall Descartes' – völlig anachronistisch zu sein.

Andere haben dagegen den Standpunkt vertreten, der moderne Humanismus sei im Gegenteil eine wesentlich christliche Doktrin – eine Doktrin, die allerdings atheistisch entstellt worden sei und der Reinigung bedürfe[2]. Hier haben wir einen der Brennpunkte der Kontroverse vor uns.

Wieder andere Kritiker gibt es, denen gewisse Formen des modernen Humanismus deshalb als anmaßende Hybris erscheinen, weil sie unsere Abhängigkeit von der Natur leugnen. Das ist ein zentrales Anliegen der heutigen ökologischen Bewegungen – ein Thema, das auch in verschiedenen philosophischen Formulierungen aufgegriffen worden ist, nicht zuletzt in solchen, die vom Denken der Frankfurter Schule herkommen. Dieses Denken will den modernen Humanismus natürlich nicht völlig verwerfen; vielmehr sucht es ihn, ähnlich der erwähnten zweiten Spielart christlicher Humanismuskritik, von seinen Entstellungen zu befreien. Hingegen verwirft dieses Denken ein zentrales Element des modernen Humanismus, nämlich die Verherrlichung der technologischen, instrumentellen Vernunft. Hinter dieser steht angeblich der Ehrgeiz, die Natur zu beherrschen, und sie leugne in blind vermessener Weise unsere Abhängigkeit vom größeren Ganzen.

Drittens gibt es endlich Angriffe, die sich gegen den humanistischen Standpunkt überhaupt richten und aus einer sozusagen „nietzscheanischen" Ecke kommen. Diese Angriffe halten es für einen Irrglauben, der moderne Mensch, besonders das moderne Individuum, sei zu rationalem Selbstverständnis und damit zur Freiheit fähig. Nicht nur erkennen die Kritiker hierin eine Illusion; sie enthüllen auch, im Anschluß an Nietzsche, die Gründe, aus denen die Menschen an sie glauben, und zeigen, daß diese Motive in mancher Hinsicht den gepriesenen humanistischen Idealen diametral entgegengesetzt sind. Der Glaube an eine Wahrheit des Selbst sei eine Art Selbstbetrug; die auf Freiheit gegründeten Disziplinen seien eine ihrer selbst nicht bewußte Strategie der Kontrolle; die Hingabe an die reine Wissenschaft sei nichts als das Fortwirken des Verlangens nach der ewigen Seligkeit usw. Eine der einflußreichsten Doktrinen dieser Art kam aus der Feder des verstorbenen Michel Foucault[3]. Eine andere Variante ist in der neuerdings modischen Gruppe von Lehren zu erblicken, die man als „poststrukturalistisch" bezeichnen könnte und die vom Ende „des Subjekts" reden. Die bekannteste Gestalt im Epizentrum dieses geistigen Bebens ist Jacques Derrida.[4]

In diesen Doktrinen kehrt sich der atheistische Humanismus in einem bestimmten Sinne gegen sich selbst. Ist das nun Wasser auf die Mühlen jener gläubigen Kritiker, die mit dem modernen Humanismus noch niemals etwas im Sinn hatten? Ein Beweis dafür, daß diese Bewegung letztlich selbst die eigene Destruktion betreiben muß? Oder sind gerade die heutigen Anti-Humanisten diejenigen, welche am klarsten gesehen und am vollständigsten jene Fesseln aus Irrtum und Selbstbetrug abgestreift haben, die der traditionelle Glaube uns angelegt hatte? Wie unternimmt man es, eine Antwort auf derartige Fragen zu geben, wie auch auf die Frage nach dem Verhältnis des Humanismus zum Glauben oder nach der Gültigkeit der ökologischen Kritik?

Im folgenden möchte ich versuchen, ein paar zögernde Schritte auf dem Weg zu einer Antwort auf diese Frage zu tun. Was wir in einem bestimmten Sinne brauchen, ist eine Sprache oder eine Perspektive, in der wir diese Alternativen, die heute ständig um unsere Gunst ringen, klar gegeneinander abwägen können. Natürlich wäre es vermessen, behaupten zu wollen, man könne *die* endgültige Sprache oder Perspektive aufzeigen. Ich glaube vielmehr, daß man sich diesem Ziel nur langsam, im Zickzackkurs, nähern kann, nämlich durch Korrektur von Fehlern in den vorhandenen Perspektiven. An dieser Stelle verfolge ich nur das bescheidene Ziel, *eine* derartige Korrektur vorzunehmen oder wenigstens anzudeuten, in welcher Weise man sie vornehmen könnte.

Der Fehler, oder vielleicht besser gesagt, die perspektivische Verzerrung, die einen guten Teil der zeitgenössischen Diskussion belastet, scheint mir die folgende zu sein. Manche Protagonisten in diesen Disputen gehen viel zu selbstverständlich von der Annahme aus, sie selber könnten von jenen Anschauungen ganz frei sein, die sie bekämpfen – als ob es bloß um eine *Meinung* ginge, die man unzulänglich finden und aufgeben kann. So wollen christliche Anti-Humanisten die gesamte Bewegung des modernen Humanismus abtun; manche Kritiker aus der Ökologiebewegung sind überzeugt, selber die positive Bewertung der instrumentellen Vernunft ohne weiteres aufgeben zu können, welche sie ihren Gegnern ankreiden. Manche Anti-Humanisten von heute scheinen in der Tat zu glauben, in ihrem Lexikon der praktischen Vernunft ohne Begriffe wie Freiheit und Wahrheit auskommen zu können.

Können sie es wirklich? Wenn wir bedenken, daß dies nicht bloß *Ideen* sind, die die Leute haben, sondern Selbstinterpretationen, ist das nicht unbedingt eine müßige Frage. Der Sinn unserer Selbstinterpretationen ist, daß sie uns helfen, unser Leben zu gestalten. Es sind nicht einfach Ideen *über* uns, sondern sie tragen dazu bei, das zu konstruieren, was wir sind. Manche Ausprägungen des Selbstverständnisses sind in Jahrhunderten gewachsen und in eine Unzahl von Praktiken eingegangen, in die Sphäre der Politik oder der Wirtschaft, in die Kindererziehung oder ins Familienleben sowie in Muster der sexuellen oder künstlerischen Erfüllung, in öffentlich anerkannte Normen von Würde oder Autorität usw. Wenn jemand uns treuherzig ansieht und versichert, er sei mit der individualistischen Auffassung des Subjekts nicht länger einverstanden, haben wir guten Grund, unser Urteil zurückzuhalten. Man bedenke nur einmal, wie tief unsere politischen und wirtschaftlichen Praktiken, unser Gefühl für die Würde des einzelnen, unsere Auffassungen von privater Erfüllung und so fort vom individualistischen Selbstverständnis durchdrungen sind. Ähnliches ließe sich über jemanden sagen, der den Anspruch erhebt, unsere positive Bewertung der instrumentellen Vernunft ganz und gar „überwunden" zu haben. Damit meine ich nicht nur, daß man bezweifeln darf, ob der Betreffende wirklich ohne Wasserklosett und Fernsehen so enorm glücklich wäre. Ich spreche vielmehr von seiner Identität. Kann er wirklich sich selbst verstehen, kann er sinnvoll über bessere und schlechtere Wege im Leben nachdenken ohne jeden Bezug auf die Erfolgsideale, welche in unserer Kultur in die Praktiken der instrumentellen Vernunft eingebaut sind?

Selbstverständlich behaupte ich nicht, daß eine solche „Überwindung" der instrumentellen Vernunft unmöglich sei. Ich sage nur, daß sie viel schweriger ist, als gemeinhin angenommen wird; vor allem aber, daß sie ein tieferes Verständnis für die Selbstinterpretationen erheischt, von denen wir uns zu befreien suchen, als die meisten jener „Überwinder" aufgebracht haben. Eine notwendige (wenngleich nicht hinreichende) Vorbedingung dafür, die in unserer modernen Kultur verbreitete individualistische, instrumentelle Identität ablegen zu können, ist eine realistische Einschätzung des Grades, in dem diese Identität unser Leben durchdringt. Haben wir dies in seinem ganzen Umfang begriffen, werden wir uns vielleicht davon überzeugen, daß ein Entrinnen derzeit unsere Kräfte übersteigt oder daß wir es in Wirklichkeit gar nicht wünschen.

Zu den Dingen, die einen gegen den größten Teil der zeitgenössischen Humanismuskritik mißtrauisch machen, gehört ihre Tendenz, das Angriffsziel zu karikieren und oft auch zu trivialisieren. So scheinen manche Attacken der ökologischen Bewegung gegen die instrumentelle Vernunft einen geradezu kindlichen Willen zur Naturbeherrschung als Grundlage dieser ganzen Dimension der modernen Kultur zu unterstellen. Die Tendenz zur Verzerrung und Karikatur ist hier vielleicht am offensichtlichsten, doch ist sie auch an manchen Bekundungen des religiösen Anti-Humanismus sowie an den oben erwähnten, teilweise von Nietzsche inspirierten Doktrinen zu beobachten. Und natürlich kann man Nietzsche selber diesen Vorwurf kaum ersparen. Jemand wie Michel Foucault, der moderne Methoden der Disziplinierung einfach als Machtstrategien hinstellt, ist weit davon entfernt, ihrem wirklichen Platz in unserem Leben (und seinem eigenen Leben) gerecht werden zu können.[5]

Doch ist diese Neigung zur Karikatur nicht nur bei den Kritikern des Humanismus festzustellen. Seine Apologeten, die ihn gegen christliche Kritiker in Schutz nehmen, haben oft eine unglaublich simple Vorstellung von religiöser Motivation; auch die Wortführer eines unbegrenzten wirtschaftlichen Wachstums und einer technologischen Zivilisation karikieren die Ziele ihrer Gegner oft aufs gröbste[6].

Was wir brauchen, um in diesen Dingen klarer zu sehen, ist ein Porträt dessen, was ich verkürzt „die moderne Identität“ nennen möchte. Damit meine ich das Gefüge von Selbstinterpretationen, die der modernen Kultur eingesenkt sind und die Art und Weise definieren, in der wir zunächst einmal gar nicht umhinkönnen, uns selbst zu verstehen und zu beurteilen und über unser Leben nachzudenken. Das sind die Wege, die wir – falls überhaupt – erst verlassen können, sobald wir ihren Stellenwert in unserem Leben ganz begriffen haben. Die einzige Möglichkeit, ein solches Porträt zu zeichnen, besteht darin, eine entstehungsgeschichtliche Darstellung zu geben, d. h. zu versuchen, der Konstituierung dieser Identität in unserer Geschichte nachzugehen. Dabei müssen wir uns auch auf die Spuren der verschiedenen Karikaturen begeben, etwa die der Kritik der Ökologen an der Tendenz zur Naturbeherrschung oder Foucaults Darstellung der modernen Formen der Disziplinierung. Hier müssen wir unserem Instinkt folgen: Unser gegenwärtiger Zustand ist das Ergebnis von aufeinanderfolgenden Transformationen, indem jede Generation sich auf ihre Weise das Erbe der Vergangenheit angeeignet hat. Ein tieferes Verständnis der Interpretationen zu gewinnen, die unser Leben bestimmen, bedeutet zwangsläufig, eine historische Perspektive einzunehmen.[7]

Ich möchte in diesem Beitrag einige wenige Schritte auf dem Weg zu diesem Porträt tun, indem ich drei Facetten moderner Identität zu genauerer Betrachtung herausgreife, die unser aller Leben bestimmen und die nach meiner Überzeugung von zentraler Bedeutung sind. Auf eine historische Erörterung, deren jede dieser Facetten bedürfte, wenn man sie überzeugend beschreiben wollte, kann ich mich allerdings nicht einlassen. Ich kann nicht mehr tun, als sie anzudeuten. Doch hoffe ich, daß schon diese kurze Skizze uns erkennen lassen wird, wie die Streitfragen um den modernen Humanismus im Lichte des besagten Porträts geklärt werden könnten.

Die drei Facetten, über die ich hier kurz sprechen möchte, kann man stichwortartig folgendermaßen bezeichnen: 1. das innere Selbst, 2. das distanzierte Subjekt, 3. die Bejahung des normalen Lebens.

II

Um diese drei Merkmale zu beschreiben, ist es vielleicht am besten, den kritischen Weg zu verfolgen, auf dem jedes von ihnen in die moderne abendländische Kultur eintritt.

1. Das erste Element der modernen Identität, das ich beschreiben möchte, ist die Überzeugung, daß unser Selbst etwas „Innerliches" ist. In den Sprachen unseres Selbstverständnisses spielt das Gegensatzpaar „innen/außen" eine wichtige Rolle. Wir denken uns unsere Gedanken, Ideen und Gefühle als etwas „in uns drin", während die Objekte in der Welt, auf die diese mentalen Zustände einwirken, „draußen" sind. Wir denken uns auch unsere Fähigkeiten und Möglichkeiten als etwas, was „in uns" steckt und erwarten, daß sie sich entwickeln und in der öffentlichen Welt „äußern" oder verwirklichen werden. Das Unbewußte ist für uns etwas Innerliches, und wir denken uns die Tiefen des Ungesagten, des Unsagbaren, die gewaltigen, kaum erahnten Gefühle, Zuneigungen und Ängste, die Macht über unser Leben zu gewinnen trachten, als etwas Innerliches. Erich Heller hat eine entscheidende Entwicklung in der modernen Literatur als „des Künstlers Reise in das Innere" beschrieben [8]. Wir sind Geschöpfe mit inwendiger Tiefe, mit z. T. unerforschtem und dunklem Inneren. Wir alle empfinden die zwingende Kraft des meisterhaften Bildes, das Conrad fand: *Heart of Darkness*, „Herz der Finsternis".

In gewisser Weise ist dieser Begriff von Inwendigkeit mit unserem Selbst-Gefühl selber aufs innigste verknüpft; ich komme hierauf noch zurück. Aus diesem Grund wird es uns so schwer zu ermessen, wie sehr wir alle die Geschöpfe unserer Zeit sind. Unsere Ansetzung des Selbst als „Innen" scheint aus der Natur des Menschen selbst hervorzugehen; wir verkennen, daß sie etwas Gewordenes ist. Sie ist das Element, in dem wir existieren, und ist folglich von innen her prinzipiell unsichtbar. Wir stellen uns vor, daß die Menschen innere Tiefe genauso haben, wie sie ein

Herz, eine Leber und Verdauungsorgane haben: dies dünkt uns eine reine, interpretationsfreie Tatsache.

In Wirklichkeit ist die erwähnte Topologie eine Eigentümlichkeit unserer Zivilisation, und die Verlagerung von früheren Ansetzungen des Selbst zur gegenwärtigen spiegelt einen Wandel in unserem sittlichen Selbstverständnis wider, genauer gesagt: einen Wandel unserer Vorstellung davon, wo die Quellen unserer sittlichen Kraft zu finden sind. Man kann das am besten zeigen, indem man den m. E. entscheidenden Schritt dieser Verlagerung so nachvollzieht, wie er sich bei den großen Denkern unserer Tradition vollzogen hat. Deutlich zu sehen ist das bei einer Gegenüberstellung von Platon und Augustinus, und auf sie möchte ich als erstes eingehen.

Platon gehört zu den Begründern der in unserer Kultur verbreitetsten und einflußreichsten Konzeption von den Quellen sittlicher Kraft. Diese Quellen sind in der Vernunft zu suchen. Die Kraft, Gutes zu tun, kommt von der Herrschaft der Vernunft über die Leidenschaften. Wir sind Herr unserer selbst, wenn die Vernunft regiert.[9] Dieser Zustand wird aufs äußerste verkehrt, wenn wir von unserer Lust beherrscht werden. Eine Seele, in der die Vernunft regiert, ist in der Ordnung; sie ist einig mit sich und empfindet Frieden, Eintracht und Harmonie.

Diese neue Ethik prämiert – im Gegensatz zu der alten Krieger- oder Krieger/Staatsbürger-Ethik – die gute Absicht einer Handlung im Unterschied zu ihrem Erfolg in der Welt. Platon betont wiederholt, daß es besser ist, ein gerechter Mensch zu sein, auch wenn man leidet, als ohne Gerechtigkeit, und sei es noch so erfolgreich, zu leben.

Denken wir uns nun das Äußerliche als das Reich des Handelns in der ηόλις und das Innerliche als das Reich der seelischen Dispositionen, so können wir die Lehre von der Herrschaft der Vernunft im Gegensatz zum ruhmreichen Handeln auch ausdrücken als die Erhebung des Innerlichen über das Äußerliche. In Wirklichkeit benutzt freilich Platon selber die Dichotomie von Innen und Außen nicht, um seine These zu vertreten. Diese Formulierung finden wir erst bei Augustinus.

Die für Platon entscheidenden Gegensatzpaare sind: die Seele im Gegensatz zum Leib, das Körperlose im Gegensatz zum Körperlichen, das Ewige im Gegensatz zum Vergänglichen. Diesen

Gegensätzen kommt in Platons Formulierungen das größte Gewicht zu. Und wenn man seine theoretische Absicht bedenkt, so drückt sie offenbar besser und ausführlicher aus, was er vermitteln wollte, als die Dichotomie von Innen und Außen.

Diese Dichotomie ist aber nicht nur weniger informativ als die platonischen Standardgegensätze; Platon mag sie auch in einer anderen Hinsicht für irreführend gehalten haben, und zwar mit Rücksicht auf die Art und Weise, wie er die Herrschaft der Vernunft konzipiert hatte. Der Begriff der Vernunft ist mit dem der Ordnung eng verknüpft. Die von der Vernunft beherrschte Seele ist eine geordnete Seele, die sich der Eintracht und Harmonie erfreut. Die Seele bedarf ihrer Natur nach einer gewissen Ordnung und strebt sie an, nämlich eine Ordnung, worin die Vernunft an oberster Stelle steht, gerade so, wie der Körper jener Ordnung bedarf und sie anstrebt, die wir Gesundheit nennen.[10]

Vernunft ist die Fähigkeit, zu sehen und zu verstehen. Durch Vernunft zu begreifen heißt, „Gründe angeben" oder „eine Erklärung geben" können[11]. Von der Vernunft regiert werden, heißt also, von der richtigen Sichtweite, dem richtigen Verständnis regiert werden. Die richtige Sichtweite, das richtige Verständnis unserer selbst ist eines, das die natürliche Ordnung, das Analogon zur Gesundheit, begreift. Eines der Kennzeichen dieser natürlichen Ordnung ist die Forderung, daß die Vernunft herrschen solle; so zeigt sich in der Vorherrschaft der Vernunft ein sich selbst bestätigender Aspekt. Die richtige Ordnung setzt aber auch Prioritäten unter unseren verschiedenen Lüsten und Tätigkeiten, unterscheidet notwendige und nichtnotwendige Wünsche[12] und dgl. Vernunft kann also auch als die Wahrnehmung einer natürlichen oder rechten Ordnung verstanden werden, und von der Vernunft beherrscht werden heißt, von einer Vision dieser Ordnung beherrscht werden.

Platon bietet das, was man eine inhaltliche Konzeption von Vernunft nennen könnte. Rationalität ist an die Wahrnehmung von Ordnung gebunden; unsere Fähigkeit zur Vernunft zu realisieren, heißt also, die Ordnung so zu sehen, wie sie ist. Die richtige Vision ist ein Wahrheitskriterium. Es ist nicht möglich, von der Wahrheit erfüllt zu sein und über die Ordnung der Realität zu *irren*. Aber jene Ordnung, mit welcher die Vernunft dieserart verknüpft ist, ist nicht einfach die Ordnung, die wir versucht sein könnten, die „innerliche" zu nennen: die Ordnung zwischen verschiedenen Zielen, Lüsten und Teilen der Seele. Fundamentaler ist die Verknüpfung mit der Ordnung der Dinge im Kosmos. Diese verhält sich zur rechten Ordnung der Seele wie das Ganze zum Teil, das Umschließende zum Umschlossenen. Aber nicht nur aus diesem Grunde ist sie wichtiger. Das eigentlich Entscheidende ist, daß man nur von der Ebene der Gesamtordnung aus erkennen kann, daß alles zum Guten geordnet ist.

Die Vision des Guten steht im Zentrum der platonischen Lehre von den Quellen des Sittlichen. Das Gute des Ganzen, in dessen Ordnung sich die Idee des schlechthin Guten bekundet, ist das eigentliche Gut, das Gut, das alle Teilgüter umschließt. Aber es schließt sie nicht nur in sich, es verleiht ihnen auch eine höhere Würde; denn das Gute ist das, was über unsere unbedingte Liebe und Treue gebietet. Es ist die eigentliche Quelle aller Bewertung, ist etwas, das um seiner selbst willen wert ist, begehrt oder gesucht zu werden, und nicht nur nach Maßgabe unserer jeweiligen Ziele oder Wünsche begehrenswert ist. Es liefert den Maßstab für das, was wirklich begehrenswert ist, jenseits der vielfältigen Formen des tatsächlich Begehrten. Im Lichte des schlechthin Guten können wir erkennen, daß unser Gutes, die rechte Ordnung in unserer Seele, diesen unbedingten Wert besitzt, der ihm als rechtem Bestandteil der Gesamtordnung, ja als wesentlicher Voraussetzung für die Wahrnehmung dieser Ordnung und für die Liebe zu ihr, zukommt.

So muß das gute Leben nicht nur als Bild der rechten Ordnung in unserer Seele von der Vernunft beherrscht sein, sondern auch und vor allem als Bild der guten Ordnung des Ganzen. Und wir vermögen keine dieser Ordnungen ohne die andere zu sehen. Denn die rechte Ordnung in uns muß von der Vernunft beherrscht sein; hierzu kann es aber erst kommen, wenn die Vernunft ihre völlige Selbstverwirklichung erreicht hat, nämlich in der Wahrnehmung des schlechthin Guten. Zugleich ist die Wahrnehmung des Guten das, was uns wahrhaft tugendhaft macht. Die Liebe zur ewigen guten Ordnung ist die eigentliche Quelle und die wahre Form unserer Liebe zum guten Handeln und zum guten Leben. Die sicherste Grundlage der Tugend ist die Wahrnehmung dieser Ordnung, die man nicht erkennen kann, ohne sie zu lieben. Darum ist Philosophie der beste Garant der Tugend.

Philosophen lieben die ewige Wahrheit, im Gegensatz zu gewöhnlichen Menschen, die das Schaugepränge und die Künste lieben oder einfach Tatmenschen sind.[13] Philosophen sind nicht Schau- und Hörlustige, sondern suchen nach der Schönheit selbst, nach etwas, was sich immer gleich bleibt, während schöne Dinge sich verändern und verwandeln und „zwischen Werden und Vergehen dahinziehen“ [14]. Menschen aber, die diese Liebe zum Ewigen besitzen, können nach Platon gar nicht anders, als sittlich gut zu sein. Sie werden notwendigerweise alle Tugenden haben [15], weil die Liebe zur Ordnung selber Ordnung stiftet [16]. An anderer Stelle [17] führt er aus:

> Denn wer, mein Adeimantos, sein Auge auf das wahrhaft Seiende [τοῖς οὖσι] richtet, der hat keine Zeit, auf das Tun und Treiben der Menschen herunterzuschauen und im Kampf mit ihnen sich mit Neid und Haß zu erfüllen. Sondern er schaut und blickt auf Geordnetes, ewig Unverändertes, das untereinander weder Unrecht tut noch Unrecht leidet, sondern in vernünftiger Ordnung beruht; und dies ist es, was er nachahmt, dem er möglichst ähnlich werden will. Oder hältst du es für möglich, etwas nicht nachzuahmen, womit man voll Verehrung Umgang pflegt?

Die Vernunft erfüllt sich im Bilde der größeren Ordnung, das auch das Bild des schlechthin Guten ist. Das ist der Grund, weshalb der Gegensatz innerlich/äußerlich zur Formulierung von Platons Position irreführend sein kann. Denn in einem wichtigen Sinne sind die sittlichen Quellen, deren wir uns durch die Vernunft versichern, nicht inwendig in uns. Man kann sagen, daß sie außerhalb von uns sind, im schlechthin Guten; oder vielleicht sollte man das Erreichen eines höheren Zustandes als etwas ansehen, was sich in dem „Zwischenraum“ zwischen uns und dieser Ordnung des Guten abspielt. Sobald Vernunft inhaltlich definiert wird, sobald ein richtiges Bild der Ordnung ein Wahrheitskriterium für die Rationalität ist, sollte man dies unser Vernünftigwerden nicht mehr als etwas beschreiben, was sich *in* uns abspielt, sondern besser als das Herstellen einer Verbindung zu der größeren Ordnung, in die wir hineingestellt sind.

Und in der Tat gebraucht Platon auf dem Höhepunkt seines

großen Höhlengleichnisses ein derartiges Bild. Manche Leute, so sagt er, meinen, daß die Erziehungskunst darin bestehe, wahre Erkenntnis in eine Seele zu senken, die diese nicht besitzt. Das Vorbild hierfür seien die Leistungen und Fertigkeiten des Körpers, von denen Platon zugibt, daß wir sie erst durch Gewöhnung und Übung erwerben. Wir verleiben sie uns gleichsam ein und entwickeln sie dort, wo sie zuvor nicht vorhanden waren. Die besondere Fähigkeit des Denkens[18] kommt dagegen nicht auf diese Weise zustande. Vielmehr müssen wir uns vorstellen, daß wir etwas der Sehkraft Ähnliches besitzen, das sich nicht abnützt. Der Schritt vom Nichtwissen zur Weisheit ist mit einer Änderung der Blickrichtung unseres seelischen Auges zu vergleichen, so daß es nun in die rechte Richtung schaut. Manche Menschen richten ihr Augenmerk ganz und gar auf das Körperliche und Vergängliche; es sind die Hör- und Schaulustigen, die Freunde schöner Schaugepränge. Diese Menschen weise zu machen, heißt, den Blick ihrer Seele von der Dunkelheit weg- und der Helle des wahren Seienden zuzuwenden.[19] Aber so, wie der Mensch die Richtung seines Blickes nur ändern kann, indem er seinen ganzen Körper dreht, so muß die ganze Seele umgewendet werden, damit sie Weisheit erlangt. Es handelt sich nicht um Verinnerlichung einer Fähigkeit, sondern um eine Bekehrung[20]. Für Platon ist die entscheidende Frage, worauf die Seele gerichtet wird. Aus diesem Grund formuliert er seinen Standpunkt durch die Gegensätze körperlich/unkörperlich, vergänglich/ewig, denn diese bestimmen die möglichen Richtungen unseres Bewußtseins und Begehrens. Die Dichotomie von Innen und Außen ist diesem Zweck nicht nur nicht dienlich; sie ist sogar geeignet, darüber hinwegzutäuschen, daß es allein darauf ankommt, von welchen Gegensätzen die Seele sich ergreifen läßt und nährt. Die Seele als etwas Unkörperliches, Ewiges soll sich dem zuwenden, was unkörperlich und ewig ist. Von Bedeutung ist nicht, was in ihrem Inneren geschieht, sondern wohin sie in der metaphysischen Landschaft ihren Blick richtet.

Gleichzeitig verdeutlicht das Bild vom „Auge der Seele" den Begriff der Vernunft. Vernunft ist unsere Fähigkeit, seiende, erleuchtete Wirklichkeit zu sehen. So wie das Auge seine Sehfunktion nur erfüllen kann, wenn Wirklichkeit in geeigneter Beleuchtung gegeben ist, so kann die Vernunft ihre Funktion nur erfüllen, wenn wir uns dem vom schlechthin Guten erleuchteten wirklich Seienden zuwenden. Aus diesem Grund muß Vernunft inhaltlich gedacht werden und ist das Bild der wahren Ordnung ein Wahrheitskriterium für Rationalität.

Wenn wir uns nunmehr Augustinus zuwenden, so ist der Unterschied mit Händen zu greifen. Augustinus hat sich bekanntlich stark auf Platon gestützt. Die platonische Lehre in ihrer durch Plotin überlieferten Form befähigte ihn, sich von den Fesseln des Manichäismus zu befreien. Augustinus übernahm – und verband mit seinem christlichen Glauben – Platons Ideenlehre und seine Konzeption der höheren Wirklichkeit als einer unkörperlichen. Damit übernahm Augustinus aber auch die zugehörigen Gegensätze, vor allem zwischen dem Ewigen und dem Zeitlichen und zwischen dem Unwandelbaren und dem ewig Veränderlichen.

Darüber hinaus gibt es den auffallenden Unterschied, daß diese Gegensätzlichkeit (Geist/Materie, höher/niedriger, ewig/zeitlich, unwandelbar/veränderlich) von Augustinus in der Tat als Dichotomie des Innen und Außen beschrieben wird, und zwar nicht bloß gelegentlich und am Rande, sondern zentral und wesentlich. So unterscheidet er etwa in *De Trinitate,* XII.l., zwischen dem inneren und dem äußeren Menschen. Das Äußere ist das Leibliche, das, was wir mit den Tieren gemein haben, einschließlich unserer Sinne und unserer im Gedächtnis gespeicherten Bilder von äußeren Dingen. Das Innere ist die Seele. Für Augustinus ist das nicht bloß eine von mehreren Möglichkeiten, den Unterschied zu beschreiben: im spirituellen Sinne ist es die für uns wichtigste. Denn der Weg von unten nach oben, die entscheidende Richtungsänderung, setzt voraus, daß wir „in uns gehen".

Eine sehr berühmte Zeile möge für viele ähnliche stehen: „Noli foras ire; in interiore homine habitat veritas." [21] Augustinus ruft uns stets nach innen. Was uns not tut, liegt „intus", wie er uns wieder und wieder versichert. Warum dieser schlagende Gegensatz zu Platon?

Die Antwort lautet kurz gefaßt: weil inwendig in uns der Weg zu Gott liegt. Allerdings lohnt es sich, diese Antwort etwas ausführlicher zu untersuchen.

Es gibt, wie auch Augustinus nicht verborgen bleibt, eine wichtige Parallele zwischen dem christlichen Gott und der platonischen Idee des schlechthin Guten. Beide sind der Urgrund des

Seins und der Erkenntnis. Augustinus gebraucht für Gott dasselbe Bild wie Platon für die höchste Erkenntnis: das Bild der Sonne. Die bezwingende Kraft dieses Bildes in beiden Philosophien beruht nicht zuletzt darin, daß es sehr schwer, ja in gewissem Sinne unmöglich ist, die höchste Wirklichkeit direkt zu schauen. Doch bei Platon ergründen wir dieses höchste Prinzip dadurch, daß wir uns jenem Reich von Gegenständen zuwenden, dem es innewohnt, d. h. dem Reich der Ideen. Was wir oben im Gleichnis vom „Auge der Seele" kennengelernt haben, war die Lehre, daß dem Auge der Seele die Sehkraft nicht eingepflanzt zu werden braucht; vielmehr muß es nur seine Blickrichtung ändern. Entscheidend ist, daß man den Blick dem richtigen Bereich zuwendet. Wir mögen darum ringen müssen; aber bei diesem Ringen geht es um die Richtung unseres Blickes.

Auch bei Augustinus ist es leichter, Gott mittelbar, in der von ihm geschaffenen Ordnung zu erkennen. In gewissem Sinne kann Gott gar nicht unmittelbar erkannt werden, es sei denn in den seltenen Zuständen mystischer Verzückung (wie sie etwa Paulus auf dem Wege nach Damaskus erlebte). Aber der eigentliche Weg zu Gott führt nicht durch die Welt der Gegenstände, sondern „in" uns hinein. Und zwar deshalb, weil Gott weder nur das transzendente Objekt noch nur jenes ordnende Prinzip der nähern Gegenstände ist, das wir zu erblicken trachten. Gott ist auch und für uns vor allem Stütze und tragender Grund unserer Erkenntnistätigkeit. Gott ist nicht allein das, was wir zu sehen begehren, sondern auch das, was dem Auge seine Sehkraft verleiht. Und so ist das Licht Gottes nicht allein „dort draußen" und erleuchtet die Ordnung des Seins, wie bei Platon; es ist auch „inneres" Licht. Es ist das Licht, „welches alle Menschen erleuchtet, die in diese Welt kommen" (Johannes 1,9). Es ist das Licht in der Seele. „Alia est enim lux quae sentitur oculis; alia qua per oculos agitur et sentiatur; ... haec lux quae ista manifesta sunt, utique intus in anima est." [22] Die Verbindung der platonischen Lichtmetaphorik mit der Theologie des Johannes hat eine bedeutsame Wendung bewirkt.

So verlegt Augustinus das Hauptaugenmerk vom Bereich der erkannten Gegenstände auf den Akt des Erkennens. Hier ist Gott zu finden. Dies macht erklärlich, warum Augustinus sich der Sprache der Innerlichkeit bedient. Denn im Gegensatz zum Reich der Objekte, das öffentlich und allen gemeinsam ist, ist der Akt des Erkennens Sache des einzelnen; jeder von uns ist für sich allein damit befaßt. Die Erkenntnistätigkeit betrachten, heißt, das Selbst betrachten, einen reflexiven Standpunkt einnehmen.

Aber damit ist noch nicht genug gesagt. Es gibt eine weniger radikale Art der Hinwendung zum Selbst, die bei antiken Moralisten relativ verbreitet war. Foucault hat auf die Bedeutung des Themas der „Sorge um sich selbst" hingewiesen.[23] Die Mahnung zu einem sittlich höherstehenden Leben wird als Mahnung formuliert, sich weniger um jene äußerlichen Dingen zu kümmern, um die sich die Menschen normalerweise sorgen – Reichtum, Macht, Erfolg, Sinnenlust –, und statt dessen mehr auf die sittliche Vervollkommnung zu achten. Aber „Sorge um sich selbst" bedeutete hier so viel wie „Sorge um die eigene Seele". Zweck jener Mahnung war es zu zeigen, daß es töricht ist, sich beispielsweise um seine Besitztümer zu sorgen, aber nicht um die Gesundheit der eigenen Seele. Das hat viel Ähnlichkeit mit dem, was man heutzutage einem vielbeschäftigten Manager sagen würde, der sich überarbeitet: Warum einer weiteren Milliarde hinterherjagen, wenn man davon einen Herzinfarkt bekommt? Diesen Rat könnte man auch in die Worte fassen: „Trage Sorge um dich selbst."

Diese Mahnung ruft uns zu einem reflexiven Standpunkt auf, aber nicht zu einem radikal reflexiven. Der reflexive Standpunkt wird „radikal" – diesen Terminus technicus möchte ich an dieser Stelle einführen –, wenn es darum geht, den Ich-Standpunkt (den Standpunkt der „ersten Person Einzahl") einzunehmen. Sich selbst vom Ich-Standpunkt zu betrachten heißt, das Augenmerk auf diejenige Dimension der Erfahrung zu richten, die für jeden Erkennenden in einem je anderen Licht erscheint. Es gibt eine Weise, in welcher ich mir selbst zugänglich bin, die wesentlich damit zusammenhängt, daß Erkennender und Erkanntes eins sind; oder anders ausgedrückt: Es besteht ein prinzipieller Unterschied zwischen der Art und Weise, wie ich selbst mein eigenes Handeln, Denken oder Empfinden erlebe, und der Art und Weise, wie du oder irgend ein anderer Mensch es erleben. Der Standpunkt, den ich „radikale Reflexivität" nennen möchte, ist der Standpunkt jenes eigentümlichen „Bei-sich-selbst-Seins", das den Standpunkt der „ersten Person Einzahl" ausmacht.

Die Mahnung zur Sorge um sich selbst, wie sie vom antiken Weisen verkündet oder an den modernen Manager gerichtet wird, ist kein Aufruf zu solcher radikalen Reflexivität. Es ist die Mahnung, sich um die Gesundheit *einer* sehr wichtigen Sache (für die Alten ist dies unsere Seele; für die Modernen unsere körperliche Gesundheit) zu kümmern und sich nicht vom Trachten nach etwas weniger Wichtigem (Besitz, Macht) verzehren zu lassen. Doch in beiden Fällen hat diese Mahnung keine besondere Beziehung zum Ich-Standpunkt. So besitzen wir heute eine Wissenschaft davon, was es heißt, gesund zu sein, die „ohne Ansehen der Person" verfügbar und zu deren Verständnis es nicht erforderlich ist, den Ich-Standpunkt einzunehmen. Etwas Ähnliches könnte man auch von der Seelenlehre der Alten sagen. Selbstverständlich ist die Identität von Erkennendem und Erkanntem von großer Bedeutung für meine *Sorge* um diese Seele bzw. diesen Leib; der ganze Zweck des Appells besteht ja darin, mir die Absurdität meiner Sorg-losigkeit um die eigene Seele (oder den eigenen Leib) vor Augen zu führen. Aber diese Identität (von Erkennendem und Erkanntem) ist als solche ohne Belang, wenn es darum geht, zu lernen und zu definieren, was es bedeutet, für diese Seele (oder diesen Leib) zu sorgen.

Demgegenüber war Augustinus' Wendung zum Selbst eine Wendung zu radikaler Reflexivität, und darum wurde seine Sprache der Innerlichkeit so unwiderstehlich. Das innere Licht ist das Licht, das dort scheint, wo wir bei uns selbst sind; daß es uns scheint, hat damit zu tun, daß wir Geschöpfe mit einem Ich-Standpunkt sind. Was dieses Licht vom äußeren Licht unterscheidet, ist eben das, was das Bild der Innerlichkeit so zwingend macht: daß es jenen Raum erleuchtet, in dem ich bei mir selbst bin.

Man kann ohne Übertreibung sagen, daß es Augustinus war, der die Idee der radikalen Reflexivität in die abendländische Denktradition eingeführt und sie ihr als sein Erbe vermacht hat. Es war ein schicksalhafter Schritt. Denn ohne Zweifel haben wir von diesem Ich-Standpunkt sehr viel Aufhebens gemacht. Vielleicht zuviel Aufhebens, wie man mit Recht klagen könnte: Wir haben es so weit gebracht, daß die moderne Erkenntnistheorie aus dem Einssein von Erkennendem und Erkanntem einen eigenen Objektbereich herausgefiltert hat – mit den uns allen bekannten katastrophalen Folgen. Doch wäre es ganz falsch, diese Fehlentwicklung Augustinus anzulasten. Selbst seine berühmte, Descartes vorwegnehmende Einführung des Cogito-Argumentes hatte bei ihm einen anderen Stellenwert als bei Descartes. Augustinus wird zum Cogito eben deshalb geführt, weil es uns auf dem Ich-Standpunkt festhält: Es ist ein Argument, das wesentlich mit der radikalen Reflexivität verknüpft ist und sich entscheidend auf den Umstand stützt, daß Erkennender und Erkanntes eins sind. Aber es ist noch völlig unbelastet von Descartes' verhängnisvoller Annahme eines inneren Bereichs der Vorstellung.

Mit diesen Argumenten wollte Augustinus nicht die Kluft zwischen Innen und Außen überbrücken, sondern zeigen, daß Gott nicht einfach dort draußen in der Welt zu finden ist, sondern (um es modern auszudrücken) in den Fundamenten der Person selbst. Gott ist in der Intimität des Bei-sich-selbst-Seins zu finden. Gott, der die Wahrheit ist, gibt uns selbst die Maßstäbe und Grundsätze des richtigen Urteilens. Doch gibt er sie uns nicht kraft des Schauspiels einer durch die Ideen organisierten Welt, sondern elementarer in „lucem illam incorpoream ..., qua mens nostra quodammodo irradiatur, ut de his omnibus recte judicare possumus“ [24].

Der Gedanke, daß Gott inwendig zu finden sei, ergibt sich noch zwingender aus der Darstellung, die Augustinus von unserer Suche nach Selbsterkenntnis gibt. Die Seele ist bei sich selbst, und doch kann es ihr völlig mißlingen, sich selbst zu erkennen; sie kann über ihre eigene Natur vollkommen in die Irre gehen, so wie Augustinus von sich meinte, über sich selber geirrt zu haben, als er noch Manichäer war. Und so können wir zwar danach trachten, uns selbst zu erkennen; aber wir wüßten nicht, wo beginnen, und merkten nicht, daß wir gefunden haben, was wir suchen, wenn wir nicht schon ein bestimmtes Vorverständnis von uns selbst mitbrächten. Augustinus setzt sich, wie einst Platon im „Menon“, mit dem Problem auseinander, wie wir wissen und zugleich nicht wissen können, und löst es durch einen ähnlichen (und offenkundig von Platon abgeleiteten) Rückgriff auf die „Erinnerung“.

Doch besteht ein recht großer Unterschied zwischen der „Erinnerung“ bei Augustinus und bei Platon. In Augustinus' reifer Philosophie hat Erinnerung nichts mehr zu tun mit der für die platonische Lehre kennzeichnenden Konzeption einer Urvision der Ideen. Bei Augustinus wird der Begriff der Erinnerung weiter gefaßt und umfaßt auch Dinge, die nicht auf früherer Erfahrung beruhen, wie etwa die Grundprinzipien der intelligiblen Ordnung, die irgendwie in uns gegeben sind, insofern wir imstande sind, sie zu formulieren und explizit zu machen, obwohl sie uns in der Vergangenheit niemals explizit dargelegt worden sind. Indem Augustinus zwar die platonische Vorstellung von der Erinnerung übernahm, sie aber nicht mehr in der mit der christlichen Orthodoxie schwer zu vereinbarenden Theorie der pränatalen Erfahrung wurzeln ließ, entwickelte er die Grundlage für das, was später zur Lehre von den angeborenen Ideen wurde. Tief in uns gibt es ein implizites Wissen, das wir durch Nachdenken explizit machen und bewußt formulieren können. Das ist unsere „memoria". Hier wohnt auch unser implizites Verstehen dessen, was wir eigentlich sind – ein Verstehen, das uns leitet, während wir auf dem Weg von unserer ursprünglichen Unwissenheit über uns selbst und unserer schlimmen Selbst-Verfehlung zur wahren Selbst-Erkenntnis fortschreiten.

Aber was liegt dieser Erinnerung selber zugrunde? Der Urgrund dieses impliziten Verstehens ist der Meister in uns, die Quelle des Lichts, welches alle Menschen erleuchtet, die in diese Welt kommen: Gott. Und so findet die Seele am Ende ihrer Suche – wenn sie bis zum Ende sucht – Gott. Die Erfahrung, daß wir von einer fremden Quelle erleuchtet werden, daß wir Maßstäbe unserer Vernunft von außen empfangen – und dies will Augustinus' Gottesbeweis ans Licht bringen –, wird durchaus als ein Erfahren von Innerlichkeit gesehen. Das heißt bei dieser typischen Tätigkeit des Ich, bei der ich danach trachte, bei mir selbst zu sein und das Potential, das der Tatsache des Einsseins von Erkennendem und Erkanntem innewohnt, zu verwirklichen, komme ich am wirksamsten und überzeugendsten zu dem Besein, daß über mir Gott steht

An der Wurzel der Erinnerung findet die Seele Gott. In diesem Sinne kann man sagen, daß die Seele „sich Gottes erinnert" – Augustinus gibt diesem alten biblischen Ausdruck eine neue Bedeutung. Wenn ich mich Gott zuwende, höre ich auf das, was tief in meiner „Erinnerung" ruht; die Seele „commemoratur, ut convertatur ad Dominum tamquam ad eam lucem qua etiam cum ab illo averteretur quodam modo tangebatur"[25].

Aber der innere Weg führt empor. Wenn wir zu Gott gelangen, wird das Bild des Raumes vielfältig und vielseitig. Denn in einem bedeutenden Sinne ist die Wahrheit *nicht* in mir. Ich sehe die Wahrheit „in" Gott. Wo sich die Begegnung ereignet, findet eine Umkehr statt. Mich in meine Erinnerung zu versenken, führt mich über sie hinaus.

Hier haben wir eine wirklich frappierende Stelle vor uns: Augustinus baut zwar auf einer platonischen Lehre auf, aber zu einem ganz neuartigen Zweck. Für Platon (im „Menon") beantwortet die Lehre von der Erinnerung nicht nur die schwierige Frage, wie man überhaupt erkennen kann, was man sucht; sie unterstreicht auch die These, daß die Erkenntnis der Ideen uns nicht durch Erziehung, von außen „bei-gebracht" wird. Dieses Erkenntnis-Vermögen ist schon in uns vorhanden. Diesen Punkt greift Augustinus auf. Genau genommen werden die eigentlichen Grundsätze der Vernunft uns nicht gelehrt: Der Lehrer erweckt sie in uns zum Leben. Doch während für Platon das „Innen" nur ein Mittel war, um auf ein „Früher" zurückzugehen, ist es für Augustinus der Pfad zu einem „Oben" und als Weg dorthin unentbehrlich. Wie Gilson es ausdrückt: Augustinus' Pfad ist ein Pfad „leading from the exterior to the interior and from the interior to the superior" [26].

So kommen wir innerlich zu Gott. Der unverkennbare Unterschied der augustinischen Bilderwelt gegenüber der platonischen liegt, bei aller Kontinuität der metaphysischen Theorie, in einem wesentlichen Unterschied der Lehre. Augustinus lenkt unser Augenmerk weg vom Feld der Ideen, von den Gegenständen, die die Vernunft erkennt, und lenkt es statt dessen auf das von uns allen geübte Streben nach Erkenntnis; und er macht uns dies in der Ich-Perspektive bewußt. Am Ende dieses Weges erkennen wir, daß die Kraft, die dieses Streben trägt und lenkt, von Gott kommt. Wir begreifen das Intelligible nicht einfach darum, weil das Auge unserer Seele darauf gerichtet ist, sondern hauptsächlich darum, weil wir vom Meister in uns gelenkt werden.

Gott ist hinter dem Auge, gerade so wie das Eine, dessen Ideen das Auge deutlich vor sich zu erkennen strebt. Zu finden ist er in der Intimität meines Bei-mir-selbst-Seins. Ja, er ist mir näher, als ich es mir selbst bin, während er gleichzeitig unendlich über mir ist. Er ist „intimior intimo meo et superior summo meo" [27].

Gott kann als das fundamentalste Ordnungsprinzip in mir selbst gedacht werden. Was die Seele dem Körper, ist Gott der Seele [28]: Er macht sie lebendig.

Wir ermessen nun, welche entscheidende Bedeutung die Sprache der Innerlichkeit für Augustinus gehabt hat. Sie stellt gegenüber Platon eine radikal neue Lehre der moralischen Quellen dar; eine Lehre, in der der Weg zum Höheren durch das Innen führt. In dieser Lehre gewinnt radikale Reflexivität einen neuen Stellenwert, weil sie der „Raum" ist, in welchem wir Gott begegnen und die Wendung vom Niederen zum Höheren vollziehen. In der Lehre Augustinus' wird die Intimität des Bei-sich-selbst-Seins sozusagen geheiligt, und zwar mit folgenschweren Konsequenzen für die gesamte abendländische Kultur. Ergreifend faßt ein Ausruf aus den Confessiones die augustinische Frömmigkeit zusammen: „Deus lumen cordis mei, et panis oris intus animae meae, et virtus maritans mentem meam et sinum cogitationis meae." [29]

Ich bin so ausführlich auf den Übergang von Platon zu Augustinus eingegangen, weil er plastisch vor Augen führt, was diese Wendung zur Innerlichkeit bedeutet. Doch ist damit natürlich noch nicht erklärt, warum diese Wendung eine so wesentliche Rolle in unserer Zivilisation gespielt hat. Der zweifellos vorhandene Zusammenhang zwischen dieser Innerlichkeit und dem heutigen zentralen Stellenwert der radikalen Reflexivität sagt uns noch nichts darüber, warum Innerlichkeit für uns noch immer so wichtig ist und es auch für diejenigen bleibt, die der Frömmigkeit des Augustinus und jenem Gott, den er in der Innerlichkeit des Menschen fand, abgeschworen haben. Bevor wir mit dieser Frage ins reine kommen können, werde ich noch einiges zu den beiden anderen oben angesprochenen Facetten der modernen Identität zu sagen haben.

2. Die zweite dieser Facetten möchte ich unter dem Stichwort „distanziertes Subjekt" beschreiben. Der entscheidende Übergang, in welchem das distanzierte Subjekt ans Licht tritt, ist der zwischen Augustinus und Descartes.

In vielerlei Hinsicht ist das Denken Descartes' echt augustinisch: Betonung der radikalen Reflexivität, Bedeutung des Cogito, zentrale Rolle eines Gottesbeweises, der „von innen" ausgeht, d. h. von Wesensmerkmalen meiner eigenen Ideen anstatt vom äußeren Sein, wie wir es in den thomistischen Gottesbeweisen finden: dies alles stellt Descartes in den Strom der neu zum Leben erweckten augustinischen Frömmigkeit, die die Spätrenaissance auf beiden Seiten der großen Glaubensscheide beherrschte.

Aber Descartes gibt der augustinischen Innerlichkeit eine radikale Wendung und lenkt sie in eine völlig neue Richtung, die ebenfalls epochemachend gewirkt hat. Man könnte den Wandel so beschreiben, daß man sagt: Descartes verlegt die sittlichen Quellen in den Menschen selbst.

Wir haben gesehen, daß die Sprache des Innen/Außen weder bei Platon noch überhaupt bei irgendeinem antiken Moralisten anzutreffen ist. Einer der Gründe hierfür war, daß die Fähigkeit zur Selbstbemeisterung, die Herrschaft der Vernunft auf Kosten der Sinne, herrührte von einer Veränderung der Blickrichtung unserer seelischen Schau, ihrer mit Begehren vermischten Aufmerksamkeit. Von der Vernunft regiert zu werden hieß, den Ideen zugewandt und daher von der Liebe zu ihnen bewegt zu sein.

Der Schwerpunkt unserer sittlichen Quellen oder, um es mit einem anderen Bild zu sagen: der Ursprung unserer sittlichen Kraft, befindet sich sozusagen draußen. Zugang zum Höheren zu haben heißt, dieser kosmischen Ordnung, welche vom schlechthin Guten gestaltet ist, zugewandt und in sie eingestimmt zu sein.

Augustinus gibt zwar der Sprache der Innerlichkeit einen realen Sinn. Aber nicht deshalb, weil er die sittlichen Quellen in unserem Inneren suchen würde, das tut er ebensowenig wie Platon. Augustinus hält an der platonischen Vorstellung einer Ordnung der Dinge im Kosmos, welcher gut ist, fest. Gewiß, dies genügt nicht für uns, die wir von der Sünde geheilt werden müssen, um diese Ordnung so zu lieben, wie wir sie lieben sollen. Und diese Heilung kommt von innen. Aber sie kommt nicht von einer Kraft, die die unsere wäre. Im Gegenteil, wir wenden uns dem Weg nach innen nur zu, um über ihn hinauszugehen, zu Gott.

Die vom modernen Zeitalter bewirkte Verinnerlichung, die nicht zuletzt von Descartes maßgeblich und folgenreich formuliert worden ist, ist von derjenigen Augustinus' sehr verschieden. Sie verlegt in einem sehr realen Sinn die sittlichen Quellen in unser Inneres. Sie führt, verglichen mit Platon und verglichen mit Augustinus, in beiden Fällen zu einer Transposition, durch welche wir uns nicht mehr im Bezug zu sittlichen Quellen außerhalb unser selbst sehen. Eine bedeutsame Kraft ist verinnerlicht worden.

Ich möchte nacheinander diesen beiden Transpositionen nachgehen. Im Verhältnis zu Platon bietet Descartes ein neues Verständnis der Vernunft und damit auch ein neues Verständnis jener Herrschaft der Vernunft über die Leidenschaften, in der beide Denker das Wesen der Sittlichkeit erblicken.

Ein Einschnitt wurde unvermeidlich, sobald einmal die kosmische Ordnung nicht mehr als Verkörperung der Ideen betrachtet wurde. Descartes verwarf diese teleologische Denkweise ganz und verzichtete auf jegliche Theorie des ontischen Logos. Das Universum mußte nach der von Galilei eingeführten Methode des Zerlegens und Zusammensetzens mechanistisch verstanden werden. Diese Verschiebung in der wissenschaftlichen Theorie bedeutete auch eine radikale Veränderung der Anthropologie. Denn in Platons Ideenlehre gab es einen engen Zusammenhang zwischen wissenschaftlicher Erklärung und sittlicher Vision. Man hat sozusagen das korrekte Verständnis von beidem oder von keinem. Wenn wir diese Vision des ontischen Logos aufgeben und eine ganz andere Theorie der wissenschaftlichen Erklärung an ihre Stelle setzen, muß auch die ganze Konzeption der sittlichen Tugend und Selbstbemeisterung eine andere werden.

Diejenige Erklärung des wissenschaftlichen Wissens, welche aus der Galileischen Auffassung letztlich hervorgeht, ist die vorstellungsmäßige. Die Wirklichkeit erkennen bedeutet, eine korrekte Vorstellung von den Dingen zu haben — man konzipierte sie als ein korrektes inneres Bild von der äußeren Realität. Descartes erklärt sich selbst „assuré que je ne puis avoir aucune connaissance de ce qui est hors de moi, que par l'entremise des idées que j'ai eu en moi“ [30]. Und diese Konzeption von Erkenntnis scheint unanfechtbar zu sein, sobald man eine Erklärung von Erkenntnis im Sinne einer sich selbst offenbarenden Realität, wie etwa der Ideen, aufgegeben hat.

So ist also ein Vorstellungsbild der Realität konstruiert worden. So wie der Begriff der ἰδέα seinen ontischen Sinn verliert und künftig innerseelische Gehalte, Dinge „im Geist“, meint, so ist die Ordnung der Ideen nicht länger etwas, was wir *finden*, sondern etwas, was wir *bauen*. Die Sachzwänge der Konstruktion schließen zwar die ihr korrekt entsprechende äußere Realität ein, gehen aber über diese hinaus. Wie Descartes mit Nachdruck hervorhob: Vorstellungen erlangen den Status von Erkenntnis nicht allein dadurch, daß sie korrekt sind, sondern auch dadurch, daß sie Gewißheit stiften. Es gibt keine wirkliche Erkenntnis, wenn ich zwar eine Menge von Ideen, die zufällig den Dingen dort draußen entsprechen, im Kopf trage, aber kein begründetes Vertrauen zu ihnen habe. Wohlbegründete Gewißheit kommt für Descartes daher, daß die Sache sich uns in einem gewissen Licht darbietet, einem Licht, in dem die Wahrheit so klar ist, daß sie unleugbar ist; dies nennt er „évidence". „Toute science est une connaissance certaine et évidente": Mit diesem Satz beginnen Descartes' „Regulae ad directionem Ingenii".

Die Ordnung der Vorstellungen muß dergestalt beschaffen sein, daß sie Gewißheit erzeugt, und zwar durch eine Kette von klaren und deutlichen Wahrnehmungen. Das ist der Kern der in den „Regulae" niedergelegten und später in den „Discours" formulierten Regeln. Im letztgenannten Werk werden wir etwa angewiesen, unsere Probleme zu zerlegen „en autant de paracelles qu'il se pourrait, et qu'il serait permis pour les mieux résoudre" [31]. Und die folgende Regel lehrt uns, unsere Gedanken zu ordnen, indem wir vom Einfacheren zum Zusammengesetzten fortschreiten, „et supposant même de l'ordre entre ceux qui ne se précèdent pas les uns les autres" [32].

Die Ordnung der Vorstellungen muß also Maßstäben genügen, die sich von der Denktätigkeit des Erkennenden ableiten. Es ist eine Ordnung, die zusammengesetzt und hergestellt wird, um u. a. gewisse subjektive Bedürfnisse zu befriedigen. Das Denken als dieses Konstruieren oder Zusammensetzen wird zu Recht als „cogitare" bezeichnet: Dieses Wort hängt etymologisch mit der Vorstellung des Sammelns und Ordnens zusammen.[33]

Diese ganz andere Auffassung von der Erkenntnis und vom Kosmos bedeutet, daß Descartes' Leib-Seele-Dualismus sich völlig von jenem Platons unterscheidet. Für Platon verwirkliche ich meine wahre Natur als über-sinnliche Seele, wenn ich mich übersinnlichen, ewigen, unwandelbaren Dingen zuwende. Diese Wendung wird zweifellos einschließen, daß ich sehe und verstehe, daß die mich umgebenden Dinge an den Ideen, die ihnen das Sein geben, teilhaben.

Für Descartes dagegen gibt es keine solche Ordnung der Ideen, der wir uns zuwenden könnten, und die physische Realität in diesem Sinne verstehen zu wollen, wäre ein Musterbeispiel für eben jene Verwechslung des Seelischen mit dem Leiblichen, von der wir uns freimachen müssen. Das eigene Sein als unkörperliches zu verwirklichen setzt voraus, daß wir die ontologische Kluft zwischen Leib und Seele deutlich wahrnehmen, und das wiederum setzt voraus, daß wir die materielle Welt als reine Ausdehnung begreifen. Die materielle Welt umfaßt hier auch den menschlichen Leib, und die Erkenntnis des wirklichen Unterschiedes erfordert, daß wir uns von unserer gewohnten, verleiblichten Perspektive loslösen, derzufolge der normale Mensch dazu neigt, die ihn umgebenden Objekte wirklich mit Farbe oder Süßigkeit oder Wärme behaftet zu sehen und Schmerz oder Kitzel „in" seinem Zahn oder Fuß zu vermuten. Wir müssen die Welt, einschließlich unseres eigenen Leibes, objektivieren, und das bedeutet: sie mechanistisch und funktional ansehen, genauso, wie ein unbeteiligter außenstehender Beobachter es tun würde.

Hier waltet auf den ersten Blick eine Paradoxie. Einerseits scheint der cartesianische Dualismus insofern herber und strenger als der platonische zu sein, als er nicht länger zugibt, daß das Leibliche eine Art Medium für das Spirituelle sein kann. Platons Position im „Gastmahl" wird völlig unterhöhlt und eine derartige Präsenz des Ewigen im Zeitlichen geleugnet. Andererseits aber *bedarf* der cartesianische Dualismus des Leiblichen in einer Weise, wie es bei Platon nicht der Fall war. Nicht, daß Descartes unseren Eintritt in einen körperlosen Zustand nach dem Tode nicht bedenken würde. Sondern vielmehr, daß in unserem gegenwärtigen Zustand der Weg zur Verwirklichung unseres immateriellen Wesens darin besteht, eine bestimmte Stellung zum Leib zu beziehen. Wo die platonische Seele ihre ewige Natur verwirklicht, indem sie im Über-Sinnlichen aufgeht, entdeckt und bekräftigt die cartesianische Seele ihre immaterielle Natur, indem sie das Leibliche objektiviert.

Aus diesem Grunde hat Descartes recht, wenn er seine Theorie von der wesentlichen Einheit von Seele und Leib treffender findet als Platons Konzeption von ihrer Verwandtschaft — auch wenn er Platons Theorie ziemlich verkannte. Denn die cartesianische Seele befreit sich nicht dadurch, daß sie verleiblichte Erfahrung von sich abtut, sondern dadurch, daß sie sie objektiviert. Der Körper ist für sie sozusagen ein unvermeidlicher Gegenstand ihrer Beachtung. Sie muß sich auf ihn stützen, um sich von ihm freimachen zu können. Analog zu Max Webers berühmter Beschreibung der protestantischen Spiritualität als einer „außerweltlichen Askese“ könnten wir Descartes' Dualismus beschreiben als den Aufweis des Weges zu einer „innerweltlichen Befreiung“ der Seele.

Aber diese andere Ontologie, und damit verbunden die andere Erkenntnistheorie und die revidierte Konzeption des Dualismus, muß zwangsläufig in einer ganz anderen Vorstellung von der durch Vernunft bewirkten Selbst-Bemeisterung münden. Diese kann nicht das bedeuten, was sie bei Platon bedeutete: daß die Seele von jenem schlechthin Guten geordnet wird, welches über der kosmischen Ordnung waltet, die man beachtet und liebt. Denn eine solche Ordnung gibt es nicht. Rational sein muß jetzt etwas anderes bedeuten als: sich im Einklang mit dieser Ordnung befinden. Die cartesianische Antwort besteht darin, Rationalität bzw. die Macht des Denkens als unsere Fähigkeit anzusehen, Ordnungen zu *konstruieren*, die den von der Erkenntnis (oder dem Verstehen oder der Gewißheit) angelegten Maßstäben genügen. In Descartes' Fall sind die fraglichen Maßstäbe natürlich die der „evidence“. Wenn wir diese Linie weiterverfolgen, muß die Selbst-Beherrschung der Vernunft nunmehr darin bestehen, daß sie (und nicht die Sinne) kontrollierendes Element in unserem Leben ist; sie besteht darin, daß unser Leben nach jenen Ordnungen gestaltet wird, die unsere Vernunftfähigkeit getreu den entsprechenden Maßstäben konstruiert.

Der Ort dieser neuen Vorstellung von Vernunft in Descartes' Erkenntnistheorie ist bekannt genug. Weniger gewürdigt wird die Tatsache, daß sie auch seiner Ethik zugrunde liegt. In seinem berühmten Briefwechsel mit der Prinzessin Elisabeth entwirft Descartes eine Moral, die sehr an den antiken Stoizismus erinnert. Insbesondere scheint sie einem Ideal zentrale Bedeutung beizulegen, das an die stoische αὐτάρκεια erinnert.[34] Er entwickelt sogar eine Lehre, die stark an Epiktet anklingt, welcher sagt, daß unsere einzige Sorge der Zustand unseres ἡγεμονικόν sein solle, d. h. desjenigen in uns, das unser Verhalten leitet. Für Descartes ist dieses Ziel in Begriffen des Willens auszudrücken. Wir sehen das beispielsweise in einem berühmten Abschnitt seines Briefes an Christina von Schweden[35]:

outre que le libre arbitre est de soi la chose la plus noble qui puisse être en nous, d'autant qu'il nous rend en quelque façon pareils à Dieu et semble nous exempter de lui être sujets, et que par conséquent, son bon usage est le plus grand de tous nos biens, il est aussi celui qui est le plus proprement nôtre et qui nous importe le plus, d'où il suit que ce n'est que de lui que nos plus grands contentements peuvent procéder.

Aus der Hegemonie der Vernunft selbst fließt unsere größte Befriedigung. Doch hat gegenüber den Stoikern eine radikale Interpretationsverschiebung stattgefunden. Für die Stoiker bedeutete die Hegemonie der Vernunft das Vorwalten einer bestimmten Weltsicht, wonach alles, was geschieht, von der göttlichen Vorsehung gelenkt wird. Der Weise erkennt dies und vermag alles, was geschieht, als Ereignis in dieser providentiellen Ordnung freudig anzunehmen; er ist geheilt von dem Irrglauben, die Bedeutung dieser Ereignisse liege darin, daß sie seine privaten Bedürfnisse oder Wünsche fördern oder hemmen. Für Descartes bedeutet die Hegemonie das, was sie auch für uns heute natürlicherweise bedeutet: daß die Vernunft die Kontrolle innehat, in dem Sinne, daß sie die Wünsche instrumentalisiert.

Aus diesem Grund entwickelt Descartes eine radikal andere Theorie der Leidenschaften als die Stoiker. Anstatt in den Leidenschaften einfach falsche Meinungen zu sehen, von denen wir uns restlos freizumachen haben, bietet er eine funktionale Erklärung für sie an. Der Weise ist nicht mehr aufgerufen, die Leidenschaften als falsche Meinungen abzutun, vielmehr besteht die Weisheit darin, rationale Kontrolle über sie zu gewinnen, damit sie den ihnen zugedachten Funktionen dienen und nicht außer Kontrolle geraten.

So fordert Descartes nicht, daß wir uns von unseren Leidenschaften befreien. Im Gegenteil, er bewundert „les grandes âmes", die „ont des raisonnements si forts et si puissants que, bien qu'elles aient aussi des passions et même souvent de plus violentes que celles du commun, leur raison demeure néanmoins la maîtresse ..."[36]

Diese radikale Interpretationsverschiebung möchte ich eine Verinnerlichung sittlicher Kraftquellen nennen. Wird die Hegemonie der Vernunft als rationale Kontrolle aufgefaßt, als Kraft, den Leib, die Welt und die Leidenschaften zu objektivieren und gegen diese einen durch und durch instrumentellen Standpunkt einzunehmen, dann können die Quellen sittlicher Stärke nicht länger als außerhalb von uns liegend angesehen werden. Jedenfalls nicht in der Weise, wie es für Platon und, wie ich meine, auch für die Stoiker der Fall war, bei denen sie in einer Weltordnung liegen, die ein Gut verkörpert, welches wir nicht anders als lieben und bewundern können; und selbst die Interpretation Augustinus', die sie in Gott ruhen sieht, dem wir in unserem Inneren begegnen, ist nun in Gefahr. Wenn rationale Kontrolle eine Sache des Geistes ist, der eine entzauberte Welt der Materie beherrscht, dann müssen das Gefühl für die Überlegenheit des guten Lebens und das Streben nach diesem aus dem Gefühl des handelnden Menschen für seine eigene Würde als rationales Wesen kommen. Nach meiner Überzeugung erwächst dieses moderne Thema der Würde der menschlichen Person, das einen so beträchtlichen Raum im ethischen und politischen Denken der Moderne einnimmt, aus dieser eben beschriebenen Verinnerlichung.

Explizit zu einem zentralen Thema wird dies erst mehr als hundert Jahre später bei Kant werden. Doch bewegt sich schon Descartes' ethische Theorie im Umfeld dieser Thematik. Man kann das an dem großen Nachdruck ermessen, mit dem Descartes bei der Schilderung der Belohnungen für ein gutes Leben von der Befriedigung der Selbstachtung spricht.[37] Noch deutlicher wird das an der zentralen Stellung, die er der „générosité" einräumt[38], dieser Kerntugend der Ethik der Ehre im 17. Jahrhundert, die nunmehr zur entscheidenden Motivationsgrundlage für eine Ethik der rationalen Kontrolle gemacht wird.

Diese zentrale Stellung von Würde und Achtung spiegelt die neue Definition der Selbstbeherrschung wider. Wenn die Hegemonie der Vernunft zur rationalen Kontrolle wird, bedeutet das, daß wir uns im Einklang mit einer Ordnung der Dinge befinden, welche wir nicht mehr Kosmos, sondern in unserem eigenen Leben vorfinden, das von den Ordnungen gestaltet wird, die wir nach vernunftgemäßen Maßstäben konstruieren.

Selbstverständlich werden diese Maßstäbe verschiedentlich erfordern, daß wir jene Einrichtung der Dinge in Rechnung stellen und uns ihr anpassen, welche wir in der Welt oder in unserer eigenen Natur vorfinden – so wie der Cartesianer lernt, seine Leidenschaften je nach den Zwecken, für die sie bestimmt waren, umzumodeln. Das geschieht aber nicht deshalb, weil diese Einrichtung ihrem Wesen nach und von sich aus der Liebe aller rational Erkennenden sicher sein kann, sondern weil es rational ist, sie in Rechnung zu stellen – „rational" nun definiert nach den Maßstäben, an welchen wir jene Ordnungen messen, die wir konstruieren, um nach ihnen zu leben. So, wie das rationale Streben nach Erkenntnis bedingt, daß wir Ordnungen von Vorstellungen konstruieren, deren eines Erfordernis ist, daß sie der Einrichtung der Dinge dort draußen entsprechen – das andere Erfordernis ist, daß sie Gewißheit bieten –, so fordert die praktische Vernunft, daß wir von den Dingen in der Welt, zu denen auch unsere eigene Doppelnatur gehört, so Gebrauch machen, daß wir die rationale Kontrolle behalten und stärken, und dies wiederum wird häufig bedingen, daß wir uns der Einrichtung der Dinge und der Beschaffenheit unseres leiblichen Seins anbequemen und anpassen.

Völlig ausgeschlossen ist nun aber die Vorstellung, daß die Einrichtung der Dinge länger das *Maß* der Rationalität sein könnte, daß das letzte Rationalitätskriterium die Übereinstimmung mit dieser Ordnung selbst sein könnte. Diese Übereinstimmung wird nun als Teil einer Strategie gefordert, deren letzte Maßstäbe oder Ziele anderswo liegen.

Man könnte sagen, daß Rationalität nicht länger inhaltlich definiert wird, in Begriffen der Ordnung des Seins, sondern vielmehr verfahrensmäßig, in Begriffen der Maßstäbe, durch die wir Ordnungen in der Wissenschaft und im Leben konstruieren.

Der Schritt von der Substanz zum Prozeß, von vorgefundenen zu konstruierten Ordnungen, stellt nun, verglichen mit der platonischen bzw. stoischen Tradition der Ethik, eine enorme Verinnerlichung dar. Unverkennbar hat das ganze cartesianische Unternehmen seinen augustinischen Wurzeln sowie dem besonderen Platz, den diese Tradition der Innerlichkeit einräumte, eine Menge zu danken.

Aber ebenso unverkennbar hat hier auch eine Transposition dieser Tradition stattgefunden. Die cartesianische Verinnerlichung hat sich zu etwas von seiner augustinischen Quelle sehr Verschiedenem gewandelt. Für Augustinus war der Pfad nach innen nur ein Schritt auf dem Wege nach oben. Etwas Ähnliches ist in Descartes noch vorhanden, der ebenfalls die Existenz Gottes beweist, indem er vom Selbstverständnis des denkenden und handelnden Menschen ausgeht. Doch ist der Geist in subtiler, aber wesentlicher Weise modifiziert worden. Der Denkende, der Augustinus' Pfad folgt, empfindet mehr und mehr, wie wenig er sich selbst genug ist, sieht mehr und mehr, daß Gott in ihm handelt.

Im Gegensatz hierzu besteht für Descartes der ganze Zweck der reflexiven Wendung darin, eine sich selbst genügende Gewißheit zu erlangen. Was ich im Cogito und in jedem sukzessiven Schritt in der Kette klarer und deutlicher Wahrnehmungen erlange, ist eben diese Art von Gewißheit, die ich für mich selbst erzeugen kann, indem ich die rechte Methode befolge. Daß wir die Kraft besitzen, uns selbst jene Gewißheit zu verschaffen, nach der wir suchen: das scheint Descartes' Schlüsseleinsicht im entscheidenden Augenblick der Eingebung – in jener kalten Novembernacht im Winterquartier in Deutschland – gewesen zu sein.

Natürlich beweist die Argumentationskette, daß ich mich, was meine Erkenntnis der äußeren Welt betrifft, auf einen wahrheitsliebenden Gott verlasse. Doch man beachte, wie verschieden dies von der traditionellen augustinischen Ordnung der Abhängigkeit ist. Die These lautet nicht, daß ich Erkenntnis gewinne, sobald ich Gott im Glauben zugewandt bin. Vielmehr ist die Gewißheit einer klaren und deutlichen Wahrnehmung bedingungslos und selbst-erzeugt. Was geschehen ist, ist vielmehr folgendes: Die Existenz Gottes ist zu einer Stufe *meines* Fortschreitens auf dem Wege zur Wissenschaft durch methodische Anordnung evidenter Einsicht geworden. Die Existenz Gottes ist ein Theorem in *meinem* System der vollkommenen Wissenschaft geworden. Der Schwerpunkt hat sich entscheidend verschoben.

Der Schritt vom unvollkommenen Selbst zu einem vollkommenen Gott, in seinem Ausgangspunkt so durch und durch augustinisch, ist dabei, seinen Charakter zu verändern. Er wird nicht getan, damit Gott an den tiefsten Wurzeln des Selbst sichtbar gemacht werden kann, mir näher als mein eigenes Auge. Im Gegenteil, es ist der logische *Schluß* von Kräften, die zu besitzen ich mich vergewissern kann, auf deren zwangsläufige Quelle. Der cartesianische Beweis ist nicht länger die Suche nach einer Begegnung mit Gott in mir. Er ist nicht länger der Weg zu der Erfahrung, daß alles in Gott ruht. Sondern was mir jetzt begegnet, bin ich selbst. Ich gelange zu einer bisher unbekannten Klarheit und Fülle des Bei-mir-selbst-Seins, die mir zuvor verwehrt war. Doch gebietet die Vernunft, von dem, was ich hier finde, auf eine Ursache und transzendente Garantie zu schließen, ohne die meine nunmehr gut verstandenen menschlichen Kräfte nicht so sein könnten, wie sie sind. Der Weg zum Deismus ist bereits frei — auch wenn es anachronistisch wäre, Descartes vorzuwerfen, er hätte ihn beschritten.

Diese cartesianische Verinnerlichung, die des distanzierten, objektivierenden Subjekts, beantwortet z. T. die Frage, die ich am Ende des ersten Abschnittes dieses Teils aufgeworfen habe: warum die augustinische Innerlichkeit einen so ungeheuren Platz in unserer Zivilisation eingenommen hat, und zwar auch bei jenen, die keine Gläubigen mehr sind. Die tragende Säule unseres Selbstverständnisses in der Sprache des Innen/Außen war zweifellos unser Gefühl, daß wir distanzierte, rational handelnde Subjekte sind.

Aber das ist noch nicht alles. Es gibt einen weiteren Strang des augustinischen Erbes in der modernen Welt, in naturalistischer wie in theistischer Form auftretend, der die Wendung nach innen als eine Art Suche auffaßt, die nicht in rationaler Kontrolle gipfelt. Montaigne hatte diesen Strang bereits inauguriert, bevor Descartes zu schreiben begann. Beide Stränge existieren in der modernen Kultur nebeneinander, häufig in Spannung; was natürlich eine gewisse gegenseitige Beeinflussung nicht verhindert hat. So daß selbst in Konzeptionen, die die rationale Kontrolle als Ideal meiden, der Akteur wesentlich als mit der Fähigkeit begabt gesehen wird, Ordnungen des Denkens und des Ausdrucks zu konstruieren, durch die wiederum seinem Leben eine gewisse Ordnung mitgeteilt werden kann. Dies letztere mag freilich nicht durch die geplante, rationale Ordnung bewirkt werden, die, wie im cartesianischen Modell, die Kontrolle über unser Leben übernimmt. Vielmehr mag die Ordnung, die wir erschaffen, eine expressive sein, durch die wir Zugang zur Natur innen und außen bekommen, wie die Romantiker glaubten. Doch in beiden Fällen sehen wir aus der modernen Idee des Handelns eine Eigentümlichkeit sich entwickeln, die sich im Gefolge der cartesianischen Revolution entwickelt hat: Sie schreibt dem Akteur ein ganzes Spektrum von autonomen produktiven — nennen wir sie „poietischen" — Fähigkeiten zu, die eine wesentliche Rolle bei der Gestaltung seines Lebens und Denkens spielen. Doch können wir dies erst näher untersuchen, wenn wir das dritte Merkmal betrachtet haben.

3. Das dritte Merkmal möchte ich die Bejahung des normalen Lebens nennen. „Normales Leben" ist ein Kunstbegriff, den ich hier zur Bezeichnung jener Anspekte des menschlichen Lebens einführen möchte, welche mit Produktion und Reproduktion zu tun haben, also Arbeit, die Herstellung der für das Leben notwendigen Dinge, unser Leben als Geschlechtswesen, Ehe und Familie. Wenn Aristoteles als die Ziele des politischen Zusammenschlusses nannte „Leben und das gute Leben" (ζῆν καὶ εὖ ζῆν), so war dies das Spektrum jener Dinge, die er unter „Leben" zusammengefaßt sehen wollte; grundsätzlich umfassen sie alles, was wir tun müssen, um das Leben weiterzuleben und zu erneuern.

Diesen Tätigkeiten zu obliegen, war für Aristoteles nun zu unterscheiden vom Verfolg des guten Lebens. Sie sind selbstverständlich notwendig für das gute Leben, aber sie spielen im Verhältnis zu diesem eine infrastrukturelle Rolle. Man kann nicht das gute Leben verfolgen, ohne zu leben – wenn man nur eines unter Ausschluß des anderen verfolgen will, so kann es nur das Leben sein, das freilich ist zu wenig für eine menschliche Existenz. Die Ziele sind hierarchisch geordnet: Die Erhaltung des Lebens soll nur in dem Maße gesucht werden, wie es als Grundlage oder Infrastruktur des guten Lebens erforderlich ist.

Dieses wird dann als aus Betätigungen bestehend gedacht, die von der Erhaltung des Lebens verschieden sind; die wichtigsten sind, nach den traditionellen Anschauungen der Antike, die theoretische Betätigung einerseits und die Beteiligung an der Politik als Bürger andererseits. Während in einigen Versionen die eine dieser Betätigungen auf Kosten der anderen gerühmt wird, hat Aristoteles' Version den Vorzug, beide zu bejahen. Das gute Leben schließt für ihn sowohl die θεωρία als auch die staatsbürgerliche Betätigung ein.

Der Übergang, von dem ich hier sprechen möchte, setzt diese Hierarchie außer Kraft und verlegt den Ort des guten Lebens von irgendeinem besonderen Bereich höherer Betätigungen in das „Leben" selbst. Das ganze menschliche Leben wird nun in Begriffen von Arbeit und Produktion einerseits und Ehe und Familienleben andererseits definiert. Gleichzeitig unterzog man die einstigen „höheren" Betätigungen einer scharfen Kritik.

Das Ideal der θεωρία, des kontemplierenden Erfassens der Ordnung des Kosmos, wird nun als eitel und verfehlt betrachtet, als vermessener Versuch, der harten Arbeit des eingehenden Forschens zu entgehen. Francis Bacon hämmert dem Leser unablässig ein, daß die traditionellen Wissenschaften darauf abgezielt haben, eine befriedigende Gesamtordnung in den Dingen zu entdecken, anstatt sich damit zu befassen, wie die Dinge funktionieren.

> I find that even those who have sought knowledge for itself, and not for benefit and ostentation, or any practical enablements in the course of life, have nevertheless propounded to themselves a wrong mark – namely, satisfaction (which men call Truth) and not operation.[39]

Die Folge ist gewesen, daß diese Leute keine Früchte geerntet haben – nicht einfach in dem Sinne, daß sie keine nützliche, anwendbare Technik hervorgebracht hätten, sondern auch insofern, als die Erkenntnis, die sie bieten, trügerisch ist; denn technischer Gewinn gilt hier als das Kriterium echter Erkenntnis.

Von allen Zeichen ist keines gewisser

> or more noble than that taken from fruits. For fruits and works are as it were sponsors and sureties for the truth of philosophies. Now, from all these systems of the Greeks and their ramifications through particular sciences, there can hardly after the lapse of so many years be adduced a single experiment which tends to relieve and benefit the condition of man, and which can in thruth be referred to the speculations and theories of philosopy.[40]

Die Lage des Menschen erleichtern ... das ist das Ziel. Wissenschaft ist keine höhere Betätigung, der das normale Leben dienstbar sein sollte; im Gegenteil, die Wissenschaft sollte dem normalen Leben nützen. Dies nicht zum Ziel zu machen, ist nicht nur ein sittliches Versagen, ein Mangel an Nächstenliebe, sondern auch und zwangsläufig ein epistemologisches Versagen. Bacon zweifelt nicht daran, daß die Ursache dieses folgenschweren Irrtums der Dünkel ist. Die alte Wissenschaft läuft auf ein „prescribing laws to nature" hinaus.

> We want to have all things as suits or fatuity, not as fits the Divine Wisdom, not as they are found in nature. We impose

the seal of our image on the creatures and works of God, we do not diligently seek to discover the seal of God on things.[41]

Die Baconsche Revolution brachte eine Umwertung von Werten, die zugleich die Umkehrung der früheren Hierarchie ist. Was früher das Stigma des Niederen trug, wird nun zur Richtschnur erhoben, und das einst Höhere wird der Vermessenheit und Eitelkeit überführt. Dies bedeutete auch eine Umwertung der Berufe. Der geringgeachtete Mechanikus und Handwerker, so zeigt sich, hat mehr zum Fortschritt der Wissenschaft beigetragen als der müßiggängerische Philosoph.[42]

Und in der Tat wohnt der Bejahung des normalen Lebens eine Neigung zur sozialen Nivellierung inne. Der Mittelpunkt des guten Lebens liegt nun in etwas, woran jedermann Anteil haben kann, nicht in Bereichen der Betätigung, denen nur wenige Begüterte gerecht werden können. Den ganzen Umfang dieses sozialen Umschwungs können wir besser ermessen, wenn wir uns die Kritik ansehen, die gegen den anderen Hauptstrang der traditionellen hierarchischen Auffassung vorgebracht wurde, nämlich die Ethik der Ehre, deren Wurzeln im staatsbürgerlichen Leben liegen.

Die Ziele des Ruhms und der Ehre, die Verteidigung der hierarchischen Ethik, werden im 17. Jahrhundert einer vernichtenden Kritik unterzogen; sie werden als Hoffart und Eitelkeit denunziert, als Früchte einer geradezu kindischen Vermessenheit. Wir finden das bei Hobbes, aber auch bei Pascal, bei La Rochefoucauld und Molière. Wie Albert Hirschmann zeigt, scheinen diese Autoren (vielleicht mit Ausnahme Hobbes') von der hier beschriebenen Umwertung unberührt zu sein; sie nahmen vielmehr eine Angriffslinie auf, die schon antiken Kritikern der Krieger/Bürger-Ethik gut bekannt war, entweder vom philosophischen Standpunkt aus (z. B. bei Platon) oder auf der Grundlage einer christlichen Ethik (hier war Augustinus die führende Gestalt).[43] Doch gegen Ende des Jahrhunderts wird diese Kritik aufgenommen und gerät zum Gemeinplatz eines neuen Ideals des Lebens, bei dem der nüchternen und disziplinierten Produktion die zentrale Stelle angewiesen und das Streben nach Ehre als eigensinnige und undisziplinierte Zügellosigkeit, als mutwillige Gefährdung der wirklich wertvollen Dinge im Leben angeprangert wird. Ein neues Modell der Artigkeit tritt im 18. Jahrhundert hervor, worin das Leben des Handels und des Erwerbs einen beispiellos positiven Platz einnimmt.

Diese „bürgerliche" Ethik hat offensichtliche nivellierende Konsequenzen, und niemand kann blind sein für die gewaltige Rolle, die sie bei der Konstituierung der modernen liberalen Gesellschaft gespielt hat: durch die grundlegenden Revolutionen des 18. Jahrhunderts und danach, mit ihren Idealen der Gleichheit, ihrem Gefühl eines universellen Rechts, ihrer Arbeitsethik und ihrem Lobpreis der sexuellen Liebe und der Familie. Was ich die Bejahung des normalen Lebens genannt habe, ist ein weiterer prägender Zug der modernen Identität; und zwar nicht nur in ihrer „bürgerlichen" Form: Die Hauptstränge revolutionären Denkens haben ebenfalls den Menschen als Produzenten gepriesen, als einen, der seine höchste Würde in der Arbeit und der Verwandlung der Natur im Dienste des Lebens findet. Die marxistische Theorie ist der bekannteste, aber nicht der einzige einschlägige Fall.

Es ist leicht, den hier besprochenen Übergang negativ zu bestimmen, in Begriffen jener Ethik, die er (teilweise) ablöste. Für meine Zwecke kommt es aber hier darauf an, die positive neue Bewertung zu verstehen, die er dem normalen Leben gab. Die abgelösten traditionellen Auffassungen waren mit einer — wie ich es genannt habe — Konzeption von sittlichen Quellen verbunden. Die Idee, daß unsere höchste Betätigung die Kontemplation sei, war bedingt durch die Anschauung, daß die Weltordnung vom schlechthin Guten strukturiert ist; die Ethik der Ehre sah die Liebe zum Ruhm und zur Unsterblichkeit als die Quelle großer Taten und exemplarischen Mutes. Beide Konzeptionen konnten eine positive Erklärung dafür bieten, warum die von ihnen bevorzugte Version des guten Lebens wirklich eine höhere Existenzform des Menschen war. Was aber war die entsprechende Rechtfertigung der verschiedenen Ethiken des normalen Lebens?

Um dies richtig sehen zu können, müssen wir einmal mehr auf einen theologischen Ausgangspunkt zurückgehen. Die Bejahung des normalen Lebens hat ihren Ursprung in der christlichen Spiritualität, und die besondere Stoßkraft, die sie in der Moderne bekommt, geht in erster Linie auf die Reformation zurück. Einer der zentralen Punkte, in dem alle Reformatoren sich trafen, war ihre Ablehnung der Vermittlung zwischen Mensch und Gott. Die mittelalterliche Kirche, so wie sie sie verstanden, als eine Körperschaft, in der einige gottgeweihte Männer Verdienst und Erlösung für andere erwirken konnten, die weniger gottgeweiht waren: Die Kirche war den Reformatoren Anathema. Es gab nicht so etwas wie frommere und weniger fromme Christen: Die persönliche Bindung an Gott war entweder total oder sie war wertlos. Die Ablehnung der Vermittlung zwischen Gott und Mensch hing eng mit der Ablehnung des mittelalterlichen Verständnisses vom Heiligen zusammen, wonach die Kraft Gottes vorzüglich in gewissen Zeiten, Orten und Ritualen zu erfahren war. Das schmeckte allzu sehr nach einer Kontrolle Gottes durch den Menschen.

Und so verwarfen die Reformatoren im Negativen die Vorstellung einer Priesterschaft mit besonderen sakramentalen Vollmachten und mit ihr überhaupt die Idee einer besonderen Berufung zu einem heiligmäßigen Leben, wie etwa dem des ehelosen Mönchs. Luther markiert diesen Bruch in seinem eigenen Leben, indem er selbst dem Mönchsdasein entsagt und eine ehemalige Nonne heiratet.

Doch für meinen Zweck ist die positive Seite dieses Vorgangs wichtig. Wenn man besondere „höhere" Berufungen verwarf, die durch das Armuts-, Keuschheits- und Gehorsamsgelübde die Möglichkeit der Erfüllung im normalen Leben leugneten, so bejahte man damit zugleich auch, daß die Fülle christlicher Existenz in den Aktivitäten eben dieses Lebens zu finden war, im eigenen Beruf, in der Ehe und in der Familie. Die gesamte moderne Entwicklung der Bejahung des normalen Lebens in all seinen Facetten war nach meiner Überzeugung schon in der Spiritualität der Reformatoren angelegt. Dies gilt für die positive Bewertung von Produktion und Reproduktion ebenso wie für die hierarchiefeindlichen Konsequenzen, die die Ablehnung sakramentaler Autorität und höherer Berufungen hatte.[44]

Die Grundlage für diese neue, radikale Bewertung des normalen Lebens war natürlich eine der fundamentalsten Einsichten der jüdisch-christlich-islamischen Religionstradition: daß Gott als der Schöpfer selber Leben und Sein bejaht, was im allerersten Kapitel der Genesis zum Ausdruck kommt, wo es wiederholt heißt: „Und Gott sah, daß es gut war." Das Leben in einem Beruf konnte ganz und gar christliches Leben sein, weil es als Teilhabe an dieser Bejahung durch Gott selbst aufgefaßt werden konnte. In diesem Sinne zogen die Reformatoren natürlich nur die radikalen Konsequenzen aus einem sehr alten Thema der Christenheit. Denn schließlich waren es die Mönche selbst gewesen, die der Vorstellung Bahn gebrochen hatten, ein Leben des Gebets im Werk zu führen.

Damit das normale Leben diesen spirituellen Zweck in sich schloß, mußte es selbstverständlich im Lichte der göttlichen Ziele geführt werden, letztendlich also zum Ruhme Gottes. Das bedeutete natürlich, daß man Gottes Absichten mit dem Leben respektierte, indem man Sünde, Ausschweifungen und Exzesse aller Art vermied. Es bedeutete aber auch, daß man das Leben für Gott lebte. Dazu gehörte, daß man es vermied, in den Dingen des Lebens aufzugehen, in ihnen den Endzweck zu sehen. Wir sollen die Dinge dieser Welt mit „weaned affections“ gebrauchen, sagt Increase Mather. Man soll sie gebrauchen, „but be not wedded to them, but so weaned from them, that you may use them, as if you used them not“ [45]. Doch wäre es eine Verzerrung puritanischer Spiritualität, wollte man nur diesen negativen Aspekt erwähnen. Sein Leben für Gott zu leben, verlangte auch, daß man an der positiven Bejahung des Lebens und der Dinge im Leben mitwirkte. Diese Bejahung darf nicht zu einer um meine eigenen Ziele und Zwecke kreisenden entarten, sondern muß immer Gottes Zielen die zentrale Stelle einräumen; aber eine Bejahung ist es dennoch.

Das ist der Grund, weshalb man die Askese der traditionellen mönchischen Berufung nicht nur als vermessen und hoffärtig ansieht (weil sie sich selbst einen besonderen Status in der Ökonomie der Erlösung anmaßt), sondern auch als blasphemische Verneinung von Gottes Zwecken. Es läuft darauf hinaus, die Gaben Gottes zu verachten, anstatt sie ihm durch andächtigen Gebrauch wieder zurückzuerstatten. „God hath given us Temporals to enjoy ... We should therefore suck the sweet of them, and so slack our Thirst with them, as not to be Insatiably cravong after more.“ [46] Der puritanische Prediger Perkins formuliert mit schockierender Direktheit diese Lehre von der Heiligung des Normalen:

> As the scriptures call him carnall which is not renewed by the spirit and borne again in Christs flesh, and all his workes likewise ... whatsoever he doth, though they seem spirituall

> and after the law of God never so much. So contrariwise he is spirituall which is renewed in Christ, and all his workes which spring from faith seeme they never so grosse ... yea deedes of matrimonie are pure and spirituall ... and whatsoever is done within the lawes of God though it be wrought by the body, as the wipings of shoes and such like, howsoever grosse they appeare outwardly, yet they are sanctified.[47]

Man kann jetzt verstehen, wie in Gesellschaften, die von dieser Spiritualität beeinflußt wurden, namentlich aber dort, wo der Puritanismus ein wesentlicher Einfluß war, eine neue, positive Bewertung des Lebens der Produktion und darüber hinaus der liebevollen Freuden des Ehe- und Familienlebens[48] erwachsen konnte.

Diese positive Bewertung steht m. E. am Ursprung dieser dritten Facette der modernen Identität, die ich in diesem Abschnitt behandelt habe: der Bejahung des normalen Lebens. Doch hat sie eine entscheidende Transposition in säkulare Formen erfahren. Diese Transposition aber – das wage ich zu behaupten – wird bei aller großen Bedeutung, die sie für uns hat, eigentlich noch immer ungenügend verstanden. Nehmen wir als Fluchtpunkt das, was man den Aufklärungshumanismus nennen könnte, d. h. jenes Spektrum von Anschauungen, die ihre ganz und gar selbstbewußte Formulierung zuerst im 18. Jahrhundert fanden und die es als unsere Aufgabe definieren, die von einem wissenschaftlichen Studium der Natur durchdrungene instrumentelle Vernunft auf die menschlichen Dinge anzuwenden, um dadurch Glück, Wohlstand und die Überwindung von Schmerz und Leid herbeizuführen; jene Anschauungen, die beispielsweise den Enzyklopädisten in Frankreich und den philosophischen Radikalen in England gemein, aber in Varianten auch außerhalb dieser spezialisierten Zirkel im Schwange waren.

Dieser Humanismus bildet eine der wichtigsten Formulierungen der modernen Ethik des normalen Lebens, ich würde sogar sagen, daß er in gewisser Weise ein Paradigma darstellt, nach dessen Maßgabe wir uns seither zu definieren haben. Im Sinne der von mir hier erörterten Facetten der modernen Identität bildet dieser Humanismus eine Synthese dieser Bejahung des normalen Lebens mit der Vorstellung des distanzierten Subjekts. Wir dienen unserem Wohlergehen als lebende und fühlende Wesen am besten, indem wir einen objektivierenden und distanzierten Standpunkt gegenüber uns selbst sowie der Natur einnehmen. In einem gewissen Sinne kommt die historische Affinität zwischen der Ethik des normalen Lebens und dem Ideal der Distanziertheit, die schon im Werk Bacons und seiner Nachfolger evident ist, in diesem Humanismus zu ihrem umfassendsten Ausdruck. Beide vereinen sich in der Ablehnung der platonischen Konzeption des Universums als eines Kosmos, den es durch rationale Kontemplation zu erfassen gilt. Beide haben ihre Wurzeln in jenem Strang christlichen Denkens und Fühlens, dem diese Vorstellung einer kosmischen Ordnung verdächtig ist, weil sie der Souveränität Gottes unannehmbare Grenzen setzt.[49]

Dort aber, wo beide sich von diesen christlichen Wurzeln abwenden, ja sie ausdrücklich verwerfen, gehen sie am engsten miteinander konform: in der Lehre, daß durch instrumentelle Vernunft das Leben am besten bejaht und ihm am besten gedient wird. Das ist die Idee, die es zu verstehen gilt.

In gewisser Weise ist dies im negativen Sinne leicht zu verstehen. Es bedeutet eine Ablehnung all jener metaphysischen, religiösen und „jenseitigen" Lehren, die gewillt sind, das normale Leben und seine Befriedigungen irgendwelchen anderen, „höheren" Zielen zu opfern, seien es nun Kontemplation oder asketische Reinheit oder die Forderungen eines eifersüchtigen Gottes oder die rechte Hierarchie des Seins oder die Herrschaft einer höheren Kaste oder eines traditionellen Machthabers oder was immer. Alle die alten, trügerischen Gründe, um den Menschen Schmerz zu bereiten oder sie zum Verzicht auf das Glück zu verleiten, brandmarkt Bentham unter dem Stichwort „the principle of asceticism", welches die Klasse aller verworrenen Alternativen zusammenfaßt, in deren Namen der Mensch dem wahren Prinzip, dem der Nützlichkeit, widerstanden hat.

Die oft bemerkte Ironie ist, daß der Aufklärungshumanismus sich sogar gegen die reformierte Religion wendet und dabei deren Waffen entlehnt. Die Ablehnung asketischer Berufungen durch die Reformatoren, die darin ein vermessenes und blasphemisches Ausschlagen der Gaben Gottes sahen, wird nun zu einer Absage an das Christentum selbst und sein Sündenbewußtsein sowie an die Grenzen, die es dem menschlichen Begehren setzt; dies sei eine zwecklose Verleumdung der Natur, deren Motiv eine Art spiritueller Hoffart sowie die Vermessenheit sei, man könne sich über die Natur erheben. Selbst die Neigung, an eine höhere, spirituelle Berufung des Menschen zu glauben, wird als Zeichen der Hoffart gedeutet, als Unfähigkeit, unseren wahren, materiellen Status in der Natur zu akzeptieren.[50]

Weniger oft bemerkt wird ein anderer Anspruch, den der Aufklärungshumanismus implizit erhebt. Der Anspruch lautet nicht nur, daß unvoreingenommenes instrumentelles Argumentieren der Sache des menschlichen Glücks besser dienen kann, ja daß rivalisierende metaphysische und religiöse Auffassungen in Wirklichkeit Hindernisse sind, die man aus dem Wege räumen muß. Implizit ist auch die Überlegung da, daß aufgeklärte Vernunft allein wirklich den Wert der Natur bejaht, daß durch sie allein der wahre Wert des normalen Lebens sichtbar wird.

Dieser Anspruch ist meistens nur implizit vorhanden, und zwar im Angriff auf die Religion und die traditionelle Ethik, die eine niedrige und entwertete Auffassung vom natürlichen Begehren böten, so wie die entsprechende puritanische Bejahung oft nur implizit vorhanden war: in der Verurteilung der Mönche, welche die göttlichen Gaben ablehnten. Doch ist im modernen, ungläubigen Humanismus ein viel größeres Widerstreben zu beobachten, diesen Punkt explizit zu machen. Das liegt daran, daß die Sprache, in der man ihn natürlicherweise formulieren müßte, eine Sprache des inneren Wertes ist. Zwar vermochten metaphysische Theorien, diese Sprache im Sinne eines höheren Zweckes, und Theologien, sie im Sinne von geheiligten Zwecken zu verwenden. Naturwissenschaftliche Denker waren hingegen zu sehr damit beschäftigt, sie zu widerlegen, als daß sie ihrer wirklich froh werden konnten. Der Aufklärungshumanismus hat dazu tendiert, einen mächtigen Schatten des Argwohns auf alle diese Sprachen zu werfen, in denen sein positiver Anspruch hätte vorgebracht werden können.

Die Doktrin kann sogar bis zu der Behauptung zugespitzt werden, daß alle solche Sprachen sinnlos sind. Doch befindet sie sich in diesem Falle in schweren logischen Schwierigkeiten, weil dergleichen Behauptungen bei der geistigen Stoßrichtung dieses Humanismus unausweichlich sind. Der bloße Nachweis, daß alle traditionellen religiösen und metaphysischen Doktrinen irrig sind, würde uns verzweifeln lassen. Das Gefühl, daß deren Widerlegung eine große Befreiung für den Menschen bedeutet, gründet sich auf die zumindest implizite Überzeugung, daß das dergestalt vom Schatten der Verdammnis befreite natürliche Leben in sich wertvoll ist. Und die zentrale Bedeutung dieser Behauptung wird immer wieder evident an der Malaise, die den Zweifel an ihrem Wert begleitet, wie wir weiter unten noch sehen werden.

Aber wie ist diese Bejahung des inneren Wertes zu verstehen? Worauf soll sie sich gründen? Offenbar nicht auf die Konzeption eines von den Ideen geordneten Kosmos, der auch unabhängig von jeglicher menschlichen Existenz gut wäre; diese Anschauung wurde ja angeblich widerlegt. Auch nicht auf die Bejahung durch Gott; diese steht überhaupt nicht zur Debatte, auch dort nicht, wo Gott nicht ausdrücklich negiert wird. Die Güte des Lebens ist rein eine Güte für den Menschen. *Wir* müssen „sehen, daß es gut ist"; der Mensch hat die Rolle Gottes im Buch der Schöpfung zu übernehmen. Der innere oder kategorische Wert des Lebens ist jetzt aufs engste mit der Anerkennung durch uns verknüpft, in dem Sinne, daß er keinen ontologischen Halt außerhalb seiner Bedeutung für den Menschen hat, weder in der Struktur des Seins noch in Gott.

Das ist nicht so zu verstehen, als würde der innere Wert dem Leben erst dadurch *verliehen,* daß der Mensch ihn anerkennt. Implizit geht ein großer Teil des Aufklärungsnaturalismus davon aus, daß die von religiöser oder metaphysischer Verzerrung befreite, „natürliche" oder „menschliche" Reaktion die Feier des Lebens ist. Jene Anerkennung wurzelt demnach in der Natur. Der Anspruch der aufgeklärten, instrumentellen Vernunft ist, daß allein ihre entzaubernde Sichtweise den Weg für diese feiernde Reaktion freimacht, die die sauertöpfische traditionelle Verurteilung der menschlichen Lust gehemmt hat.

Aber es gibt noch eine andere Möglichkeit, den inneren Wert des Lebens aufzufassen. Sie besteht darin, ihn nicht so sehr in unseren Trieben und Lüsten zu sehen, sondern vielmehr in der Tatsache, daß diese von der distanzierten Vernunft gesteuert und kontrolliert werden. Hier nähern wir uns wieder der aus dem Cartesianismus hervorgehenden Ethik. Der Wert des Menschen liegt in der Würde eines rational Denkenden, der sich über den Strom von Leben und Lust erheben und ihn planvoll lenken kann.

Die Erkenntnis des inneren Wertes wäre nicht so sehr eine Feier dessen, was ist, des Lebens und des natürlichen Triebes, sondern vielmehr die Verherrlichung der Kraft der Vernunft, eine Anerkennung der Würde, die diese verleiht.

In beiden Fällen ist zu beobachten, daß die Anerkennung des Wertes zwar in gewisser Weise diesem Wert inhärent ist, insofern er keinen ontologischen Halt außerhalb seiner hat, daß sie ihm aber auch nicht einfach willkürlich zuteil wird. Der Gedanke ist der, daß Natur oder Vernunft unserer Anerkennung gebieten; diese ist etwas, was der rationale, geistig und körperlich gesunde Mensch nicht zurückhalten kann.

In der Haupttradition des Aufklärungshumanismus, wie er in den verschiedenen Formen des modernen humanistischen Naturalismus auf uns gekommen ist, sind diese beiden Arten der Bejahung des inneren Wertes des Lebens miteinander kombiniert, allerdings nicht immer sehr konsistent. Mitunter liegt der Nachdruck auf der Feier von Leben und Lust (wie in den Theorien der sexuellen Befreiung), mitunter auf den erstaunlichen ordnenden Kräften der Vernunft (wie in den modernen Theorien des Geistes als eines Computers). Doch hat dieses Oszillieren zwischen der Verherrlichung der Natur und unseren rationalen oder poietischen Kräften dazu beigetragen, die Richtung der modernen Kultur zu definieren.

III

In den obigen Abschnitten habe ich versucht, die Entwicklung der drei Hauptfacetten der modernen Identität zu beschreiben: der Innerlichkeit, des distanzierten Subjekts und der Verherrlichung des normalen Lebens. Dieses letztere war vielleicht besonders schwer zu definieren, weil zwar die Tatsache eines solchen Übergangs in der modernen Geschichte hinreichend klar ist und ihre *negative* Definition kaum Zweifel bereitet, aber für gewöhnlich undeutlich bleibt, worauf die Bejahung des normalen Lebens *positiv* hinausläuft. Nachdem wir eine der paradigmatischen Formen dieser Bejahung — den Aufklärungshumanismus — betrachtet haben, können wir sehen, daß diese Zurückhaltung ihre eigenen philosophischen Motive hat. Aber sie zwang uns, zur Quelle der modernen säkularen Formen der Ethik des Lebens zurückzugehen, zur reformatorischen Spiritualität, um besser sehen zu können, worum es sich handelt.

Ich möchte nun gerne einige dieser Fäden zusammenziehen, um die Geographie der von uns gelebten modernen Identität etwas klarer zu erkennen und die Grenzen zu sehen, innerhalb derer die vielleicht vorschnellen Verurteilungen des modernen Antihumanismus ernst genommen werden sollten. Bis zu einem gewissen Grad haben sich die Fäden in meiner Darstellung ja schon verknüpft. Es ist deutlich genug geworden, daß das distanzierte Modell des Selbst der augustinischen Innerlichkeit verpflichtet ist. Es gab gewiß der augustinischen Tradition eine radikal neue Wendung, aber in einem gewissen Sinne ist diese durch die große Renaissance augustinischer Spiritualität in der modernen Ära und deren Betonung geistlicher Exerzitien vorbereitet worden. Ignatius von Loyola ist eines der berühmtesten Beispiele, doch steht er nicht allein. Die Vorstellung, daß die innere Erkundung durch eine disziplinierte Methode gefördert werden kann, greift um sich. Descartes' „Meditationen" füllen sozusagen diese Nische aus, um dann eine radikale Neudefinition dieser Erkundung vorzunehmen. Aber während dieser ganzen Epoche wächst die Einsicht in die potentielle Leistungsfähigkeit dessen, was ich unsere „poietischen" Kräfte nennen möchte, unsere Fähigkeit, durch Reflexionen in der ersten Person Ordnungen des Denkens und des Ausdrucks zu schaffen.

Zweitens brachte mich meine Darstellung der sich entwickelnden Ethik des Lebens zur Synthese dieser Ethik mit der distanzierten Subjektivität in jenem Lehrgebäude, das ich „Aufklärungshumanismus" nennen möchte. Von diesem Gesichtspunkt aus können wir dann etwas von der Gestalt des modernen Dilemmas in den Blick bekommen. Ich sagte weiter oben, daß diese Lehre in einem gewissen Sinn ein Paradigma darstellt, in bezug auf welches wir uns selbst definieren. Hierfür gibt es eine Reihe von Gründen. Teilweise hängt das mit dem Status des Aufklärungshumanismus als des selbsternannten philosophischen Sprechers für die moderne Naturwissenschaft und Technik zusammen. Deren Prestige hat das zweifellos als plausible Option erscheinen lassen, auch für jene, die diese Aussicht eher deprimierend oder bedrohlich, aber nicht ermutigend und erheiternd fanden. Teilweise — eine damit zusammenhängende Erwägung — hat es mit der ungeheuren Bedeutung von instrumentalistischen Praktiken in der modernen Gesellschaft zu tun, die tendenziell natürlich dazu führt, daß eine Philosophie der kompromißlos instrumentellen Vernunft als realitätsbezogener erscheint. Doch teilweise hat es auch mit dieser entscheidenden Tatsache der modernen Situation zu tun, daß die traditionellen Alternativen zur Ethik des normalen Lebens geschwunden sind, während man an die theologische Variante dieser Ethik nicht mehr allgemein glaubt. Wir stehen vor der Notwendigkeit, das normale Leben zu bejahen, aber mit mancherlei Zweifel und Ungewißheit, ob und wie dies überzeugend möglich ist.

Dem Aufklärungshumanismus kommt eine zentrale Stelle in dieser Malaise zu. Im Laufe der vergangenen zwei Jahrhunderte haben er und die ihm folgenden naturalistischen Doktrinen in wachsender Zahl die plausibelsten Lösungen dieses Problems, die „modernste" und „wissenschaftlichste" und daher glaubwürdigste Weise der Bejahung angeboten; gleichzeitig aber arbeiten sie aufs schärfste alle jene Gründe heraus, die uns daran zweifeln lassen können, daß es, innerhalb ihrer Begriffe oder vielleicht überhaupt, eine Lösung gibt. So sind die Doktrinen des Naturalismus und der aufgeklärten, instrumentellen Vernunft von vielen Seiten scharf attackiert worden, und zwar mit eben der Begründung, daß sie diese Bejahung unmöglich machen.

Man hat ihnen vorgeworfen, daß sie uns von unserer eigenen Natur trennen, Spontaneität und Ausdruck abtöten, uns in eine dominierende, ausbeuterische Beziehung zu unserer inneren und äußeren Natur setzen, echte Gemeinschaft unmöglich machen, eine tote, farblose Welt schaffen, Sittlichkeit auf eindimensionales Interesse reduzieren, radikale oder schöpferische Freiheit leugnen und vieles andere mehr. Jeder dieser Vorwürfe definiert den Punkt, an dem eine alternative Doktrin festmachen müßte, die darauf abzielt, eine Bejahung des menschlichen Wertes zu ermöglichen: entweder aus der Güte der Natur oder aus der gepriesenen Natur unserer poietischen Kräfte oder aus beidem.

So war es ein wichtiges, von Rousseau übernommenes Thema der romantischen Rebellion gegen den Aufklärungshumanismus, den Kontakt zu unserer inneren und äußeren Natur wieder herzustellen, von der eine ausgedörrte, analytische Vernunft uns geschieden hatte. Doch sollte dies durch Übung unserer kreativen oder expressiven Fähigkeiten bewirkt werden. Eine neue poietische Kraft wurde beschworen, die Einbildungskraft, die wir in der Kunst am Werk sehen. Die Kunst enthüllt die Welt und hilft zugleich, sie zu vervollständigen. Novalis drückt diesen neuen Gedanken aus, daß der Dichter nicht einfach den Schleier von der Welt des Geistes lüftet, sondern diese Welt auch durch seine Einbildungskraft neu erschafft, verwandelt und verklärt. „Ich bin der Mittelpunkt, der heilige Quell ...“, wie es im „Heinrich von Ofterdingen“ heißt [51].

Damit ist aber das Wirken der Einbildungskraft nicht einfach das eigene, individuelle Werk des Künstlers. Für Wordsworth verbindet sich unsere Einbildungskraft mit einer Kraft in der Wirklichkeit, so daß es eine einzige Kraft ist, die „the object seen, and eye that sees“ innewohnt [52]. Und nachdem er im Vorwort der „Excursion“ davon gesprochen hat, wie „exquisitely“ Geist und äußere Welt einander angepaßt sind, beschwört er „the Creation ... which they with blendet might / Accomplish“ [53].

Das durch die Einbildungskraft verklärte Leben kann bejaht werden, wie es nie und nimmer unter der toten, zergliedernden Hand der instrumentellen Vernunft bejaht werden könnte. Doch waltet hier, wie im Aufklärungshumanismus, eine Verschmelzung des Gefühls, daß die Natur eine Quelle heilender Kräfte ist, mit der Verherrlichung unserer eigenen kreativen Kräfte. Diese ungemein einflußreiche Vorstellung der Einbildungskraft wird in den folgenden Jahren in sehr verschiedener Weise aufgenommen, wobei mitunter der eine Pol auf Kosten des anderen Pols betont wird. Es hat Bewegungen in der Kunst gegeben wie beispielsweise den Futurismus, die ausschließlich mit der Verherrlichung der kreativen Kraft befaßt gewesen zu sein scheinen. In anderen Bewegungen wurden unsere Kräfte der Verklärung zwar auf etwas in der Wirklichkeit bezogen, aber in einem radikal anderen Sinne als bei den Romantikern, wie wir es an Schopenhauer und der von ihm beeinflußten Epoche sehen können, für welche die der Natur zugrundeliegende Kraft nicht wohltätig, sondern wild und zerstörerisch war. Das Verbindende in dieser Kette von Konzeptionen ist der Versuch, uns durch die verklärenden Kräfte der Einbildungskraft in die Lage zu versetzen, den inneren Wert, sei es des verwandelten Lebens, sei es der verklärenden Kraft selbst, zu bejahen.

Die Beschwörung dieser neuen poietischen Kräfte hat ihrerseits unser Gefühl der Innerlichkeit intensiviert und aufgefächert, da die kreative Einbildungskraft so beschaffen ist, daß sie wesentlich nach dem Standpunkt der ersten Person verlangt. Schon die Vorstellung des Ausdrucks birgt die der Innerlichkeit in sich. Ich drücke „aus", was „in" mir ist; diese Art der Kreativität verlangt eine erhöhte Aufmerksamkeit auf meine eigene Aktivität, meine eigenen Reaktionen und Gefühle, selbst wenn (wie es im ursprünglichen Paradigma bei Augustinus der Fall war) dies dazu dienen soll, mich über mich selbst hinaus zur Ordnung der Natur oder des Geistes zu tragen.

Eine andere Reaktionsweise auf die instrumentelle Rationalität der üblichen Aufklärung ist bei Kant zu beobachten. Hier lautet der Vorwurf, daß diese Rationalität die sittliche Dimension einebnet, daß sie kategorische Imperative zu rein hypothetischen verkürzt. Der Wert des Menschen wird bei Kant aus einem neuen, radikalen Begriff von Freiheit gewonnen, nach welchem die Menschen sich selbst ihr Gesetz geben, ohne ihre Normen in irgendeiner Weise von dem, was ist, abzuleiten.[54] Dies ist der Ausgangspunkt einer anderen, außerordentlich einflußreichen Tradition, jener der radikalen Freiheit als Selbsttätigkeit, welche durch Fichte, Hegel und Marx von ungeheurer Bedeutung für die moderne Kultur war. Bei Hegel gab es sogar eine Art Synthese zwischen dieser Freiheit und einer romantisch getönten Vorstellung von expressiver Einheit mit der Natur.[55]

Es versteht sich von selbst, daß dieser Freiheitsbegriff eine radikale Form von Reflexivität entfaltet und so unsere moderne Innerlichkeit verstärkt. Schon die Idee, den menschlichen Akteur als „Ich" oder „Selbst" zu beschreiben, gehört einer Kultur an, die der Perspektive der ersten Person einen zentralen Platz einräumt. Die Vorstellung von Freiheit als Selbsttätigkeit beruft sich auf diese Perspektive, indem sie sie zugleich befestigt; sie intensiviert sozusagen unser Bewußtsein, ein „Selbst" zu sein.

Dieser Freiheitsbegriff scheint uns aufzurufen, eine andere poietische Fähigkeit zu entwickeln, nämlich unser Leben auf der Basis einer von der Vernunft konstruierten Ordnung zu ordnen. Kant hat ins Leben gerufen, was man „Verfahrensethik" nennen könnte, d. h. den Versuch, das, was wir tun sollen, nicht aus irgendeiner inhaltlichen Konzeption des guten Lebens zu bestimmen, sondern vielmehr aus den Verfahrensweisen der Vernunft selbst. Diese Idee ist in zahlreichen Formen aufgegriffen worden; am einflußreichsten in unserer Zeit ist wohl jene, die Jürgen Habermas entwickelt hat[56]. Ich sagte oben: „scheint" uns zu einer neuen poietischen Fähigkeit aufzurufen; nicht, weil ich bezweifle, daß dies in der Tat die Intention der Verfechter einer derartigen Theorie ist, sondern vielmehr, weil ein ganz großes Fragezeichen hinter der Vorstellung steht, ich könnte das, was ich tun soll, allein durch ein rationales Verfahren bestimmen. Während jene Fragen, welche Ordnungen wissenschaftlicher Darstellung und Ordnungen imaginativer Kreativität betreffen, sich darum drehen, wie wir sie verstehen und welche Funktion sie in unserem Leben haben sollen, wobei es für keinen Augenblick fraglich ist, daß wir derartige Ordnungen konstruieren können, stehen die Strukturen, die von verfahrensmäßiger Vernunft errichtet werden, in dem (wie ich glaube, zutreffenden) Verdacht, leer und inkohärent zu sein.

Ich hoffe, daß in allgemeinen Zügen unser modernes Dilemma sichtbar geworden ist, das ich skizzieren möchte und für das die drei von mir ausgearbeiteten Facetten von Belang sind. Meine These ist folgende: In dem Maße, wie im modernen Zeitalter das Gefühl schwindet, in eine kosmische Ordnung von Ideen hineingestellt zu sein, und die theologische Perspektive aufhört, unmittelbar zugänglich zu sein oder den anerkannten Hintergrund unseres Lebens zu bilden, wächst das Gefühl, daß die Aufgabe, das Leben zu bejahen und eine Quelle inneren Wertes zu finden, uns selbst zufällt. Diese Bejahung hängt entscheidend von der Anerkennung durch den Menschen ab. Es liegt an uns, zu sehen, daß das Dasein gut ist. Uns fällt die Verantwortung zu, eine Verklärung des Lebens und Seins zu bewirken, durch welche etwas als bedingungslos gut bejaht werden kann — sei es die Natur und das normale Leben, sei es die verklärende Kraft selbst, sei es der Boden, auf dem beides sich miteinander verbinden kann.

Aber diese Verklärungen sind in sich brüchig. Der ursprüngliche Ausgangspunkt, die Bejahung des normalen Lebens durch den Aufklärungshumanismus, nimmt in unserer wissenschaftlichen und technischen Zivilisation eine Sonderstellung ein. Er scheint die geringsten Anforderungen an unseren Glauben zu stellen und nicht zu erheischen, daß wir andere Wesenheiten als jene der in den Naturwissenschaften selbst vorausgesetzten Ontologie anerkennen. Das macht ihn zum Paradigma, gegen das andere Auffassungen sich definitorisch abgrenzen.

Aber dieser angeblich „wissenschaftliche" Status ist ein Trugbild. Ein naturalistischer Humanismus ist, wie gesagt, implizit der Bejahung des Lebens verpflichtet, und diese würde uns, wenn sie artikuliert werden würde, über die Ontologie der Naturwissenschaften, wie die Naturwissenschaftler sie verstehen, hinausführen. Als Bejahung des Lebens ist der Naturalismus nicht nur unartikuliert, sondern auch dürftig und eindimensional. Und so kam es zu einer Fülle von rivalisierenden Anschauungen, welche den Weg der kreativen Einbildungskraft oder der radikalen Freiheit der Selbsttätigkeit erkundeten. Diese aber sind Fortsetzungen des modernen Projekts, insofern, als sie alle in der einen oder anderen Weise anerkennen, daß die Verklärung in unsere Verantwortlichkeit fällt. Die ungeheure Entwicklung unserer Fähigkeiten, besonders derjenigen zur kreativen Einbildungskraft, markiert diese Anerkennung. Gerade durch die Entwicklung dieser Fähigkeiten sind wir eine zunehmend mit der Innerlichkeit befaßte Zivilisation geworden, in der die Scheidung zwischen Innen und Außen größere und gehaltvollere Bedeutung für uns hat, bis sie untrennbar von der Natur menschlichen Wirkens selbst zu sein scheint. Mit anderen Worten: Das, was Heller „des Künstlers Reise in das Innere" [57] genannt hat, wird zu einem bedeutenden Teil von der Suche nach Verklärung angetrieben.[58]

Aber auch die Lösungen, welche die kreative Einbildungskraft anbietet, sind selber in sich sehr brüchig. Nicht nur, daß sie der natürliche Gegenstand des Argwohns für all jene sind, die einer reduktivistischen, szientistischen Gesinnung zuneigen. Sondern jede dieser Lösungen hängt auch stark von der persönlichen Vision des Künstlers ab, von der manchmal bis zu den äußersten Grenzen getriebenen Ausübung und Vervollkommnung von poietischen Kräften. Die Welt, mit der ein großer Künstler der letzten zweihundert Jahre uns in Berührung bringen mag, kann nicht länger die allgemein anerkannte kosmische Ordnung sein, ein fixer Bezugsrahmen, auf den die poetische Sprache sich berufen könnte. Earl Wasserman hat in seinen Studien zu Shelley brillant gezeigt, wie in der romantischen Epoche an die Stelle dieser allgemein anerkannten Ordnung andere treten, die der Dichter selbst in seiner eigenen Exploration konstituiert.[59] Die Aufgabe der Verklärung muß irgendwie immer aufs neue geleistet werden, und jedesmal sozusagen auf eigene Gefahr. – Und etwas von dieser Brüchigkeit haftet, aus ziemlich ähnlichen Gründen, auch den Lösungen an, welche die radikale Freiheit bietet.

Dieses Schnellporträt erlaubt mir, auf unsere anfängliche Diskussion zurückgekommen und abzuwägen, wie glaubwürdig die verschiedenen Formen des zeitgenössischen Antihumanismus sind. Ich kann die Gründe für meine Skepsis nunmehr deutlicher machen. Ich habe meine Zweifel an jeder Form von Antihumanismus, die implizit den Anspruch zu erheben scheint, irgendeine der poietischen Fähigkeiten abzuschaffen, die wir in unserer Zivilisation entwickelt haben. Das ist das, was manche Formen der ökologischen Kritik in bezug auf die Fähigkeiten der distanzierten Subjektivität tun; wohingegen die schärferen Formen des neo-nietzscheanischen Antihumanismus, das heißt die „post-strukturalistischen" Theorien, den Versuch zu machen scheinen, in verworrener Weise unsere sämtlichen poietischen Fähigkeiten zu leugnen, indem sie sich von der mit diesen Fähigkeiten untrennbar verbundenen Vorstellung des Selbst lossagen. Dies aber geschieht unter solch einem Aufwand von poietischer Kraftentfaltung, von schriftstellerischer Virtuosität beim Spiel auf der Klaviatur der philosophischen und literarischen Tradition, einer solchen Ostentation eben jener Aktivitäten, welche das verblühte moderne westliche Selbstgefühl genährt haben, daß es schwerfällt, jene Leugnung ernst zu nehmen.

Ich bin der Überzeugung, daß wir alle viel zu sehr der modernen Kultur verhaftet sind, der Gewohnheit, unser Leben mit den Kräften der instrumentellen Vernunft zu ordnen, der Suche nach Verklärung durch die schöpferische Phantasie, dem Kult der Freiheit der Selbstbestimmung, als daß wir wirklich imstande sein könnten, uns von diesen poietischen Kräften zu lösen und uns selbst ohne Bezugnahme auf sie zu definieren. Fast immer, wenn wir einen derartigen Anspruch erheben, werden wir flunkern, ein Spiel des Als-ob spielen. Daraus folgt, daß etwas Analoges vom christlichen Antihumanismus unserer Tage gesagt werden muß, doch möchte ich darauf weiter unten zurückkommen.

Zunächst will ich kurz betrachten, was sich als die positive Seite dieser negativen These ergibt. Wenn ein Antihumanismus der reinen Negation auch kaum ernst zu nehmen ist, so wirft das moderne Dilemma doch die schwerwiegende Frage nach dem Subjektivismus auf, der dem modernen Humanismus anzuhaften scheint. Wenn die Verklärung in unsere eigene Verantwortung fällt, folgt dann daraus, daß wir dabei nur auf unsere eigene Kraft angewiesen sind? Ist es zwingend, daß wir, wenn wir diese Verantwortung anerkennen, sie in einer ganz und gar *menschlich-zentrierten* Weise auffassen?

Man kann eine derartige Frage nach zwei Richtungen hin untersuchen, die sich in der zeitgenössischen Welt geöffnet haben. Die erste war bereits in meiner Beschreibung des romantischen Begriffs von Expression implizit enthalten. Man stellt etwa folgende Frage: ob die umfassende Betätigung unserer kreativexpressiven Kräfte nicht beweise, daß das, was zum Ausdruck gebracht wird, etwas sei, was über uns, unsere eigenen Gedanken und Gefühle hinausgehe, etwas, worauf diese Gedanken und Gefühle nur eine Reaktion seien? In unserer Zeit hat Heidegger eine derartige Erkundung vorgenommen, zumal in seinem Spätwerk. Doch hat sich eine derartige Vorstellung auch im Werk einiger der größten Künstler der letzten zwei Jahrhunderte entfaltet. Rilke mag als Beispiel dienen; in seiner Dichtung, die insoweit dem ursprünglichen augustinischen Modell entspricht, trägt uns der Schritt zur Innerlichkeit über das Selbst hinaus.

Die zweite Richtung des Fragens ist eine theologische. Es ist die Frage, die zuerst von Denkern wie Kierkegaard und Dostojewski aufgeworfen und in einem antithetischen Sinn von Nietzsche aufgegriffen wurde: ob der Mensch in sich die Kraft hat, das Leben zu bejahen, „zu sehen, daß es gut ist". Nietzsche versucht, sich der ganzen Herausforderung dieser Frage zu stellen und gleichwohl die Kraft zu unserer fernsten Möglichkeit, dem Übermenschen, zu reklamieren. Dostojewski seinerseits gibt auf schlagende Weise der Einsicht Ausdruck, daß die Menschen sich so lange selbst nicht lieben können, daß ihre angestrengtesten Bemühungen, das Leben zu bejahen, so lange in Haß und Zerstörung umschlagen müssen, wie sie nicht die Liebe Gottes akzeptieren.

Damit scheinen wir wieder beim christlichen Antihumanismus zu sein. Dostojewski hat gewiß in meisterlicher Weise die Neigung zum Atheismus in den Selbstbejahungen der modernen Kultur erkundet und mit beispielloser Kraft das in ihnen angelegte destruktive Potential aufgezeigt. Dennoch gibt es einen entscheidenden Unterschied. Was ich als Antihumanismus bezeichne, fühlt sich bemüßigt, das moderne Empfinden zu leugnen, daß beim Menschen die Verantwortung für die Verklärung liegt, und daher das Spektrum poietischer Möglichkeiten, die wir entwickelt haben, um dieser Verantwortung gerecht zu werden, für gering zu achten. Das scheint ihm der einzige Weg zu sein, der Einsicht treu zu bleiben, daß der Mensch sich ohne Gott nicht selbst bejahen kann. Was man bei Dostojewski findet, ist nicht die Leugnung des modernen Entwurfs, sondern die Wiederentdeckung dieser entscheidenden Einsicht in ihm. Das Streben nach Verklärung durch die Ausübung gesteigerter menschlicher Kräfte darf nicht als in sich vermessen und zum Scheitern verurteilt aufgegeben werden, sondern ist vielmehr die Grundlage für die neuerliche, umfassendere Erkenntnis, die wir nur in Partnerschaft mit Gott erschaffen.

Die Denkweise, die durch dieses Werk eröffnet wird, richtet eine bohrende Anfrage nicht nur an das moderne Zeitalter, sondern überhaupt an alle Formen des Antihumanismus. Kann die christliche Ablehnung des modernen Humanismus wirklich authentisch sein? Sind nicht die zeitgenössischen Antihumanisten als Menschen der Moderne dazu verdammt, geistig in eben jener Identität zu leben, gegen die sie sich definitorisch abzugrenzen suchen? Und macht dies es nicht unmöglich, die Welt und die menschliche Existenz konsequent als gut anzusehen und damit an der Liebe Gottes zu dieser Welt wesentlich teilzuhaben?

Die Frage, die sie an die gegenwärtige Zeit richtet, ist, ob unsere Erfahrung des Entwurfs der Verklärung, luzide untersucht, uns nicht über sich hinaus verweist auf die einzig möglichen Bedingungen seiner Verwirklichung, ob sie nicht mit beispielloser Kraft und Klarheit zeigt, daß die Menschen sich selbst nur lieben können durch Teilhabe an der Liebe, die Gott über sie ausgießt, ἡ τοῦ θεοῦ φιλανθρωπία, von der Johannes Paul am letzten Tag unseres Besuchs in Castelgandolfo so bewegend gesprochen hat.

Deutsch von Holger Fliessbach

Anmerkungen

1 Siehe etwa *H. de Lubac,* Le Drame de l'Humanisme Athée, sowie von einem etwas anderen Standpunkt aus das faszinierende Büchlein von *Leszek Kolakowski,* Religion, London 1982.

2 Siehe etwa *Jacques Maritain,* L'Humanisme Intégral, Paris 1936. Sexualité, Band I, Paris 1976.

4 Alle diese Autoren verdanken *Heidegger* sehr viel, besonders seinem „Brief über den Humanismus", in: Wegmarken, Frankfurt/M. 1978. M. E. haben sie freilich Heideggers Gedanken entscheidend verändert und in wichtiger Hinsicht trivialisiert.

5 Siehe sein: Surveillir et Punir, Paris 1975. Ich habe diese Kritik ausgeführt in meinem Beitrag „Foucault on Freedom and Truth", in: Political Theory, Band 12, Nr. 2, Mai 1984, S. 152–183.

6 Siehe etwa *Wilfrid Beckerman,* In Defense of Economic Growth, London 1974.

7 Ich habe diesen Punkt eingehender erörtert in dem Aufsatz „Philosophy and its History", in *R. Rorty, J. Schneewind* u. *Q. Skinner* (Hrsg.), Philosophy in History, Cambridge University Press (erscheint demnächst).

8 The Artist's Journey into the Interior and other Essays, New York 1965.

9 Der Staat, 430 e.

10 Zur Parallele zwischen Gesundheit und Tugend vgl. ebd. 444 d–e.

11 Übersetzung von λόγον διδόναι, ebd. 534 e.

12 Ebd. 558–559.

13 Ebd. 476 b–c.

14 πλανωμένης ὑπὸ γενέσεως καὶ φθορᾶς, ebd. 485 b.

15 Ebd. 486–487.

16 Ebd. 442 e.

17 Ebd. 500 b–c.

18 ἡ δὲ τοῦ φρονῆσαι, ebd. 518 e.

19 Ebd. 518 c.

20 περιαγωγή, ebd. 518 e.

21 De vera religione, XXXIX. 72.

22 Zitiert bei *E. Gilson,* The Christian Philosophy of Saint Augustine, London 1961, S. 65.

23 ἐπιμέλεια ἑαυτοῦ; siehe seine Histoire de la Sexualité, Band 3: Le Souci de Soi, Paris 1984.

24 De civitate Dei, XI. 27. 2.

25 De Trinitate, XIV. 15. 21.

26 *Gilson,* a. a. O., S. 20.

27 Confessiones, III. 6. 11.

28 „Ut vita carnis anima est, ita beata vita hominis Deus est." De civitate Dei, XIX. 26. Vgl. auch Confessiones, VII. 1. 2, wo Gott als „vita vitae meae" beschrieben wird.

29 Ebd., 13. 21.: „Gott, du meines Herzens Licht, du Brot, von dem meiner Seele Mund sich nährt, du Kraft, die meinen Geist und meines Denkens Schoß fruchtbar macht." *Augustinus* Bekenntnisse. Übersetzt von Wilhelm Thimme. Zürich 1950.

30 Lettre à Gibieuf, 19 janvier 1642.

31 Zweite Regel, Discours, IIe Partie, S. 18–19. Vgl. auch die Regulae, XII: „ne traitant ici des choses d'autant qu'elles sont perçues par l'entendement, nous n'appelons simples que celles dont la connaissance est si claire et si distincte que l'esprit ne les puisse diviser en un plus grand nombre dont la connaissance soit plus distincte . . ."

32 Discours (Anm. 31). Vgl. die Regulae. X: Sie verpflichtet uns zur „observation constante de l'ordre qui existe dans la chose elle-même, ou de celui qu'on a ingénieusement imaginé".

33 Augustinus selbst hat dies hervorgehoben, indem er auf den etymologischen Zusammenhang zwischen „cogitare" (denken) und „cogere" (sammeln) aufmerksam machte: Confessiones, X. 11. 18.

34 Vgl. beispielsweise die Briefe an Elisabeth vom 5. Mai und 4. August 1645.

35 20. November 1647.

36 Brief an Elisabeth vom 18. Mai 1645.

37 Vgl. den Brief an Elisabeth vom 1. September 1645: „. . . tout notre contentement ne consiste qu'au témoignage intérieur que nous avons d'avoir quelque perfection." Vgl. auch den Verweis auf „les grandes âmes" im Brief vom 18. Mai 1645. Sie sind bereit, ihr Leben zu wagen, um ihren Freunden zu helfen, weil „le témoignage que leur donne leur conscience de ce qu'elles s'acquittent en cela de leur devoir, et font une action louable et vertueuse, les rend plus heureuses que toute la tristesse que leur donne la compassion ne leur afflige."

38 Traité des Passions de l'Ame, Art. 153–161.

39 Aus „Valerius Terminus", zitiert bei *B. Farrinton,* Francis Bacon, New York 1962, S. 142.

40 Novum Organum, I. 73.

41 Zitiert bei *Farrington* (Anm. 39), S. 148–149.

42 So vertrat *Boyle* die Ansicht, daß „artificers" der Welt viel mehr nützliche Erfindungen, wie etwa den Kompaß, geschenkt hätten als die „speculative Devisers of new Hypotheses, whose Contempla-

tions aiming but for the most part at the solving, not the encreasing or applying, of the Phaenomena of the Nature, it is no wonder they have been more ingenious than fruitful, and have hitherto more delighted than otherwise benefitted Mankind." Certain Philosophical Essays, London 1661, S. 18. In geflissentlicher Bescheidenheit wollte Boyle sich selbst als „underbuilder" verstanden wissen (ebd., S. 17), eine Wortprägung, die Schule machte: Locke bezeichnet sich selbst als „underlabourer".

43 The Passions and the Interests, Princeton 1976, S. 9–12.

44 Daß dies auch die Grundlage für eine gewisse soziale Nivellierung bilden konnte, ist aus manchen puritanischen Predigten ersichtlich. Etwa Dod: „... whatsoever our callings be, we serve the Lord Christ in them ... Though your work be base, yet it is not a base thing to serve such a master in it. They are the most worthy servants, whatsoever their imploiment bee, that do with most conscionable, and dutifull hearts and minds, serve the Lord, where hee hath placed them, in those works, which hee hath allotted unto them." *Charles H. George* u. *Katherine George,* The Protestant Mind of the English Reformation, Princeton 1961, S. 130. – Oder Perkins: „Now if we compare worke to worke, there is a difference betwixt the washing of dishes, and preaching the word of God; but as touching to please God none at all ..." (*George* u. *George,* S. 138–139).

45 *Perry Miller,* The New England Mind: The Seventeenth Century, Cambridge (Mass.) 1967, S. 42.

46 *P. Miller* (Anm. 45), S. 41.

47 *George* u. *George* (Anm. 44), S. 139.

48 Benjamin Wadsworth, ein amerikanischer Theologe, lehrt, daß Ehegatten „should endeavour to have their affections really, cordially and closely knit, to each other". Andernfalls wird das Gesetz Gottes gebrochen. Denn „the indisputable Authority, the plain Command of the Great God, requires Husbands and Wives, to have and manifest very great affection, love and kindness to one another"; *E. S. Morgan,* The Puritan Family, New York 1966, S. 48. Vgl. auch *Lawrence Stone,* The Family Sex and Marriage in England, 1500–1800, S. 136–137. Dieses neue Gefühl der Heiligung der ehelichen Liebe führte sogar zu manchen extravaganten Formulierungen, etwa bei Jeremy Taylor, der erklärt, daß „the material love is a thing pure as light, sacred as a temple, lasting as the world". (*Stone,* S. 137.)

49 Für den Protestanten Bacon mag dieser Zusammenhang ersichtlich genug sein. Aber man sollte auch die analogen theologischen Wur-

zeln der cartesianischen Revolution nicht übersehen. Die Hinwendung zum Mechanismus entsprang teilweise der theologischen Überzeugung, daß allein eine derartige Welt mit der Souveränität Gottes vereinbar sei und daß die reiche Welt des Renaissance-Animismus à la Bruno in mancher Hinsicht einen Rückfall ins Heidentum bedeutete. Diese Auffassung scheint u. a. auch Mersenne geteilt zu haben. Vgl. *R. Lenoble,* Mersenne et la Naissance du Mécanisme, Paris 1943.

50 Man braucht nur an die rhetorischen Künste zu denken, mit denen die Anhänger etwa Darwins oder Freuds den Widerstand gegen deren Lehren zu erklären suchen. Diese Wahrheiten sind angeblich deshalb so schwer zu glauben, weil unsere Eigenliebe sich gegen den Gedanken sträubt, daß wir auf derselben (niedrigen) Stufe wie die übrigen Tiere stehen oder daß unsere edelsten Gefühle eine so primitive Grundlage haben sollen.

51 Werke, I, S. 321–322.

52 Prelude, XII, 379.

53 Zitiert bei *Basil Willey,* The Eighteenth Century Background, London 1957, S. 301.

54 Ich habe dies weiter ausgeführt in „Kant's theory of freedom", in meinen: Philosophical Papers, Band 2, Cambridge 1985.

55 Das ist die These, die ich in meinem „Hegel", Cambridge 1975, herauszuarbeiten versucht habe (deutsche Übersetzung: Hegel, Frankfurt/M. 1978).

56 Siehe seine „Theorie des kommunistischen Handelns", Frankfurt/Main 1981. Habermas' Theorie hat gegenüber früheren Varianten den großen Vorteil, daß es ihm gelingt, der monologischen Form zu entgehen, in welcher der größte Teil der Prozeßethik bisher gehalten war. Er nimmt die dialogische Natur der Vernunft ernst. Doch hat er, wie ich glaube, die grundsätzlichen Schwierigkeiten nicht überwunden, die dieser Klasse von Theorien anhaften; vgl. meinen Beitrag „Sprache und Gesellschaft" in *A. Honneth* u. *H. Joas* (Hrsg.), Frankfurt 1985.

57 *Erich Heller* (Anm. 8).

58 Bis bei Rilke die Verklärung in einer Transposition zu einer Art von Innerlichkeit, zur „Unsichtbarkeit", *besteht.* Es bleibt aber die Frage, ob Rilke uns mit dieser Verklärung nicht über das Subjekt hinausführt und zu etwas zurückkehrt, was mehr dem augustinischen Modell ähnelt, wo das Nach-innen sich in ein Nach-oben verwandelt. Ich komme auf diese Frage weiter unten zurück.

59 Vgl.: The subtler Language, Baltimore 1959.

Emmanuel Lévinas
Transzendenz und Verstehen[1]

Der Geist als Wissen

Die Philosophie, die uns überkommen ist, sieht den natürlichen Ort des Sinnhaften und den Ursprung der Philosophie im menschlichen Seelenleben qua Wissen – Wissen bis hin zum Selbstbewußtsein; sie sucht den Geist im Wissen und im Bewußtsein.

Die Aufmerksamkeit des Philosophen richtet sich auf das menschliche Erleben, das sich als Erfahrung zu erkennen gibt und sich als solche eingesteht; das Erleben läßt sich in Informationen umsetzen, in Unterweisung über Dinge in ihrer Entdecktheit oder in ihrer Gegenwart. Aber sogar auf dem Grunde unserer Beziehungen mit den anderen Menschen und der sozialen Gruppe und sogar auf dem Grunde dessen, was man „Beziehung zu Gott" oder Offenbarung Gottes nennt, möchte man sogenannte kollektive oder religiöse Erfahrungen gewahren oder voraussetzen. Man geht davon aus, es sei für die Philosophie selbstverständlich, daß alle Verstehbarkeit – und selbst der „Sinn" Gottes – ein Wissen fordert, daß alle Verstehbarkeit sich im Wissen auf eine Gegenwart zu stützen sucht, daß alle Verstehbarkeit eben auf der Suche nach einer Begründung für sich ist. Descartes dehnt den Ausdruck *cogito*, den er in den „Meditationen" der intellektuellen Tätigkeit des Zweifels entnommen hat – also einem Vorgehen, dem es vorzüglich um das Wahre zu tun ist –, auf die ganze Seele aus. Man erinnert sich der Formel in der zweiten Meditation: „Was ist eine Sache, die denkt, d. h. eine Sache, die zweifelt, die begreift, die bejaht, die verneint, die will, die nicht will, die auch einbildet und die empfindet[2]?" Ich nehme an, daß Empfinden[3] hier sowohl Empfindung[4] als auch Gefühl[5] bedeutet. Ich nehme weiter an, daß die verschiedenen Denkformen, die genannt werden, nicht einfach die Arten einer Gattung bezeichnen, sondern die verschiedenen Momente, die Artikulationen einer Struktur oder die vielfältigen Dimensionen derselben Tatsache des Bewußtseins, die mit der Tatsache des Wissens zusammenfällt.

Wissenschaft und Gegenwart

Als Wissen ist das Denken die Weise, wie ein Äußeres sich im Inneren eines Bewußtseins wiederfindet, eines Bewußtseins, das sich unaufhörlich identifiziert, ohne dazu der Hilfe irgendeines unterscheidenden Zeichens zu bedürfen, und das Ich ist: das Selbe[6]. Das Wissen ist eine Beziehung des *Selben* zu dem *Anderen*[7], in der das Andere auf das Selbe zurückgeführt und seiner Fremdheit beraubt wird; in dieser Relation bezieht sich das Denken auf das Andere, aber das Andere ist in dieser Beziehung nicht mehr anders als ein solches, es ist in dieser Beziehung schon das Eigene, schon *Meines*. Von nun an ist es ohne Geheimnisse oder zugänglich für die Forschung, das heißt, die *Welt*. Es ist Immanenz. Immanenz, die auch ein Zeitmodus ist. Der Zeitmodus nötigt zur Anerkennung seines Vorrangs: Gegenwart, die auch das Seinsgeschehen ist. Gegenwart als Darstellung in der absoluten Offenheit des *Seins* bedeutet auch Versammlung und Synchronie ohne Riß, ohne Entkommen, ohne Schatten. Ein *Erscheinen* und ein Sich-*Geben*. Hinter der Diachronie und dem Werden der Erfahrungen und dem Unähnlichwerden des *Vorher* und *Nachher*, des Vergangenen und des Künftigen – zeitliches Verfallen der Gegenwart, das aber fähig ist, diese Gegenwart in Gestalt von Denkbarem wieder einzuholen, fähig eben zur Re-präsentation in jedem Sinne des Ausdrucks –, hinter der Diachronie also stellt das Vorgehen des Wissens die Gegenwart in der Ewigkeit einer idealen Gegenwart wieder her. Die Erinnerung und die Einbildung gewährleisten die Synchronie der idealen Gegenwart für das Verstehen und halten versammelt, was in der *Erfahrung* des Seins, „die der Zeit unterworfen ist", schon verlorengeht oder noch aussteht. Vielleicht ist diese Angleichung des Wissens an das Sein der Grund, warum wir sagen, daß man nur lernt, was man schon weiß, daß nichts absolut Neues, nichts anderes, nichts Fremdes, nichts Transzendentes einen Geist, der alles zu betrachten berufen ist, zu affizieren oder wirklich zu erweitern vermöchte, daß, wie es der „*Timaios*" will, „der Kreis des Selben den Kreis des Anderen umschließt"[8]. Ein Diskurs vermag widersprüchliche Gedanken als „objektiven Geist" zusammenzustellen, trotz Zerstreuung und gegenseitiger Ausschließlichkeit. Und das Verb in der ersten Person Präsens des *cogito* bedeutet schon – und vielleicht vor allem – die *transzendentale Apperzeption*, die das Denkbare in seiner Totalität umfaßt und die Autonomie des Wissens ausmacht; das Wissen genügt sich selbst und sammelt sich in der systematischen Einheit, der das Bewußtsein eines *Ich* entgegenkommt. Daher Integration ins System: Gleichzeitigkeit dessen, was aufeinander folgt, Gleichzeitigkeit alles dessen, was in der Sukzession als *anders* erscheinen mag.

Sein und Sich-Geben

Aber die Gegenwart in ihrer Darstellung, in ihrer Seinsoffenheit, ist ipso facto ein Sich-Geben, ein Nehmen-Lassen und von daher in ihrer Konkretheit ein Sich-der-Hand-die-es-nimmt-Darbieten und infolgedessen durch die Muskelkontraktion des Erfassens hindurch – durch das hindurch, was Husserl die Kinästhese nennt – ein Sich-auf-ein-Festes-Beziehen, welches Feste von der Hand umschlossen wird oder auf das der Finger der Hand hinweist; und schon ein Sich-Beziehen – im Ausgang von einer Wahrnehmung, die ein Anvisieren, eine Intention und daher eine Finalität, ein Wollen oder eine Begierde gewesen war –, ein Sich-Beziehen auf *Etwas*, auf einen Terminus, auf ein Seiendes. Wir denken in der Tat, daß so das *Seiende* der Konkretheit des *Seins*verständnisses angehört. Wahrnehmung und Zugriff im Ausgang von der Gegenwart, im Ausgang vom Gegeben-sein, und daher *Erwerb*, Hinterlegung bei sich und von daher in der Aneignung *Befriedigung*, die einem gierigen und herrischen Ich versprochen ist. Befriedigung als Emphase der Immanenz; eine Erfüllung der Adäquation in diesem *Zufrieden*[9], die daher auch die Inintelligibilität, die Unverstehbarkeit dessen impliziert, was das Maß überschreitet, eine unaufhörliche Versuchung des Atheismus.

Als Gegenwart, die ein Sich-nehmen-Lassen ist, als Möglichkeit des Verstehens, bleibt die Erkenntnis gebunden an die Wahrnehmung und die Apprehension und an den Zugriff bis in den Be-*Griff* hinein; der Begriff hält die Konkretheit des Griffes fest oder erinnert an sie, und in seinen Synthesen ahmt er das Greifen nach, unabhängig vom Grad der Idealisierung, dessen das Wissen als ein Sehen fähig ist; Synthese als Beschlagnahme und Versammlung. *Metaphern, die ernst und wörtlich zu nehmen sind.* Sie sind Teil der Phänomenologie der Immanenz.

Schon vor dem technischen Zugriff auf die Dinge, den das Wissen des Industriezeitalters möglich macht, und schon vor der technologischen Entwicklung der modernen Zeit ist das Wissen von sich selbst her der Entwurf einer leiblichen Praxis der Beschlagnahme und der Aneignung und der Befriedigung. Die abstraktesten Lehren der künftigen Wissenschaft haben ihren Grund in dieser Vertrautheit mit der Welt, welche wir inmitten der Dinge, die sich in Reichweite der Hand halten, bewohnen. Die *Gegenwart* wird von selbst zur Einheit von Jetzt und Handhabe.[10]

Das Wissen beruht auf gegebenen Dingen in einer gegebenen Welt, die Husserl die Welt des Lebens oder die berühmte *Lebenswelt*[11] nennen wird; aber die Lebenswelt bietet Husserl keinen Anlaß zur Kritik, und er beanstandet in ihr keinerlei Abweichung in Richtung auf eine Gesellschaft, die, wie es heißt, der technischen Vorherrschaft ausgeliefert wäre. Auf dem Grunde unserer exakten Wissenschaften, seien sie Human- oder physikalisch-mathematische Wissenschaften, nahm Husserl eine gegebene Welt wahr, die sich als solche dem Erfassen und der Manipulation darbietet. Der epistemologischen Reflexion über die Wissenschaft, die abstrakt geworden ist, wirft er die *Unterschätzung* der Lebenswelt vor; gewiß sähe er in dieser Unterschätzung eine Bedrohung für die Wahrheit, der das wissenschaftliche Verhalten der Menschen gewidmet ist; an sich selbst entspringt dieses wissenschaftliche Verhalten keinerlei Perversion des Geistes.

Aber auf diese Weise bestätigt sich auch durch die europäische Philosophie hindurch die Einschätzung des *Wissens* als der eigentlichen Angelegenheit des Menschlichen, für die nichts absolut anders bleibt. Lehre des absoluten Wissens, der Freiheit des befriedigten Menschen, ist der Hegelianismus – in dem, wie in der Husserlschen Phänomenologie, die verschiedenen Richtungen des abendländischen Denkens an ihr Ziel kommen –, die Beförderung eines Denkens, das in der Fülle seiner Ansprüche kein Interesse hat am Anderen als Anderem, am Anderen, sofern er nicht in das Noema einer Noesis eingeht, möchte er auch für das Menschliche von Bedeutung sein. Die Arbeit des Gedankens wird mit jeder Andersheit von Dingen und Menschen fertig, und darin liegt die eigentliche Rationalität. Die begriffliche Synopse ist stärker als alle Verschiedenheit und alle Unverträglichkeit der unvereinbaren Termini, als alle Diachronie, die sich radikal und unzurückführbar möchte. Desgleichen ist in der Phänomenologie Husserls das Bewußtsein Intentionalität: Die cogitatio geht aus sich heraus, aber das cogitatum ist der cogitatio gegenwärtig, das Noema kommt der Noese gleich und entspricht ihrer Intention. Der Husserlschen Phänomenologie genügt es, die Intentionen des Denkens zu befragen, um zu erfahren, worauf das Denken hinaus will[12]. Nichts wirft jemals dieses intentionale Wollen des Denkens aus dem Sattel, nichts scheint nicht nach seinem Maße.

Der Gedanke der Transzendenz und das Ende der Metaphysik

Aber der Gedanke der Transzendenz, der Andersheit, der absoluten Neuheit – der Gedanke des Absoluten –, läßt er sich noch im Bereich des Intelligiblen aussprechen, wenn er, Gedanke des Anderen, des Transzendenten, des Absoluten, sich gerade unterscheiden muß vom Wissen, von der Welt? Das Wissen würde ihn hervorgebracht und verähnlicht haben; in der Welt könnte er erscheinen, aber sich schon in Immanenz verwandeln. Genügt es, an dieser Verstehbarkeit bloß negativ im Verhältnis zum Wissen, zum Erscheinen und zur Gegenwart festzuhalten? Es sei denn, die Verstehbarkeit der Andersheit des Anderen, die Verstehbarkeit der Transzendenz verlange eine andere Phänomenologie, sei diese auch Destruktion der Phänomenologie des Erscheinens und des Wissens.

Die „Kritik der reinen Vernunft" ist im Rahmen der faktischen Geschichte der Vernunft motiviert insbesondere dadurch, daß der philosophische Gebrauch der Vernunft scheiterte an den formalen Widersprüchen, bei denen die lange Irrfahrt der Vernunft auf der *Suche nach der absoluten Wahrheit*, Wahrheit jenseits des Gegebenen und über die Reichweite der Kritik der transzendentalen Apperzeption hinaus, ans Ende gelangte; aber die „Kritik der reinen Vernunft" hat den eigentlichen Sinn des *Meta* der Metaphysik nicht als Un-Sinn abgeschafft. Sie läutete das Ende der Metaphysik ein, sofern die Metaphysik jenseits der Erfahrung Identitäten suchte, die in ewiger Gegenwart faßbar wären, Identitäten, welche den Schein der Jenseitigkeit nur haben konnten unter der Voraussetzung der Illusion von Hinterwelten. Kritik der Metaphysik durch Kant, die durchaus übereinstimmt mit der freilich so anti-kantischen Botschaft eines sehr großen Philosophen, der auf seine Renaissance noch wartet – Bergsons. Bergson hielt den Gang der abendländischen Philosophie auf der Suche nach einer absoluten – oder transzendenten – Ordnung des Ewigen nur für die Deformation eines technischen Geistes, dem es um die Herrschaft über die Materie und den Raum ging. (In der Heideggerschen Kritik der Metaphysik, die vom Willen zur Macht ausgeht, wird diese Vorbereitung verkannt.) Dies ist ein wesentlicher Punkt dieser Kritik; sie stimmt daher mit Heideggers berühmter Ankündigung des Endes der Metaphysik wenigstens dem Geiste nach insofern überein, als nach Heidegger die Metaphysik die ontologische Differenz zwischen *Sein* und *Seiendem* verkennt und Heidegger eine Spekulation ächtet, die das Sein vom Seienden her denkt. Über das Gegebene hinauszudenken läuft nicht mehr darauf hinaus, die *Gegenwart* oder die *Ewigkeit* eines Universums von geheimen oder sakralen Wesen oder Prinzipien, die sich im Horizont dessen, was sich gibt, verbergen und die die metaphysische Spekulation zu entdecken hätte, ans Licht zu bringen. Besteht nicht in dieser These die eigentliche Bedeutung des Endes der Metaphysik von Kant bis Heidegger? Genügt dies, um die Transzendenz als solche, das eigentliche *Meta* der Metaphysik, als Un-Sinn zu entlarven? Und wenn die Andersheit der Metaphysik oder ihr Jenseits nicht eine einfache durch den Blick zu enthüllende Verbergung wäre, sondern eine intelligible Nicht-in-Differenz gemäß einer *ganz anderen geistigen Intrige* als der Gnosis!

Anders als gemäß dem Wissen

Ich möchte die Vermutung nahelegen, daß sich diese neue Intrige – wie sie auch immer zurückfalle in die Ontologie und das Wissen, wie rückfällig sie auch sei – in der modernen Philosophie manifestiert, ja, in der ganzen Geschichte unserer Philosophie: angefangen bei Kant selbst, vornehmlich in seiner Lehre vom Vorrang der praktischen Vernunft. Zwei Worte auch zu Bergson, den ich nicht umsonst aufgestört haben möchte: Bergson ist eine wesentliche Etappe in der Bewegung, die den Rahmen der Spiritualität, die sich am Wissen und daher am Vorrang der Bedeutung der Gegenwart, des Seins und der Ontologie orientiert, in Frage stellt. Muß man noch heute ein Publikum, das kultiviert, aber in der Lage ist, das Unvergeßliche zu vergessen, in die Bergsonsche Unterscheidung zwischen der Zeit des täglichen Lebens und der Zeit des inneren Lebens oder der Dauer einführen? Auf der einen Seite die Zeit des gesunden Menschenverstandes – die im wesentlichen die Zeit der Wissenschaft bleibt –, durch unsere Uhren meßbare Zeit, aristotelische Zeit, verstanden als die Zahl der Bewegung, d. h. Zeit, die durch ihren räumlichen Ausdruck und ihr räumliches Maß den Chronometern, seien sie nun Taschenuhren oder Klepsydren, zugänglich ist. Und auf der anderen Seite die Dauer, die reine Veränderung ist, ohne daß man unter dieser Veränderung irgendein identisches Substrat zu suchen habe. An sich selbst Hervorbrechen der unaufhörlichen Neuheit. Absolute Neuheit des Neuen. Die Spiritualität der Transzendenz, die sich nicht mit einem assimilierenden Akt des Bewußtseins deckt. Durch seine absolute und unvorhersehbare Neuheit würde das ununterbrochene Vorquellen von Neuheiten Sinn machen, und zwar gerade jenseits des Wissens. „Die meisten Philosophen", schreibt Bergson, „behandeln die Folge als eine verpaßte Koexistenz und die Dauer als Mangel", als bewegliches Bild der unbeweglichen Ewigkeit. „Von daher kommt, daß es ihnen, was sie auch tun mögen, nicht gelingt, sich die radikale Neuheit und die Unvorhersehbarkeit vorzustellen."[13] Eine neue Weise der Intelligibilität, gegen das Bewußtsein, das umgreift und durch die Vermittlung des Wissens das System organisiert, gegen die Tendenz, gleichzumachen und zu reduzieren. Bevor die Logik anhebt, würde das Aufbrechen der Dauer die Horizonte der Intelligibilität vorzeichnen. Kündigt sich hier nicht die Zeitlichkeit selbst als eine Transzendenz an, als ein Denken, unter dem, unabhängig von aller Erfahrung, die Andersheit der absoluten Neuheit, das Absolute im etymologischen Sinne des Wortes, aufbräche?

Geht Bergson so weit? Führt er nicht hinter der Dauer das Wissen ein? Wenn er über die „Intuition der Dauer" redet, spricht er dann nicht eher von einer erfahrenen Dauer als von einer Dauer, die an die Stelle des Aktes der Erfahrung tritt? Das ist möglich.

Denken als Religion

Was sonst aber kann man unter dem Denken suchen als das Bewußtsein? Welches ist schließlich dieses Denken, das wir suchen – weder Angleichung des Anderen an das Selbe noch Integration des Anderen in das Selbe –, Denken, das nicht jedes Transzendente auf die Immanenz zurückführen und die Transzendenz durch das Verstehen gefährden würde? Es bedürfte eines Denkens, das nicht mehr als Beziehung, nämlich vom Denkenden zum Gedachten unter der Herrschaft des Gedachten, aufgebaut wäre, eines Denkens, das nicht der strengen Entsprechung von Noesis und Noema unterworfen wäre, nicht unterworfen der Adäquation des Sichtbaren, das sich der Intention, der es in der Intuition der Wahrheit zu entsprechen hätte, angleicht; es bedürfte eines Denkens, für das die Metapher selbst des Sehens und des Absehens auf ... keine Gültigkeit mehr hätte.

Unmögliche Forderung! Es sei denn, daß in diesen Forderungen das anklingt, was Descartes die Idee des Unendlichen in uns genannt hat – Idee, die über das hinausdenkt, was sie, in ihrer Endlichkeit des cogito, zu enthalten fähig ist.

Die Idee des Unendlichen – und möchte sie auch nur von ihrer mathematischen Bedeutung und ihrem mathematischen Gebrauch her ihren Namen empfangen, anerkannt und operabel sein – bewahrt für die Reflexion den paradoxalen Knoten, der schon in der religiösen Offenbarung geknüpft wird. Die religiöse Offenbarung, die in ihrer *konkreten Form* unmittelbar mit Verpflichtungen gegen die menschlichen Wesen verbunden ist – Idee Gottes als Liebe zum Nächsten –, ist „Erkenntnis" Gottes, der, sich in der „Offenheit" darbietend, zugleich absolut anders oder transzendent bliebe.

Ist die Religion nicht das Ursprung gebende Zusammentreten von Umständen – das aber darum nicht als zufällig anzusehen ist –, bei dem das Unendliche in seiner Doppeldeutigkeit von Wahrheit und Geheimnis einfällt? Ist es aber sicher, daß der Einfall des Unendlichen eine Tatsache der Erkenntnis ist, Erscheinung, deren Wesen darin bestünde, die Ordnung der Immanenz aufzurichten oder wiederherzustellen? Ist es insbesondere sicher – wie ein gewisser Konsens und vielleicht eine ehrwürdige Tradition geneigt sind, anzunehmen –, daß die Immanenz *die höchste*

Gnade der geistigen Energie ist, daß die Offenbarung Gottes eine *Entbergung* ist und sich in der *Angleichung der Wahrheit*, in dem Zugriff, in dem das Denkende das Gedachte erfaßt, vollendet; daß daher der Sinn oder die Intelligibilität Ökonomie im etymologischen Sinne des Wortes ist, Hauswirtschaft, die Wirtschaft des Zuhause, eines gewissen Investierens, die Wirtschaft des Ergreifens, Besitzens, Sich-Befriedigens und Genießens?

Die Idee des Unendlichen in uns

Idee des Unendlichen — außergewöhnliche Idee, einzigartige Idee und für Descartes das Denken an Gott. Denken, daß sich für die phänomenologische Betrachtung nicht ohne Rest auf den Bewußtseinsakt eines Subjektes, auf die reine thematisierende Intentionalität zurückführen läßt. Im Gegensatz zu den Ideen, die auf einer Stufe mit dem „intentionalen Objekt", auf einer Stufe mit ihrem *Ideatum* stehen und *Macht* über es haben, im Gegensatz zu den Ideen, durch die das Denken fortschreitend die Welt erfaßt, würde die Idee des Unendlichen mehr enthalten, als sie zu enthalten vermag, über ihre Fassungskraft hinaus, die ihr als cogito zukommt. Sie dächte gewissermaßen über das hinaus, was sie denkt. In der Beziehung zu dem, was ihr „intentionales Korrelat" sein sollte, wäre sie fortgetragen, ohne ein Ziel zu erreichen, ohne bei einem Ende anzukommen, eben nicht bei einem Endlichen ankommend, bei einem Terminus, bei einem Zweck. Man muß natürlich unterscheiden zwischen dem bloßen Scheitern einer nicht erreichten intentionalen Vorhabe einerseits, das noch zur Finalität gehört, und andererseits der Deportation oder Transzendenz über alles Ziel und alle Finalität hinaus: Denken des Absoluten, ohne daß dieses Absolute wie ein Ziel erreicht würde, was noch Finalität und Endlichkeit bedeutet hätte. Idee des Unendlichen — Denken, das vom Bewußtsein abgelöst ist, aber nicht gemäß dem negativen Begriff des Unbewußten, sondern gemäß dem Denken, vielleicht in tiefster Weise Denken, dem Denken der Ablösung vom Sein, des Des-inter-esses: Beziehung ohne Herrschaft über das Sein und ohne die Knechtschaft des *Conatus essendi*, im Gegensatz zum Wissen und zur Wahrnehmung. Was nicht, in bloß abstrakter Negation, zu irgendeiner Modifikation der Sicht führt, sondern *in concreto* sich ethisch vollzieht als die Beziehung zum anderen Menschen.

Nach Descartes, der die Idee des Unendlichen mit der Idee des Vollkommenen und der Idee Gottes identifiziert, vermöchte das endliche Denken des Menschen die Idee des Unendlichen nicht aus sich selber hervorzubringen. Nach seiner Auffassung hat Gott selbst sie in uns legen müssen. Und die ganze Aufmerksamkeit Descartes' versammelt sich auf das Problem der Existenz Gottes. Unaufhörliche Rückkehr der Metaphysik! Wie aber kann diese Idee des Unendlichen sich in einem endlichen Denken halten? Die Ankunft oder der Abstieg oder die Kontraktion des Unendlichen in einem endlichen Denken bezeichnet jedenfalls ein Ereignis, das den Sinn dessen beschreibt, was man eher mit Gott bezeichnet als mit der innerweltlichen unmittelbaren Gegebenheit eines Objekts, das der Intention eines Wissens adäquat ist oder ihr angeglichen werden kann.

Der Logos des Unendlichen

Aber die Ausnahme der Idee des Unendlichen impliziert das Erwachen eines Seelenlebens, das sich weder auf die bloße Korrelation noch auf den noetisch-noematischen Parallelismus reduziert, die die weniger umsichtige Analyse beim menschlichen Denken, wenn es vom Wissen her angegangen wird, herausstellt. Ausnahme, die die aristotelische These einer Gott vorbehaltenen Theologie umstürzt, Gott, der sein eigener und einziger Theologe wäre, er allein fähig, sich zu denken, wie Pierre Aubenque unterstrichen hat. Ausnahme, die auf ein menschliches Denken verweist, das gerade als Theologie Denken ist. Aber der Logos dieser Theologie würde sich abheben von der theoretischen Intentionalität und der Angleichung des Denkens an das Gedachte; Angleichung, die sich ihrer selbst versichert auf der Grundlage der Einheit der transzendentalen Apperzeption eines souveränen Ich in seiner ausschließenden Isolierung als *cogito* und seiner versammelnden und synthetischen Herrschaft. Ausnahme von der Phänomenologie des Denkens, wie sie allgemein aufgefaßt wird; diese ist in einem wesentlichen Sinne gerade atheistisch, nämlich als Denken, welches sich dem Gedachten, von dem es erfüllt und zufrieden-gestellt wird, angleicht; diese Phänomenologie ergreift das Gegebene, indem sie alle Passivität der Erfahrung in Aktivität des Bewußtseins umkehrt; das Bewußtsein billigt, wovon es betroffen wird, es leidet niemals Gewalt. Hier dagegen Denken, das nicht mehr Absehen auf ... noch Sicht noch Wille noch Intention ist.

In der Idee des Unendlichen, die darum die Idee Gottes ist, geschieht gerade die Affektion des Endlichen durch das Unendliche jenseits der einfachen Verneinung des Einen durch das Andere, jenseits des bloßen Widerspruches, der sie einander entgegensetzen und sie trennen würde oder der das Andere der Vorherrschaft des Einen, verstanden als „Ich denke", aussetzen würde. Affektion, die auf andere Weise zu beschreiben wäre als ein Erscheinen, auf eine andere Weise als eine Teilhabe an einem Inhalt, als ein Verstehen. Unumkehrbare Affektion des Endlichen durch das Unendliche. Passivität und Geduld, die sich nicht in einer Thematisierung wiedergewinnen, sondern Liebe und Furcht Gottes – oder Verehrung und staunende Bewunderung, von denen Descartes im letzten Abschnitt der dritten „metaphysischen Meditation" spricht –; Passivität und Geduld – in ihnen ist die Idee Gottes durch und durch Affektivität, die nicht zusammenfällt mit der Affektivität der *Befindlichkeit in Sein und Zeit,* wo die Angst der *Jemeinigkeit*[14] um ihre Endlichkeit des Seins-zum-Tode immer die Intentionalität des Gefühls überlagert, das durch ein innerweltliches Seiendes hervorgerufen wird. Affektion des Endlichen durch das Unendliche, die es nicht zu reduzieren gilt! Ausgang in die Idee des Unendlichen, in die theologische Affektion, aus der *Jemeinigkeit*[15] des Cogito und seiner Immanenz, die als Eigentlichkeit gilt, hin zu einem Denken, das mehr denkt als es denkt – oder es *besser* macht als zu denken. Dieses Denken geht hin zum Guten. Des-inter-essierte Affektivität – oder Begehren –, in der die Pluralität in Gestalt der sozialen Nähe sich nicht zur Einheit des Einen zu versammeln braucht, nicht mehr bloße Privation der Koinzidenz bedeutet, einen schlichten und einfachen Mangel an Einheit. Hervorragen der Liebe, der sozialen Beziehung, der „Furcht für die Anderen" und der Verantwortung für die Anderen, die nicht meine Angst ist vor meinem Tod, vor *meinem* Tod. Die Transzendenz wäre mehr eine verfehlte Immanenz. Sie besäße in der sozialen Beziehung – die nicht mehr eine bloße Intention ist, sondern Verantwortung für den Nächsten – das eigentümliche Hervorragen des Geistes, eben die Vollkommenheit oder das Gute. Soziale Beziehung, die im Gegensatz zu allem Wissen und zu aller Immanenz *Beziehung zum Anderen als solchem* und nicht zum Anderen als bloßem Teil der Welt ist.

Phänomenologie treiben

Daß diese anbetende Affektivität und diese Passivität der staunenden Bewunderung Gegenstand einer vorangetriebenen phänomenologischen Interpretation zu sein vermögen, oder daß die Analyse zu ihnen vorstößt, wenn sie sich von Anfang an vor die interpersonale Ordnung der Andersheit des anderen Menschen, meines Nächsten und meiner Verantwortung für den Anderen bringt – alles dies gehört natürlich nicht mehr in den Bereich der Cartesischen Texte, und wir werden es hier nicht entwickeln.

Aber Phänomenologie betreiben, das heißt nicht nur, das Bedeuten der Sprache, die in ihrer Abstraktheit oder in ihrer Isolierung bedroht ist, gegen die Erschleichung, die Verschiebung und die Verstellung von Sinn zu gewährleisten; das bedeutet nicht nur, die Sprache dadurch zu kontrollieren, daß man nach den Gedanken fragt, die sie verdeckt oder vergessen macht. Phänomenologie treiben bedeutet vor allem, in den Horizonten, die sich im Umkreis der ersten „Intentionen" des abstrakten Gegebenen öffnen, die menschliche – oder zwischenmenschliche – Intrige aufzusuchen und in Erinnerung zu rufen, die die Konkretheit des Ungedachten (Es ist nicht bloß negativ!) am abstrakten Gegebenen ist; diese Konkretheit ist die notwendige „Inszenierung", aus der sich die Abstraktionen im *Gesagten* der Worte und der Aussagen abgelöst haben. Das heißt die menschliche oder zwischenmenschliche Intrige als das Gewebe der äußersten Verstehbarkeit aufzusuchen. Und vielleicht ist dies auch der Weg, auf dem die Weisheit des Himmels auf die Erde zurückkehrt.

Die Intelligibilität des Transzendenten

Die Menschheit, die mit sich selbst beschäftigt und unfähig ist, das Unendliche zu fassen, für die die Tatsache, von Gott getroffen zu sein, nur als der Makel der Endlichkeit gilt, sieht in der Idee des Unendlichen in ihrer Passivität den Bereich der Ungewißheit; der Grund dafür liegt wahrscheinlich an der Verkennung der unreduzierbaren Ursprünglichkeit der Andersheit und der Transzendenz und an der bloß negativen Deutung der ethischen Nähe und der Liebe, an dem beharrlichen Eigensinn, sie in Termini der Immanenz zu sagen, als ob der Besitz und die Verschmelzung — Ideal eines intentionalen Bewußtseins — die geistige Energie erschöpfen würden. Daß die Nähe des Unendlichen und die soziale Beziehung, die sie errichtet und bestimmt, besser zu sein vermöchten als die *Koinzidenz der Einheit;* daß die soziale Beziehung allein kraft ihrer Pluralität ein irreduzibles Hervorragen ist, mag man das Hervorragen auch nicht in Termini des Reichtums sagen können, ohne in die Sprache der Armut zurückzufallen; daß die Beziehung oder die Nicht-Indifferenz zum Anderen für den Anderen nicht darin besteht, sich in das Selbe zu wandeln; daß die Religion nicht das Moment der „Ökonomie" des Seins ist; daß die Liebe nicht nur ein Halbgott ist — auch dies wird gewiß angezeigt durch die Idee des Unendlichen in uns oder die Menschheit des Menschen verstanden als Theologie oder die Verstehbarkeit des Transzendenten.

Aber vielleicht kündigt sich diese Theologie schon in dem Erwachen zur Schlaflosigkeit, zur Wache und zur unruhigen Wachsamkeit des Seelischen an, noch bevor die Endlichkeit des Seins, verletzt durch das Unendliche, dazu gelangt, sich in einem herrschenden und atheistischen Ich zu versammeln, im Ich des Wissens.

Deutsch von Wolfgang Nikolaus Krewani

Anmerkungen

1 Erschienen unter dem Titel „Transcendance et intelligibilité", in: *E. Lévinas,* Transcendance et intelligibilité, suivi d'un entretien, Genf 1984, S. 11–29. Die Anmerkungen zu der vorliegenden Übersetzung stammen vom Übersetzer.

2 Franz.: „qui sent".
3 Franz.: „sentir".
4 Franz.: „sensation".
5 Franz.: „sentiment".
6 Franz.: „Le Même". Ob der oder das Selbe, ist grammatisch nicht entscheidbar.
7 Franz.: „L'Autre". Auch hier bleibt die Frage nach dem Geschlecht offen.
8 Vgl. dazu *Platon*, Timaios 36 c.
9 Wir übersetzen mit „zufrieden" das lat. „satis", nachdem zuvor der Ausdruck „satis-faction" mit „Befriedigung" übersetzt worden war. Eine wörtlichere Übersetzung wäre „Genugtuung"; aber „Genugtuung" verbot sich, weil dieser Ausdruck ebenso wie „Satisfaktion" vor allem die Bedeutung der Wiederherstellung des *sozialen* Friedens hat.
10 Der franz. Text lautet: „La *présence*, de soi, se fait main-tenant." Lévinas spielt damit an auf den Umstand, daß der französische Ausdruck für „jetzt", „maintenant", abgeleitet ist von dem Verb „maintenir", „in der Hand haben".
11 „Lebenswelt" deutsch im Original.
12 Im Original hat Lévinas auf deutsch in Klammern das Zitat hinzugefügt: „(‚Worauf sie eigentlich hinaus will.')"
13 Cf. *E. Bergson*, La pensée et le mouvant, Paris 1934, 12. Aufl. Paris 1941, S. 10. Lévinas zitiert versehentlich: „. . . die radikale Neuheit der Unvorhersehbarkeit . . ."
14 „Befindlichkeit" und „Jemeinigkeit" deutsch im Original.
15 „Jemeinigkeit" deutsch im Original.

Hans-Georg Gadamer
„Bürger zweier Welten“

Wo es um Wissenschaft geht, bedarf es einer Besinnung auf Europa, auf die Einheit Europas und auf seine Rolle in dem Weltgespräch, in das wir eintreten. Wie immer man Wissenschaft genauer beschreiben will und was der besondere Charakter der Wissenschaft vom Menschen immer sein mag – daß es die in Griechenland entwickelte Wissenschaft ist, die den unterscheidenden Charakter der von Europa ausgegangenen Weltkultur darstellt, ist ganz unleugbar. Zwar muß man zugeben – und das erkennen wir immer mehr –, daß auch die Griechen schon aus anderen Kulturen zu lernen vermochten und daß etwa die Babylonier wesentliche Leistungen auf dem Gebiete der Mathematik und der Astronomie vollbracht haben, und ähnlich die Ägypter, wie den Griechen im besonderen bewußt war. Mehr noch ist es die gedankliche Gestaltung der verschiedensten religiösen Überlieferungen, durch die die großen Hochkulturen des Altertums das griechische Denken befruchtet haben. Trotzdem bleibt es wahr, daß die Gestalt der Wissenschaft – in dem möglichst weiten Umfang des Wortes – in Griechenland ihre eigentliche Prägung erfahren hat, und dies in einem Sinne, der noch nicht den besonderen Sinn der modernen Erfahrungswissenschaft einschließt, durch den Europa heute die Welt verändert. Wir müssen das in seiner ganzen Bedeutung realisieren. Durch den wissenschaftlichen Zug, der in das geistige Werden Europas eingegangen ist, hat eine Differenzierung von Aussageformen und Gedankenformen ihre Entstehung gefunden, wie sie es sonst nirgendwo im Kulturleben der Menschheit gegeben hat: Ich meine die Tatsache, daß Wissenschaft und Philosophie eine selbständige Figur des Geistes bilden, die sich von Religion und Poesie abhebt. Ja, sie hat auch noch Religion und Poesie voneinander geschieden und der Kunst eine eigene, wenn auch noch so prekäre Wahrheitsgestaltung zugewiesen. Das Faktum als solches ist allbekannt. Wir finden uns völlig hilflos, wenn wir in unsere klassifizierenden Begriffe von Philosophie, Wissenschaft, Religion, Kunst und Dichtung etwa die Weisheit Ostasiens einordnen sollen. Es ist unleugbar: In Griechenland hat der Weltgeist zuerst die Wendung genommen, die zu diesen Unterscheidungen geführt hat. Wir können das, was da geschah und die Geschichte des Abendlandes gestaltet hat, in einem sehr weiten Sinne „Aufklärung“ nennen, Aufklärung durch Wissenschaft.

Was heißt hier Wissenschaft? Vielleicht wird sich erweisen, daß der Aufbruch der Wissenschaft in Griechenland auf der einen Seite und die Entstehung der Wissenschaftskultur der Neuzeit auf der andern Seite trotz aller Kontinuität der abendländischen Geschichte einen so tiefen Unterschied aufweisen, daß auch der Begriff der Aufklärung in seiner Sinn-Einheit davon betroffen wird. Mit dieser Frage wird heute ein offenes und kontroverses Thema unseres eigenen Selbstverständnisses angeschlagen. Das hat, wenn ich nicht irre, seine Folge auch für die philosophischen Implikationen, die Lévinas aus dem Begriff des Savoir entwickelt hat. Wenn das Savoir von Lévinas der Transzendenz des Anderen entgegengesetzt wird, hat er eine ganz andersartige Grenzziehung zum Thema gemacht, als die innerhalb der Wissenschaftsgeschichte des Abendlandes aufgekommene. Ja, es will mir scheinen, als ob gerade in den Formungen und Umformungen von Wissenschaft, die sich in der abendländischen Geschichte vollzogen haben, die Transzendenz des Anderen eine bestimmende Rolle gespielt hat und nicht nur ein „Jenseits“ der „Wissenschaft“ und ihrer „Immanenz“ darstellt. Das „Ganz Andere“ Gottes, das Andere der Anderen, Nächsten, jenes Andere der in sich verschlossenen Natur – sie alle überantworten sich nicht unserem „Savoir“. Das kündigt sich bereits in der Tatsache an, daß der Begriff der Philosophie und sein Verhältnis zum Begriff der Wissenschaft eine eigene Geschichte durchlaufen haben. Er deckt sich ursprünglich durchaus nicht mit dem Wortsinn, den wir heute mit dem Begriff von Philosophie verbinden. Bekanntlich hat das griechische Wort „Philosophia“ den Inbegriff aller theoretischen Leidenschaft, aller Hingabe an reine Erkenntnis ohne Blick auf den Nutzen oder den Gewinn, der daraus zu ziehen ist, bedeutet. Erst Plato hat dem Wort einen neuen Akzent verliehen. Philo-sophia bedeutet für ihn nicht „Wissen“, sondern das Verlangen nach Wissen, das Streben nach der Sophia, der

Weisheit, dem nur den Göttern vorbehaltenen Besitz der Wahrheit. Im Gegensatz menschlichen und göttlichen Wissens liegt ein Motiv, das in der Wissenschaftsgeschichte der Neuzeit zu neuer, bestimmender Bedeutung aufgestiegen ist. Das deutet auf den problematischen Charakter der Wissenschaftlichkeit der Philosophie hin. Im Sprachgebrauch des Altertums und seinem Fortleben ist die platonische Prägung, daß Philosophia bloßes Streben nach der Wahrheit sei, nicht wirklich durchgedrungen. Erst mit dem Entstehen der modernen Erfahrungswissenschaften wurde diese platonische Umprägung der Bedeutung des Wortes neu virulent. Sie hat damit freilich zugleich eine Sinnverschiebung erfahren. Es wurde ebenso schwierig wie notwendig, das Recht der Philosophie gegenüber der neuzeitlichen Wissenschaft zu definieren, wie es gegenüber dem Wissensanspruch der griechischen „Sophistik“ notwendig gewesen war. Die wechselseitigen Beziehungen von Philosophie und Wissenschaft sind seitdem ein immer wieder neu zu bedenkendes Problem der Philosophie selber.

Aus diesen wortgeschichtlichen Beobachtungen können wir bereits die Lehre ziehen, daß der Sprache und ihrer Artikulation der Welterfahrung für unsere Frage nach Einheit und Differenz von „Wissenschaft“ eine ganz zentrale Rolle zufällt. Für die Griechen ist Sprache in erster Linie das in ihr Gesagte, λόγος als τὰ λεγόμενα. Sprache ist in diesem Betracht nicht jenes System von Zeichen, das unsere Linguistik studiert oder das unsere Philosophie der Sprache als Problemfeld diskutiert. Der Begriff des Logos ist vielmehr der Inbegriff der in der Sprache niedergeschlagenen und in sprachlicher Form weitergereichten Einsichten der Menschen, und es ist dieser Begriff des Logos, der auch den griechischen Begriff von Wissenschaft von Grund auf bestimmt. Rede stehen können, Rechenschaft geben können, Begründen und Beweisen – all das ist in der „Logik“ und „Dialektik“ der Griechen impliziert. Es gehört dazu, daß der leitende Ausdruck für die Wissenschaften, den die Griechen benutzten, „τὰ μαθήματα“ war: das, was man lehren und lernen kann, und das schließt ein, daß einem Erfahrung dabei weder hilfreich noch gar unentbehrlich wäre. In diesem Sinne ist die Mathematik für die Griechen die vorbildliche Figur von „Wissenschaft“, und das in einem Sinne, der von der Rolle, die die Mathematik für den Wissenschaftsbegriff der modernen Naturforschung spielt, wesentlich verschieden ist. Die Vorbildlichkeit der Mathematik im griechischen Wissen meint nicht zuletzt das Ideal der sprachlichen Übermittlung, und damit, daß Lehrbarkeit und Lernbarkeit mit Erkenntnis unzertrennlich verknüpft sind.

Wir nähern uns mit solchem Achten auf die Sprache der uns beschäftigenden Frage. Es ist eine faszinierende Geschichte, die die Naturerkenntnis in unserem Kulturkreis durchlaufen hat, und gewiß hat dabei die Sprache für unsere gesamte innere Denkgeschichte fundamentale Bedeutung. Es war im Anschluß an die Sonderstruktur der indo-europäischen Sprachen, daß sich im griechischen Denken auf einem langen Wege der Aufklärung ein Begriff von „Substanz" entwickelt hat und auf ihn bezogen ein Begriff dessen, was alles der Substanz zukommt. Die prädikative Struktur des Urteils beschreibt offenkundig nicht nur die logische Form des Satzes, sondern auch die begreifende Artikulation der Wirklichkeit. Das ist nicht selbstverständlich. Im Wesen der Sprache liegt zunächst das rätselhafte Wunder des Nennens und der Bedeutung des Namens. Das dürfte noch aller Sonderstruktur von Sprachen und Sprachfamilien vorausliegen und stellt bis heute ein Element unseres sprachlichen Selbstverständnisses dar. Wort und Sache scheinen aufs erste unablösbar miteinander vereint. Für jeden Sprecher sind fremde Sprachen, in denen dasselbe anders heißt und lautet, beunruhigend und fürs erste schier unglaublich. Eine Sprachfamilie wie die unsrige, die in ihrer eigenen Grammatik so auf den Bezug des Zeitwortes auf das Hauptwort, des Prädikats auf das Subjekt gestellt ist, war nun zu der Auflösung solcher Einheit von Wort und Sache – und damit zur „Wissenschaft" – gleichsam prädisponiert. Daß das ὄνομα nur der Name ist, den man einer Sache oder Person „gibt", ist eine revolutionäre Einsicht, die wir zuerst bei Parmenides finden: „τῶι πάντ' ὄνομ(α) ἔσται, ὅσσα βροτοὶ κατέθεντο πεποιθότες εἶναι ἀληθῆ" („Darum wird alles bloßer Name sein, was die Sterblichen in ihrer Sprache festgesetzt haben, überzeugt, es sei wahr", nach Diels/Kranz, VS, 8.38). Daß ein Seiendes wechselnde Namen haben, daß dieselbe Sache wechselnde Prädikationen erfahren darf, schließt ein Seinsverständnis ein, auf das hin die Griechen ihre großen Erkenntnisleistungen selber interpretiert haben. Es ist gleichsam der Überdruck dieses Begriffs des Subjektes als der bleibenden Grundlage wechselnder Prädikationen und Aussageinhalte, was den Begriff der Wissenschaft im griechischen Denken geprägt hat. Diese Prägung schließt gegenüber der wechselnden Erfahrung einen Wahrheitsanspruch ein, der diese vom eigentlichen Wissen ausschließt. Nur von dem, was immer ist, wie es ist, und von dem man daher wissen kann, ohne zu sehen und neu zu erfahren, kann es im eigentlichen Sinne Wissenschaft geben. Die bloßen Regelhaftigkeiten, die man in den Veränderlichkeiten der Erfahrung ausmachen kann, sind nur in einem abgeschwächten Sinne erkennbar, und das einmalig Konkrete kann nie in dem selben Sinne „gewußt" sein, wie die mathematischen oder die logischen Wahrheiten. So hat Plato der Kontingenz des Wirklichen nur in mythischer Form Ausdruck gegeben, und Aristoteles hat die Umsetzung dieser Metaphorik in „Physik" nur als eine Formenlehre des Wirklichen ausgeführt. Seine „Physik" ist Morphologie.

Wenn man das im Auge behält, ist der Aufbruch der modernen Erfahrungswissenschaften im 17. Jahrhundert ein Ereignis, von dem her sich der gesamte Begriff vom Wissen neu bestimmt, und damit sieht sich auch die Stellung der Philosophie und ihr alles umfassender Anspruch in eine neue Fragwürdigkeit versetzt. Das neue Ideal der Methode und der durch sie garantierten Objektivität der Erkenntnis hat Wissen gleichsam aus dem Lehr- und Lebenszusammenhang des sprachlich-gesellschaftlich geteilten Wissens herausgedreht und damit eine neue Spannung in das hineingetragen, was menschliches Wissen und was menschliche Erfahrung meint. Die Mathematik ist von nun an nicht so sehr das Vorbild der Wissenschaften, wie sie es bei den Griechen war, als der wahre Kerngehalt unseres Wissens von der erfahrbaren Welt selbst. Für die Griechen ist es selbstverständlich, daß „Erfahrung" nicht „Wissen" ist – mag es immer Erfahrung sein, auf Grund derer sich die λόγοι und δόξαι bilden, die sich als Wissen bewähren, und mag Erfahrung für die praktische Anwendung von Wissen unentbehrlich sein –, dagegen ist es für das neuzeitliche Denken selbstverständlich, daß sich Wissen und Wissenschaft an den Erfahrungstatsachen zu bewähren hat. Erkenntnis, die wirklich „Wissen" ist, kann nur aus der Anwendung von Mathematik auf die Erfahrung gewonnen werden und muß sich vor den durch sprachliche Konvention suggerierten Vorstellungen, den Idola fori, hüten. Und doch gibt es ein reiches Erbe menschheitlichen Wissens, das aus unserer geschichtlichen Vergangenheit uns überkommen ist und – gleichsam die andere Hälfte der Wahrheit – als das im Lauf der Geschichte Bewährte, Geglaubte, Gehoffte zu uns spricht und für uns gilt.

Die Einheit unserer Kultur vermag ich daher nur unter dem Gesichtspunkt zu sehen, daß der Aufbruch der modernen Erfahrungswissenschaften im 17. Jahrhundert das Ereignis ist, mit dem sich die bisherige Gestalt von Gesamtwissen, von Philosophie oder Philosophia im umfassenden Sinne des Wortes, aufzulösen begann. Die Philosophie ist selbst ein problematisches Unternehmen geworden. Was nach dem Aufkommen der modernen Naturwissenschaft und ihrer enzyklopädischen Verarbeitung im 17. und 18. Jahrhundert Philosophie neben den Wissenschaften überhaupt noch sein kann, ist die Frage, vor der alles neuzeitliche Philosophieren steht. Ich habe in meinen Arbeiten wiederholt darauf hingewiesen, wie der Begriff des „Systems“ aus dieser prekären Lage heraus in die Sprechweise der Philosophie eingedrungen ist. Das Wort ist natürlich älter und gutes Griechisch. Es bedeutet jede Art von Gefüge im Sinne des Zusammenbestandes von Verschiedenem. Aber als Begriff verschärfte es sich zur Formulierung der Aufgabe, das Inkompatible, das miteinander Unverträgliche in einen einheitlichen Denkzusammenhang zu bringen. So ist der astronomische Begriff der Welt-Systeme entstanden, seit die antike Astronomie vor die platonische Forderung gestellt war, von der Voraussetzung der Zirkularität der Himmelsbewegungen aus die Unregelmäßigkeit der Planetenbahnen zu erklären. In der Neuzeit ist es nun, um im Bilde zu bleiben, das Planetensystem der modernen Erfahrungswissenschaften, das auf die zentrale Mitte, auf das überlieferte Gesamtwissen, das Philosophia hieß, in immer neuen Ausgleichsversuchen bezogen werden mußte. So ist das Wort „System“ im späteren 17. Jahrhundert in den Sprachgebrauch der Philosophie eingegangen, um die Vermittlung der neuen Wissenschaft mit der älteren Metaphysik zu bezeichnen. Den letzten großen Versuch solcher Vermittlung, der ernstzunehmen war, stellte der Versuch des deutschen Idealismus dar, die Erfahrungswissenschaften in das Erbe der Metaphysik von dem neuen Standpunkt der Transzendentalphilosophie aus zu integrieren – eine letzte und nur kurzfristig gültige Unternehmung angesichts einer unlösbaren Aufgabe.

Wenn das so ist, dann bedeutet die Prägung der europäischen Zivilisation durch die Wissenschaft nicht nur eine Auszeichnung, sie hat zugleich eine tiefgreifende Spannung in die moderne Welt gebracht. Auf der einen Seite war es die Überlieferung unserer Kultur, die uns geformt hat, und diese Formung bestimmt in ihrer sprachlich-begrifflichen Gestalt, die auf die griechische Dialektik und Metaphysik zurückgeht, unser Selbstverständnis. Auf der anderen Seite haben die modernen Erfahrungswissenschaften unsere Welt und unser ganzes Weltverständnis umgestaltet. Beides steht nebeneinander.

In der Tat war es die epochale Bedeutung Kants, daß er beides neu begründete. Er hat die Grenzen der reinen Vernunft erkannt, ihre Beschräkung und mögliche Erfahrung nachgewiesen, und zugleich damit hat er die Autonomie der praktischen Vernunft gerechtfertigt. Die Beschränkung des Kategoriengebrauchs, und damit vor allem der Kausalität, auf die in der Erfahrung begegnenden Erscheinungen bedeutet auf der einen Seite die völlige Rechtfertigung der wissenschaftlichen Erforschung der Erscheinungen – selbst wenn es sich um Leben oder um die gesellschaftlichgeschichtliche Welt handelt. Auf der anderen Seite aber ist diese Beschränkung der Kausalität auf die Erfahrung zugleich die Rechtfertigung der praktischen Vernunft, sofern eine „Kausalität aus Freiheit" der theoretischen Vernunft nicht widerspricht. Die Leistung Kants, den Primat der praktischen Vernunft begründet zu haben, wurde dann vom deutschen Idealismus so weit ausgebaut, daß er dem Begriff des Geistes und all seinen Objektivierungen in Wirtschaft und Gesellschaft, Recht und Staat ihren Status verleiht. Diese Objektivierungen sind nicht nur Erscheinungen und damit „Objekt" der Wissenschaft, sondern immer zugleich intelligible Fakten der Freiheit, und das heißt, an ihrer Wahrheit gilt es auf andere Weise teilzugewinnen.

Das schließt sich zwar an eine Tradition an, die als Unterscheidung der theoretischen und der praktischen Philosophie bis auf Aristoteles zurückgeht, hat aber mit dem Aufkommen der neuzeitlichen Wissenschaft einen anderen Charakter erhalten. Die Kantische Unterscheidung von theoretischer und praktischer Vernunft führte zu einer wissenschaftstheoretischen Konsequenz: zur Unterscheidung von „Naturbegriffen" und „Freiheitsbegriffen". Sie wurde im deutschen Sprachraum als der Dualismus von Natur- und Geisteswissenschaft bekannt. Das hat in anderen Ländern insofern keine genaue Entsprechung, als dort Begriffe wie „lettres" oder wie „literary criticism" gewisse Teile der Geisteswissenschaften dem Wissenschaftsbegriff gar nicht unterstellten. Es war die „erkenntnistheoretische" Wendung des Neukantianismus, die in Deutschland im Anschluß an Hegels Begriff des Geistes und in Abkehr von seinem spekulativen Apriorismus den Begriff der Erfahrung und der Erfahrungswissenschaften auf die historisch-philologischen Wissenschaften ausdehnte. Das gipfelt etwa in der Werttheorie des südwestdeutschen Neukantianismus, die dann auch den Sozialwissenschaften als Grundlage diente. In solcher Ausdehnung auf die „Kulturwissenschaften" blieb es das Faktum der Wissenschaft, in dem der „Gegenstand der Erkenntnis" seine volle und einzige Bestimmung fand.

In unserem Jahrhundert hat nun die Philosophie begonnen, hinter das Faktum der Wissenschaften und seine erkenntnistheoretische Begründung zurückzufragen. Dieser Schritt wurde in Deutschland durch die phänomenologische Bewegung vollzogen. Mit ihrer Wendung „zu den Sachen selbst", die durch Husserl eingeleitet wurde, war es nicht mehr allein die Erkenntnis der Wissenschaft, deren apriorische Voraussetzungen die Philosophie zu erweisen hatte, sondern es ging um die Phänomene der „Lebenswelt". So hat Husserl später die vorwissenschaftliche Erfahrungsdimension benannt, von der seine phänomenologische Wesensforschung ihren deskriptiven Ausgang nahm. Als sich Husserl später der Problematik der „Lebenswelt" so weit öffnete, daß er die Vielheit der Lebenswelten erkannte, deren tiefliegende Strukturen all unsere Auffassungsformen der Wirklichkeit bedingen, war freilich sein eigenes Interesse das neukantisch-erkenntnistheoretische, eine einwandfreie Letztbegründung gegen die Einrede der Relativität dieser Lebenswelten zu rechtfertigen. Die Letztbegründung besteht darin, daß das transzendentale Ego, dieser Nullpunkt der Subjektivität, *alle* „objektive" Geltung begründen muß – also auch die lebensweltliche Relativität, die im „Eidos" Lebenswelt selbst gelegen ist.

Nun ist es aber die Paradoxie der lebensweltlichen Relativität, daß man sich derselben, und damit der Grenzen der eigenen Lebenswelt, zwar bewußt werden kann, sie dadurch aber keineswegs überschreitet. Es sind uneinholbare Vorzeichnungen möglicher Erkenntnis, die unsere Geschichtlichkeit ausmachen. Aller „Objektivität“ des Erkennens oder Verhaltens sind sie vorgegeben – und das schließt ein, daß hier die Rede vom reinen Subjekt, und sei es noch so sehr der bloße Ich-Pol des transzendentalen Ego, jeden Sinn verliert. Die Relativität der Lebenswelt bedeutet also nicht eigentlich eine Grenze der Objektivierbarkeit, als vielmehr eine positive Bedingung für die Art von Objektivität, die im Horizont der Lebenswelt erreichbar ist.

Ob und wie sich der Anspruch der Philosophie, strenge Wissenschaft zu sein, insofern rechtfertigen läßt, als das „Eidos“ Lebenswelt, das Horizont-Apriori, die eidetische Dimension darstellt und so seine Funktion durch die apodiktische Evidenz des transzentalen Ego „begründet“ wird, ist eines der offenen Probleme, die Husserl der phänomenologischen Forschung hinterlassen hat. Heideggers radikale Fragestellung nach dem Sinn von Sein, das er im Horizont der Zeit suchte, hat hier eingesetzt, und ich selber habe die hermeneutische Grundverfassung der „Lebenswelt“ im Ausgang von Heidegger ein Stück weit aufzuklären gesucht. Daß die Zugehörigkeit des „Interpreten“ zu dem Sinnzusammenhang, den er zu verstehen sucht, den Sinn von Objektivität anders zu denken nötigt, als das in den Naturwissenschaften der Fall ist, scheint mir evident.

So kann es mir nicht einleuchten, hier eine Entsprechung zur Physik zu sehen. Daß die Atomphysik unseres Jahrhunderts an Grenzen gestoßen ist, seit sich gezeigt hat, daß die Idee eines „absoluten Beobachters“ unhaltbar ist, weil der Meßvorgang im atomaren Bereich stets einen verändernden Eingriff in das System bedeutet, hat gewiß die Grundbegriffe der klassischen Physik modifiziert. Aber das tangiert den Sinn objektiver Erkenntnis und Wissenschaft überhaupt nicht: Die Wissenschaft hat *diese* Zugehörigkeit des Beobachters zum Beobachteten selber in der mathematischen Exaktheit von Gleichungen festzustellen gewußt. Die moderne Physik unseres Jahrhunderts scheint mir von da aus die konsequente Fortsetzung der auf Mathematik gegründeten, Messungen mathematisch verarbeitenden Physik Galileis. Die erkannten Grenzen der Objektivierbeit sind in Wahrheit neue objektive Befunde, die zu erreichen den Anstrengungen der modernen Forschung gelungen ist. Daß damit gewisse Voraussetzungen der klassischen Physik als fragwürdige „lebensweltliche“ Anleihen aufgegeben werden mußten, z. B. die „Anschaulichkeit“ und die Determiniertheit aller „Folgezustände“ durch vorgängige Zustände, ändert daran nichts, daß es die gleiche mathematische Physik ist.

Ähnlich scheint es mir mit den Konsequenzen zu stehen, die heute von der Evolutionstheorie aus für die Erkenntnistheorie und Wissenschaftstheorie gezogen werden. Es kann für die philosophische Fragestellung an sich nichts Überraschendes sein, daß in der großen Fernsicht, in der die allgemeine Evolutionslehre die „Geschichte“ unseres Universums beschreibt, auch die Wissenschaft und ihre Ausbildung ihren Platz erhalten. Die Zugehörigkeit des Menschen zu seiner Welt kann von beiden Seiten her als Resultat der Evolution verstanden werden: eine den neuesten kosmologischen Erkenntnissen entsprechende Neuauflage der Lehre von den „angeborenen Ideen“. „Ihre objektive Realität“, die der Gegenstand der Kantischen Frage war, ist gleichsam im voraus gelöst. Indessen hat auch die phänomenologische Forschung, insbesondere in der Lehre von der Intentionalität des Bewußtseins, die Künstlichkeit der Zwei-Substanzen-Lehre des Cartesianismus überwunden. Von hier aus hat bereits Scheler den Vorrang des Selbstbewußtseins und die Trennung von Subjekt und Objekt als ein metaphysisches Restproblem gekennzeichnet, und Heidegger hat darin die Folgelast der griechischen Ontologie des „Vorhandenen“ aufgewiesen, deren Begriffe das philosophische Selbstverständnis der modernen Wissenschaft bestimmen. Insofern ist die Evolutionstheorie so etwas wie ein neuer „physikalischer“ Beweis für den Idealismus, allerdings ein empirisch besser fundierter als der durch die Schellingsche Naturphilosophie gebotene.

Im Prinzip bleibt aber auch der evolutionstheoretische Versuch, wie alle „Versöhnungs“-Versuche zwischen den Naturwissenschaften und den „moralischen Wissenschaften“, eine zutiefst fragwürdige Sache, die mir nicht minder bedenklich scheint als seinerzeit die spekulative Physik des deutschen Idealismus. Weder die Ausweitungen des Kantischen Apriorismus über die Grenzen der „reinen Naturwissenschaft“ durch die Neukantianer noch solche Umdeutung von den modernen Erfahrungswissenschaften aus können Kants Grundansicht aufheben: Wir sind Bürger zweier Welten. Wir sind nicht nur auf den sinnlichen, wir sind ebenso auf den „übersinnlichen Standpunkt“ der Freiheit gestellt — auch wenn diese Begriffe der platonischen Tradition nur die Aufgabenstellung bezeichnen, nicht die Lösung der mit dem Primat der praktischen Vernunft gestellten Aufgabe bringen können. Wenn man das Faktum der Freiheit mit Kant als ein Vernunftfaktum denken muß, gehört auch die Evolutionstheorie in den Bereich der „theoretischen“ Vernunft und der Erfahrungswissenschaften, Freiheit dagegen ist nicht Gegenstand der Erfahrung, sondern die Voraussetzung der praktischen Vernunft. Nun mag man einwenden, die Pluralität und Relativität der Lebenswelten, die als solche Gegenstand der Erfahrung sind und mit der Auszeichnung der menschlichen Natur zusammenhängen, Vernunftwesen zu sein, müßten das „Gespenst des Relativismus“ heraufrufen. Aber der Bedingtheit aller menschlichen Lebenswelt ist nicht zu entkommen. Unsere Aufgabe bleibt, die theoretischen Erkenntnisse und die technischen Möglichkeiten des Menschen seiner „Praxis“ ein- und unterzuordnen, und besteht keineswegs darin, die eigene Lebenswelt, die eben die Welt der Praxis ist, in ein theoretisch begründetes technisches Konstrukt umzuformen. So fragt es sich, ob wir nicht gerade aus dem griechischen Erbe unseres Denkens etwas zu lernen haben, das uns zwar die „Wissenschaft“ hinterlassen hat, aber eine Wissenschaft, die den Bedingungen der menschlichen Lebenswelt und dem Leitbegriff ihres Denkens, der Physis, eingeordnet blieb.

Hier scheint mir Platons Dialektik eine neue Vorbildlichkeit zu gewinnen. In unserem Denken das zu wecken, was in unserer lebensweltlichen Erfahrung und ihrer sprachlichen Aufspeicherung in Wahrheit schon liegt, hat Plato als die Aufgabe der Philosophie begriffen und deshalb alle Erkenntnis Wiedererkenntnis genannt. Wiedererkenntnis ist eben nicht bloß Wiederholung einer Erkenntnis, sondern im wahrsten Sinne des Wortes „Erfahrung“, Fahrt, an deren Ziel sich Bekanntes mit neuer Erkenntnis zu bleibendem Wissen vereinigt. Um das in seiner Tragweite zu ermessen, müssen wir auf die Idee der praktischen Philosophie und den Begriff der Praxis zurückgreifen, wie sie sich ausbildeten, bevor sie in die Abhängigkeit von einer theoretischen Wissenschaft und ihrer Anwendung gerieten, die wir heute als angewandte Wissenschaft kennen. Wir müssen also erneut fragen: Was ist Praxis, was heißt Praxis? Hier ist von Aristoteles zu lernen: Nicht gegen die „Theoria“, sondern gegen den „Kunstgeist“ des Herstellens formiert sich der Begriff der Praxis bei Aristoteles, der den Unterschied zwischen Techne, dem Wissen, das ein Machenkönnen leitet, und Phronesis, dem Wissen, das die Praxis leitet, ausgearbeitet hat. Die Unterscheidung bedeutet ja nicht eine Trennung, sondern eine Ordnung, nämlich Einordnung und Unterordnung der Techne und ihres Könnens unter die Phronesis und ihre Praxis. Da scheint es mir nun freilich gefährlich, wenn man im modernen Stil die praktische Philosophie auf die Handlungstheorien zuspitzt. Gewiß ist Handlung die Tätigkeit, die aufgrund einer sittlichen Entscheidung, einer Prohairesis eingeleitet wird, ein Bestandteil von Praxis. Aber man sollte mindestens bei Handlung an die Vielheit der Hände denken, das heißt, an das ganze verwickelte System von Handlung und Gegenhandlung, von Tun und Leiden. Nur dann entgeht man den Vorurteilen des modernen Subjektivismus und verstrickt sich nicht in die, gewiß geniale, Synthese, durch die Hegel aus der Philosophie des Selbstbewußtseins und der Subjektivität einen Ausweg entwickelt hat. Was die Lehre vom objektiven Geist und dem absoluten Geist betrifft, so bleibt dies ein wichtiger Schritt über die Enge der kantischen Grundlegung der Moralphilosophie im Begriff der Pflicht und des Sollens hinaus. Aber leistet sie den Schritt zurück, den sie wirklich tun müßte, den Schritt zurück zur griechischen Frage nach dem Guten und der praktischen Philosophie, die sich auf die Erfahrung der menschlichen Praxis und ihrer Aretai, ihrer „Bestheiten“ aufbaut?

Praktische Philosophie ist nicht Anwendung von Theorie auf Praxis, wie wir sie selbstverständlich im Bereich alles praktischen Tuns ständig vornehmen, sondern erhebt sich aus der Erfahrung der Praxis selbst, kraft der in ihr gelegenen Vernunft und Vernünftigkeit. Praxis meint eben nicht das Handeln nach Regeln und das Anwenden von Wissen, sondern meint die ganz ursprüngliche Situiertheit des Menschen in seiner natürlichen und gesellschaftlichen Umwelt. Wer in Griechenland einen Brief beendete, gebrauchte die Formel εὖ πραττειν, was wir übersetzen können mit „laß es dir gut gehen“. In manchen Gegenden Deutschlands sagt man dafür auch „mach's gut“. Auch dieses Machen ist nicht das Machen von etwas, sondern betrifft die gesamte Lebenssituation dessen, dem dieser freundliche Wunsch zugewandt wird.

In solch einem Blick auf Praxis liegt eine primäre Zusammengehörigkeit aller, die miteinander leben.

Was kann nun diese Rückerinnerung an den breiten Sinn von Praxis, wie ihn das griechische Nachdenken entwickelt hat, für uns bedeuten? Niemand bezweifelt, daß die Unmittelbarkeit des Zutunhabens miteinander, die in dem griechischen Stadt-Staat die Basis der politischen Tätigkeit aller Bürger war, in der heutigen Zivilisationswelt, und insbesondere angesichts der All-Kommunikation durch technische Vermittlung, in sehr anderen Maßen und Formen besteht und damit auch neue Aufgaben und Probleme in sich enthält. Trotzdem scheint es mir nicht eine romantische Rückwendung, sondern eine Erinnerung an Bestehendes, was einem vom griechischen Denken her angeboten wird. Denn das Verhältnis von Machenkönnen und Für-gut-Halten, daß man es macht, ist kein neues Faktum der modernen technischen Zivilisationswelt. Vor genau dem gleichen Problem stand die griechische Welt, und genau in diese Situation zielt die Sokratische Frage. Sie bescheinigt allem Sachverstand in seinen Grenzen sein Recht und deckt sogleich seine Inkompetenz in Bezug auf das auf, was das wahrhaft Gute ist. Man sage nicht, daß das andere Zeiten waren, daß dagegen in der modernen, auf die Wissenschaft gegründeten technischen Zivilisation der Automatismus der Mittel über die menschliche Entscheidungsfreiheit und Fähigkeit, das Gute zu wählen, endgültig Herr geworden sei, und daß daher alles von dem auf Wissenschaft gegründeten Können abhinge. Das macht eine falsche Voraussetzung. Als ob es jemals im Zusammenhang kalkulierender Möglichkeiten des Könnens eine leichte Sache gewesen wäre, sich den durch die Politik und politische Vernunft gesetzten Zwecken unterzuordnen. Ebenso ist es auch in der antiken Welt keine leichte Aufgabe gewesen, den Mißbrauch der Macht, den die politisch Maßgebenden zu begehen getrieben werden, durch vernünftige staatliche Einrichtungen einzudämmen. Darüber vermag uns Platos Staatsutopie zu belehren, aber ebenso die Erfahrung unserer modernen Massendemokratie, die immerhin das Prinzip der Gewaltenteilung als die wirksamste Form der Kontrolle von Macht erkannt hat und praktiziert. Die „Natur" des Menschen ändert sich nicht. Mißbrauch von Macht ist das Urproblem des menschlichen Zusammenlebens überhaupt und völlige Verhinderung dieses Mißbrauchs nur in Utopia möglich.

Plato hat das wohl gewußt und hat deshalb seinen „Staat der Erziehung" dem Staat der Staatskunst entgegengestellt. Hier erscheint die letzte Gemeinsamkeit der Menschen miteinander, die Staats- und Stadtleben möglich macht, in der Utopia einer alles Eigensein aufgebenden Ordnung.

Daß der moderne Staat dem antiken Stadtstaat und seinen Lebensformen nur schlecht entsprechen kann, ist dabei offenkundig. Und doch beruhen beide auf der gleichen unveränderten Grundvoraussetzung. Ich möchte sie die Voraussetzung der Solidarität nennen. Ich meine jene selbstverständliche Gemeinsamkeit, von der aus sich allein im Bereich des sittlichen, gesellschaftlichen und politischen Lebens Entscheidungen, die jeder für gut hält, als gemeinsame treffen lassen. Für die Griechen war diese Einsicht auf undiskutierte Weise selbstverständlich und schlug sich bis in den Sprachgebrauch nieder. Es ist der griechische Begriff für den Freund, der das gesamte Leben der Gesellschaft artikulierte. Von Freunden galt, das war das alte pythagoreische Erbe im griechischen Denken, daß unter ihnen alles gemeinsam ist. Hier ist im Extrem des Ideals die stillschweigende Voraussetzung bezeichnet, unter der es überhaupt nur so etwas wie eine gewaltfreie Regelung des Zusammenlebens der Menschen, eine gesetzliche Ordnung geben kann. Die Effizienz moderner Rechtsordnungen hängt noch immer von der gleichen Voraussetzung ab, wie sich zeigen ließe. Niemand wird eine romantische Vorstellung von Freundschaft und allgemeiner Nächstenliebe als die tragende Basis – weder für die antike Polis noch für den modernen technischen Großstaat – hegen. Doch scheint mir, daß die entscheidenden Voraussetzungen für die Bewältigung der Lebensprobleme der modernen Welt keine anderen geworden sind als die in der griechischen Denkerfahrung formulierten. Jedenfalls wird der Fortschritt der Wissenschaft und ihrer rationalen Anwendung auf das gesellschaftliche Leben keine so total andere Situation schaffen, daß es der „Freundschaft" nicht bedürfte, das heißt einer tragenden Solidarität, die das Ordnungsgefüge des menschlichen Zusammenlebens allein möglich macht. Es wäre gewiß ein Mißverständnis, wenn man glaubte, daß in einer veränderten Welt ein vergangenes Denken als solches erneuert werden könnte. Worum es geht, ist vielmehr, es als Korrektiv zu nutzen und die Engpässe des modernen Subjektivitätsdenkens und des modernen Voluntarismus zu erkennen. Es sind Beirrungen nicht des Menschen, nicht der Wissenschaft und nicht durch die Wissenschaft, sondern solche, die sich durch den Wissenschaftsaberglauben in der modernen Zivilisation etabliert haben. In diesem Sinne glaube ich, daß der große Monolog, den die Wissenschaften selbst in ihrer idealen Vollendung darstellen könnten, immer noch in die komunikative Gemeinsamkeit zurückgebettet bleiben muß, in der wir als Menschen stehen. So scheint mir für die Wissenschaft vom Menschen zu gelten, daß der moderne Begriff von methodischer Wissenschaft mit der ganzen Strenge seiner Forderungen bestehen bleibt, daß wir aber seine Grenzen erkennen und lernen müssen, unser wissendes Können in ein besonnenes Wissen zurückzunehmen, das sich aus der kulturellen Überlieferung der Menschheit speist. Das sollte man gerade bei der Förderung der Wissenschaften vom Menschen ständig im Auge behalten.

Auch am Anderen und am Andersartigen kann sich eine Art Selbstbegegnung vollziehen. Dringender denn je ist aber die Aufgabe gewoden, im Anderen und in der Andersheit das Gemeinsame erkennen zu lernen. In unserer eng zusammenrückenden Welt begegnen sich zutiefst verschiedene Kulturen, Religionen, Sitten, Wertschätzungen. Es wäre eine Illusion, zu meinen, daß nur ein rationales System der Nützlichkeiten, sozusagen eine Art Religion der Weltwirtschaft, das menschliche Zusammenleben auf diesem immer enger werdenden Planeten regulieren könnte. Die Wissenschaft vom Menschen weiß, daß vom Menschen mehr und mehr eine politische Tugend verlangt wird, so wie die Wissenschaft von jeher menschliche Tugend gefordert hat. Das gleiche gilt angesichts der Vielheit der Sprachen. Auch da sind wir im Bereich des denkenden Vollzugs unserer Existenz mit der Vielheit anderer Sprachen konfrontiert und sollten nicht glauben, daß es unsere Aufgabe und unser Privileg wäre, die Fragestellungen, die aus unserer Lebenserfahrung erwachsen und in unserer Spracherfahrung niedergelegt sind, anderen aufzunötigen. Auch da werden wir bis in das Denken in Begriffen hinein das Gespräch zwischen den Sprachen und zwischen den Möglichkeiten der Verständigung, die in allen Sprachen angelegt sind, in unsere Obhut nehmen müssen. Die Wissenschaft vom Menschen in seiner ganzen Vielfalt wird zu einer sittlichen und philosophischen Aufgabe für uns alle.

Die Autoren

Ernst-Wolfgang Böckenförde (* 1930)

Lehrt an der Universität Freiburg i. Br. Seit Ende 1983 Richter am Bundesverfassungsgericht in Karlsruhe.
Hauptarbeitsgebiete: Öffentliches Recht, Staatstheorie, Verfassungsgeschichte, Probleme des Verhältnisses von Politik und Kirche.

Veröffentlichungen u. a.:

Gesetz und gesetzgebende Gewalt, 1958, 2. Aufl. 1981.
Die deutschen verfassungs-geschichtlichen Forschungen im 19. Jahrhundert, 1961 (ital. Übersetzung 1970).
Die Rechtsauffassung im kommunistischen Staat, 1967.
Kirchlicher Auftrag und politische Entscheidung, 1973.
Die verfassungs-theoretische Unterscheidung von Staat und Gesellschaft als Bedingung der individuellen Freiheit, 1973.
Verfassungsfragen der Richterwahl, 1974.
Staat, Gesellschaft, Freiheit, 1976.
Der Staat als sittlicher Staat, 1978.
Seit 1965 Mitherausgeber von „Der Staat. Zeitschrift für Staatslehre, öffentliches Recht und Verfassungsgeschichte".

Gerhard Ebeling (* 1912)

Lehrt systematische Theologie an der evangelisch theologischen Fakultät der Universität Zürich.

Veröffentlichungen u. a.:

Was heißt Glauben? 1958.
Das Wesen des christlichen Glaubens, 1959.
Wort und Glaube, 1960.
Theologie und Verkündigung. Ein Gespräch mit R. Bultmann, 1962.

Luther. Einführung in sein Denken, 1964.
Wort Gottes und Tradition. Studien zu einer Hermeneutik der Konfession, 1964.
Lutherstudien, 1971 und 1977.
Dogmatik des christlichen Glaubens, 1979.
Die Wahrheit des Glaubens, 1981.
1950–1977 Herausgeber der Zeitschrift für Theologie und Kirche, seit 1978 Mitherausgeber.

Hans-Georg Gadamer (* 1900)

Professor emeritus der Universität Heidelberg, wo er Philosophie lehrte.

Veröffentlichungen u. a:

Platos dialektische Ethik ([2]1968)
Wahrheit und Methode ([4]1975).
Kleine Schriften:
I. Philosophie, Hermeneutik, 1967;
II. Interpretationen, 1967;
III. Idee und Sprache, Platon, Husserl, Heidegger, 1972;
IV. Variationen, 1977.
Poetica, 1977.
Die Idee des Guten, 1978.
Seit 1985 erscheinen die „Gesammelten Werke".
Mitherausgeber u. a. des Archivs für Begriffsgeschichte und der Philosophischen Rundschau.

Aleksander Gieysztor (* 1916)

Lehrt Geschichte des Mittelalters an der Universität Warschau. 1955–1975 Direktor des Instituts für Geschichte an der Universität Warschau. Seit 1971 Mitglied, von 1980 bis 1984 Präsident der Polnischen Akademie der Wissenschaften. Seit 1980 Präsident des Comité International des Sciences Historiques.

Veröffentlichungen u. a:

Władza Karola Wielkiego (Die Herrschaft Karls des Großen), 1938.

Die Entstehung des polnischen Staates im Lichte neuerer Forschungen, 1956.
Historia Polski (Geschichte Polens), Mitverf., 1957–1968.
1000 Jahre Geschichte Polens, Mitverf., 1959.
L'Histoire de l'agriculture et de la vie rurale en Pologne, Hrsg. 1964.
L'Europe aux 9ième – 11ième siècle, Hrsg. 1968.
Zarys dziejów pisma łacińskiego (Grundriß der Geschichte der lateinischen Schrift), 1973.
Mitologia Słowian (Die Mythologie der Slawen), 1982.
Slawische Religion, Bd. 19.2, Die Religionen der Menschheit in 36 Bd., 1982.

Emmanuel Le Roy Ladurie (* 1929)

Hat seit 1973 am Collège de France den Lehrstuhl für „Histoire de la Civilisation moderne" inne.

Veröffentlichungen u. a:

Les Paysans du Languedoc, 1966 (Dt. 1983).
Histoire du climat depuis l'an mil, 1967.
Le Territoire de l'historien, vol. I 1973, vol. II 1978.
Montaillou, village occitan de 1294 à 1324, 1975 (Dt. 1980).
Histoire économique et sociale de la France, Mitverf., 1976.
Le Carneval de Romans, 1979 (Dt. 1982).
L'Argent, l'amour et la port en pays d'Oc, 1980.
Inventaire des campagnes, Mitverf. 1980.

Emmanuel Lévinas (* 1905)

Lehrt Philosophie an der Sorbonne.

Veröffentlichungen u. a:

Totalité et infini, 1961.
Difficile liberté. Essais sur le judaïsme, 1963.
Autrement qu'être ou au-delà de l'essence, 1974.
De Dieu qui vient à l'idée, 1982.

Robert Spaemann (* 1927)

Lehrt Philosophie an den Universitäten München und Salzburg.

Veröffentlichungen u. a:

Der Ursprung der Soziologie aus dem Geist der Restauration, 1959.
Reflexion und Spontaneität, 1963.
Einsprüche, 1977.
Zur Kritik der politischen Utopie, 1977.
Rousseau, 1980.
Moralische Grundbegriffe, 1981.
Die Frage Wozu. Geschichte und Wiederentdeckung des theologischen Denkens, 1981.
Seit 1971 Mitherausgeber des Historischen Wörterbuchs der Philosophie.

Charles Taylor (* 1931)

Fellow des All Souls College (Oxford), Mitglied des Institute for Advanced Study, Princeton. Seit 1962 lehrt er Politische Wissenschaften an der McGill University zu Montreal und Philosophie an der Université de Montréal.

Veröffentlichungen u. a:

The Explanation of Behavior, 1964.
Patterns of Politics, 1970.
Hegel, 1975 (Dt. 1978).
Erklärung und Interpretation in den Wissenschaften vom Menschen, 1975.
Hegel and Modern Society, 1979.
Soeben erschienen zwei Bände „Philosophical Papers".

Józef Tischner (* 1931)

Lehrt Philosophie an der Päpstlichen Akademie für Theologie in Krakau.

Veröffentlichungen u. a.:

Etyka solidarnosći, 1981 (Dt. Ethik der Solidarität, 1982).
La svolta storica, 1981.
Polski kształt dialogu, 1981 (Dt. Der unmögliche Dialog, 1982).
Myślenie według wartości, 1982.

René Thom (* 1923)

Professor für Mathematik am Institut des Hautes Etudes Scientifiques de Bures-sur-Yvette. Fields-Medaille 1958.

Veröffentlichungen u. a:

Stabilité structurelle et morphogenèse, 1972.
Morphogenèse et imaginaire, 1978.
Modèles mathematiques de la morphogenèse, 1980.
Parabole e Catastrofe, 1980.

Carl-Friedrich von Weizsäcker (* 1921)

Lehrte theoretische Physik in Straßburg, Berlin und Göttingen und Philosophie in Hamburg. 1970–1980 Direktor des „Max-Planck-Instituts zur Erforschung der Lebensbedingungen der wissenschaftlich-technischen Welt“ in Starnberg.

Veröffentlichungen u. a:

Zum Weltbild der Physik, 1943 (^{12}1976).
Die Verantwortung der Wissenschaft im Atomzeitalter (^{4}1963).
Christlicher Glaube und Naturwissenschaft, 1959.
Die Einheit der Natur (^{4}1972).
Der Garten des Menschlichen (^{6}1978).
Wege in der Gefahr (^{2}1979).
Die Seligpreisungen (zus. mit P. Lapide), 1980.
Deutlichkeit. Beiträge zu politischen und religiösen Gegenwartsfragen (^{2}1981).
Der bedrohte Friede (^{4}1983).
Wahrnehmung der Neuzeit, 1983.
Mitherausgeber der Evangelischen Kommentare seit 1983.